中国传统文化实用丛书

图解风水入门

◎ 李静 著

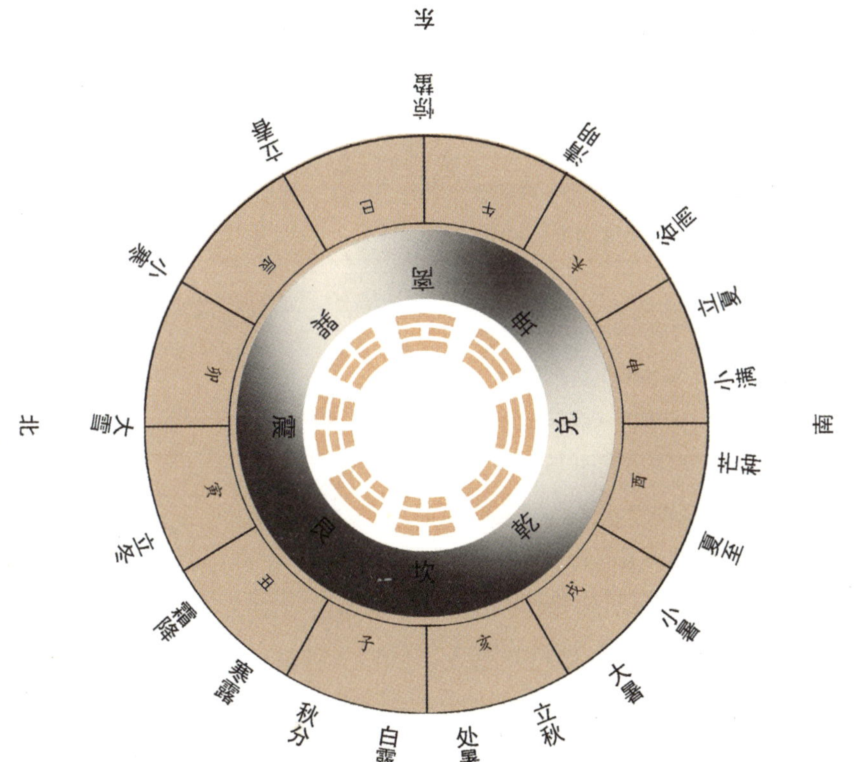

文化艺术出版社
Culture and Art Publishing House

图书在版编目（CIP）数据

图解风水入门／李静著. —北京：文化艺术出版社，2010.5
ISBN 978-7-5039-4571-7

Ⅰ. ①图… Ⅱ. ①李… Ⅲ. ①风水—中国—图解
Ⅳ. ①B992.4－64

中国版本图书馆 CIP 数据核字（2010）第 087591 号

图解风水入门

著　　者　李　静
责任编辑　水　尚
装帧设计　含章行文·东方智学
出版发行　文化艺术出版社
地　　址　北京市东四八条52号　100700
网　　址　www.whyscbs.com
电子邮箱　whys123@163.com
电　　话　（010）64813345　64813346（总编室）
（010）64813384　64813385（发行部）
经　　销　新华书店
印　　刷　北京佳明伟业印务有限公司
版　　次　2010年6月第1版
2010年6月第1次印刷
开　　本　16
印　　张　18.5
字　　数　290千字
书　　号　ISBN 978-7-5039-4571-7
定　　价　36.00元

前　言

风水又名堪舆、图宅。“堪，天道也；舆，地道也。”可见，风水是一门研究天地之道，进而为人类创造更好的生存环境的学问。

风水的起源可以上溯到原始狩猎时期。那时，人们为了生存而选择避风向阳的洞穴作为住所，这是人类最早对风水的认识和应用。一直到后来河图洛书的出现、先天八卦和后天八卦的推演、风水术的产生，都是先哲们对天地宇宙的进一步认识和理解，风水术从此成为国人生活中不可或缺的重要内容。经过历史的沉淀，风水学早已渗透进了我们生活的方方面面。

自从风水术产生之后，上至帝王将相，下至平民百姓，无论居家经商，还是婚丧嫁娶，中国人的生活就再也没有脱离开风水的影子。不仅历代皇家设置了专门的风水机构——司天监，负责为皇家查看各种建筑和陵墓的风水、管理天文历法和农事气象，普通百姓在结婚嫁娶时为图个吉利，也喜欢请风水师查看两人是相合还是相冲、相克，进而选择一个好日子，确定一个下轿方向；遇到丧事时也会为亡者选择一个好的风水宝地和下葬时间以及一个好的安卧方位，以求亡者安息、生者兴旺。直到现在，人们还在受着这种观念的影响。可见，风水对人类历史的影响之深。

所以，风水术其实是一种传统文化观，一种广泛流传的民俗，一种趋吉避凶的术数，一种有关环境与人的学问。从现代科学理论来看，风水学是地球物理学、地质学、环境景观学、自然生态建筑学、天体运行方位学等的一门综合类科学。风水，早已不再是迷信的代名词。

为了让大家轻松掌握风水这门重要的传统文化，使看似神秘的风水文化走进千家万户，作者特意编写了本书。书中既有风水的渊源，风水的科学性，工具的应用，又对居家、商业、职场、招财、情感、学业、健康等多方面的风水布局进行了详细的分析和讲解。通俗易懂的文字解说、200余幅图片和图解示例的展示，定会让你快速走进风水的殿堂，轻松改变你生活中的不利因素，达到趋吉避凶的目的。

最后，作者还要指出，虽然风水对人类生活的作用不可抹杀，但是，风水毕竟只是影响人生活的一种环境力量，如果自己不努力，却一味地迷信风水，到头来只能一事无成，回头还要埋怨风水的不好。当然，忽视风水的作用而只是一味低头蛮干也难有所成，只有将这种外在的影响力量和个人努力结合起来，才会使你在做任何事情时都一往无前。

编 者

2010年2月

目录

第三章 测量风水的方法和工具

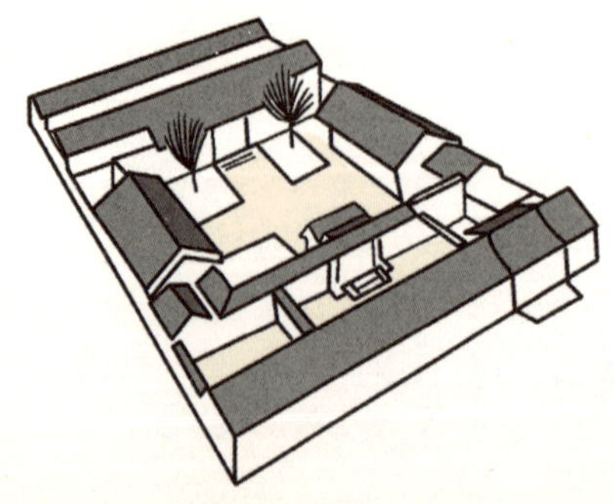

实践篇：应用风水

第四章 住宅的选择和搬迁

第五章 家居的设计

第六章 商业兴旺的环境因素

第七章 成就事业的外在影响

第八章 学业有成

第九章 甜蜜的婚姻

第十章 健康风水

◆风水中所包含的时空观念

风水是一门研究人与环境关系的学说，是寻找生气，对阴阳、天地、身心和谐的至善境界的追求，代表了人类对天地宇宙的探索和认识，它所包含的时空观念也为人们所惊叹。

五行生克

古人将宇宙的基本构成元素分为木、火、土、金、水五行，并用其相生相克的原理解释自然界的一切现象。风水学中将人的命理、行业、甚至楼层等都用五行来表示，并用其来解释人与环境的关系。

五行生克关系图

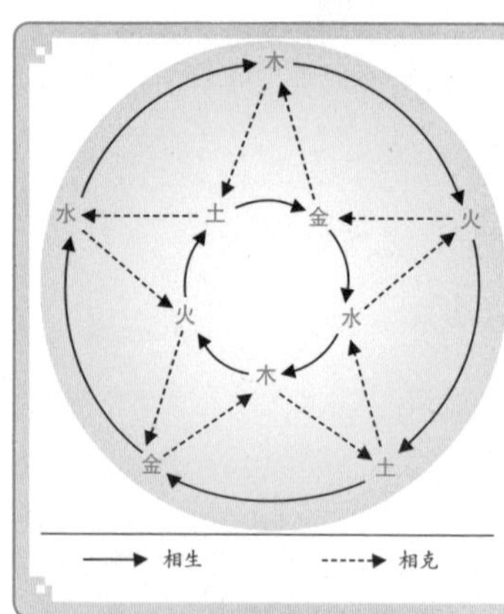

五行相生：

水生木，木生火，火生土，土生金，金生水。

五行相克：

水克火，火克金，金克木，木克土，土克水。

五行的特性

木：具有生发、条达的特性；

火：具有炎热、向上的特性；

土：具有长养、化育的特性；

金：具有清静、收杀的特性；

水：具有寒冷、向下的特性。

生肖与天干地支

每个人都有一个对应的生肖，生肖是一个人的代表和象征，在风水中常用来解释人与人之间、人与环境之间是否相合。

十二生肖图

十二生肖与五行的对应

生肖	五行属性
猴、鸡	金
虎、兔	木
鼠、猪	水
蛇、马	火
牛、龙、羊、狗	土

十二生肖与十二地支的对应

生肖	鼠	牛	虎	兔	龙	蛇	马	羊	猴	鸡	狗	猪
地支	子	丑	寅	卯	辰	巳	午	未	申	酉	戌	亥

八卦

古人用八卦分别象征自然界的八种事物：乾为天，坤为地，震为雷，巽为风，离为火，坎为水，艮为山，兑为泽，并分别与五行对应。

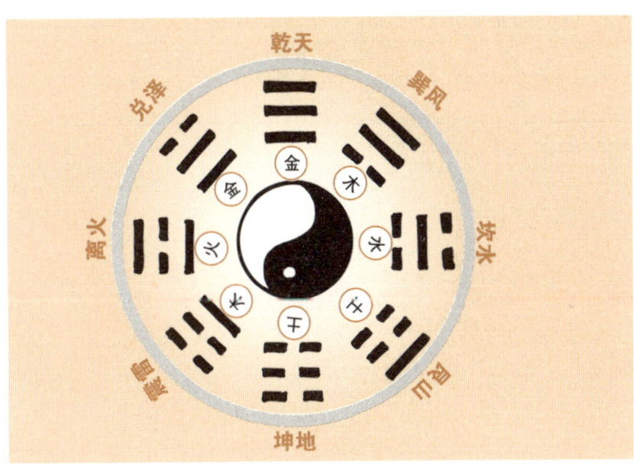

八卦图

八卦是我国古代的一套有象征意义的符号。用“—”代表阳，用“--”代表阴，用三个这样的符号，组成八种形式，用来表示自然界的一切事物。

八卦所象征的各种事物

卦名	自然	特性	家人	肢体	动物	方位	季节	阴阳	五行
乾	天	健	父	首	马	西北	秋冬间	阳	金
兑	泽	说	少女	口	羊	西	秋	阴	金
离	火	丽	中女	目	雉	南	夏	阴	火
震	雷	动	长男	足	龙	东	春	阳	木
巽	风	入	长女	股	鸡	东南	春夏间	阴	木
坎	水	陷	中男	耳	猪	北	冬	阳	水
艮	山	止	少男	手	狗	东北	冬春间	阳	土
坤	地	顺	母	腹	牛	西南	夏秋间	阴	土

九宫

九宫即乾6宫、坎1宫、艮8宫、震3宫、中5宫、巽4宫、离9宫、坤2宫、兑7宫。其中，乾、坎、艮、震属四阳宫，巽、离、坤、兑属四阴宫，加上中宫共为九宫，被广泛应用于占卜、术数、算术、医学、地理、建筑等方面。

东南 巽4	南 离9	西南 坤2
东 震3	中 5	西 兑7
东北 艮8	北 坎1	西北 乾6

九宫图

九宫是一个九等分的正方形，分别代表九个方位，风水中看住宅时常用到它。

东南	南			西南
东	4	9	2	西
	3	5	7	
	8	1	6	
东北	北			西北

九宫飞星

九宫的9个数字按照一定的顺序飞入9个格子中，其变动规律由中宫开始：中→西北→西→东北→南→北→西南→东→东南→中，按9个自然数序列飞布八方。风水中用其判断宅命的好坏。

◆ 房屋布局时的忌讳

房屋布局时有许多不可忽视的小细节问题，如果不加注意，可能会为以后生活的不如意埋下隐患。

玄关装饰

玄关是由室外进入室内的必经之所，在风水上是引气入室的必经之路，玄关饰品的摆放要注意以下事项：

（1）玄关在北方不宜放置马形饰物。

（2）玄关在东北不宜放置羊或猴形饰物。

（3）玄关在东不宜放置鸡、凤形饰物。

（4）玄关在东南不宜放置猪、狗、狼形饰物。

（5）玄关在南不宜放置鼠、鱼形饰物。

（6）玄关在西南不宜放置牛、虎、狮、豹形饰物。

（7）玄关在西不宜放置兔形饰物。

（8）玄关在西北不宜放置龙、蛇、蜥蜴形饰物。

此外，需要注意的是，如果要在玄关之处放置水池、水族箱或其他大型水体，最好是东北、西北、西和南方位置的玄关。

门窗布局

对于一所住宅来说，有门必有窗，才能让空气流通起来，起到“同气相求”的作用，但门和窗在布局时也有一些讲究。

（1）门和窗不能正对，正对则气场直出直入，起不到对流的效果，而且还容易使宅气散失，有损宅运。

（2）忌大门、房门、窗户直通，这叫“串门煞”，主退财，不宜久居。

（3）窗户不能开得太大，太大则气流强，容易散气；也不宜太小，太小则对流不足，空气污浊。

（4）落地窗更要注意，容易造成光污染，还会降低隐私度，尤其是有西晒的窗户，易使室温升高，不利健康。

（5）忌在墙壁转角处把窗户开成直角，因为方向不纯，易使气场杂乱，窗户愈大愈凶。

（6）窗户上忌攀爬植物，在保证防盗安全的前提下，窗外最好不要设防盗网。

（7）切忌在窗台上堆放杂物。

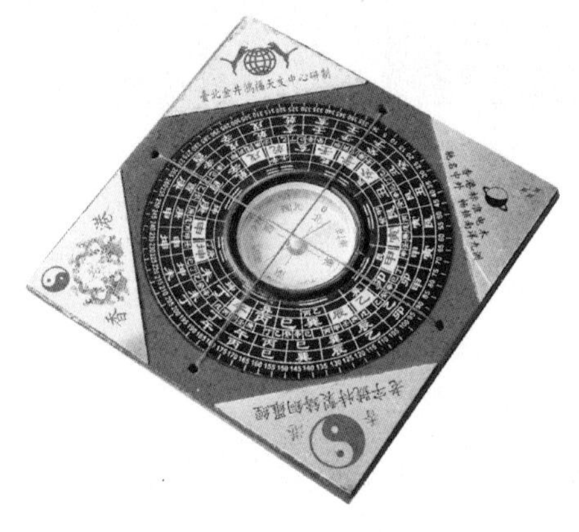

阳台布局

阳台是一所住宅最空旷辽阔的地方，与大自然最接近。风水学认为，阳台饱吸宅外的阳光、空气和雨露，是住宅的纳气之处。所以阳台在布局时一定要遵循一定的法则。

（1）切忌将阳台改做厨房、厕所和浴室。

（2）大厅的阳台如果打掉连通客厅，阳台位置不宜安放沙发。

（3）房间内的阳台如果打掉连通卧室，阳台位置不宜安放床。

（4）房间内的阳台门不能冲房门和床头。

（5）阳台上不能堆放杂物，更不宜放置残缺的物件。

（6）忌放置大型和笨重的物件，以免阻挡宅气。

（7）不宜种植过多的植物花卉，多则阴气重，绿化不要有枯枝败叶。

（8）不宜把多余的花盆叠起来，不然会有外债收不回。

卧室布局

人的一生约有三分之一的时间是在卧室里度过的，所以卧室里的风水对整个家居来说显得十分重要。

（1）卧室不宜太狭长，否则会有碍通风，废气和潮气也不易排出宅外。

（2）睡房大小要适中，房间要整洁、简约，不要摆放太多的装饰物。

（3）卧室门不可正对厨房门，厨房的湿热之气与秽浊之气会跟卧房对流。

（4）房门不可正对卫生间和浴室的门，否则淋浴后的水气与厕所的秽气会影响卧房中的人。

（5）房门不宜正对杂物间之门，杂物间的霉气容易进入房内。

（6）房门不宜对着不吉利的地方，不过房门两两相对，则没有忌讳。

（7）房门不要冲床，套间门也不要冲床，不要有太多门窗。

（8）天花板要平整，床上方不要有横梁、吊灯等异常的东西压着睡床。

（9）床头靠背要结实简洁，不要有壁柜和杂物，不要靠窗边。床头还要有床头柜，起到纳财的功效，还要避免柜角横冲头部。床头不宜正对梁柱，易使人产生压迫感。

（10）窗帘遮光性要好，晚上不要透光。科学证明，人体自身的免疫功能要在下半夜和全黑的环境下才能收到很好的功效。

（11）梳妆台的镜子不要照着睡床，装饰不要使用太多的玻璃。

（12）床的大小比例要协调，大人睡大床，小孩睡小床，尤其是发育期的青少年，一定要睡单人床，不能睡双人床。实践证明，睡双人床的青少年很容易早熟。

书房布置

书房是陶冶情操、修身养性的地方，是开启智慧、凝神静气的重要所在，最能体现居住者的品位、爱好和专长，所以，书房的布局很重要。

（1）设在卧房的书柜不可太高或压床，否则会导致主人身体虚弱。

（2）书柜不可压迫书桌，容易心神不定、劳心头昏。

（3）书房灯光不可太强，容易疲劳。

（4）书房电器类产品不可太多，容易头痛、心神不专。

（5）书房墙面不可乱贴偶像，会使人精神错乱、噩梦、多疑。

（6）书桌不能摆在房间正中，前后左右无依无靠，主学业、事业都孤独，很难得到发展。

（7）书桌不能被门冲。书桌被门冲，则读书、学习等就易受到干扰，不易集中精神，效率降低，容易犯错。

（8）书房的门不要正对厕所、厨房，否则会令文昌受水火冲击，并引入秽气导致精神不佳。

（9）书桌上不要放垃圾，每次工作、读书完毕要将书房和书桌收拾干净。干净、整齐的环境才有利于读书和学习。

（10）忌书桌的座位后有窗，尤其是大窗。座后有窗为“背后无靠”的风水大忌。

厨房布局

厨房代表一家人的财帛、食禄及健康状况，并且把许多不相容的器具集合在一起，所以，厨房在布局时一定要详细考虑，才能有益于家庭的健康与发展。

（1）厨房地面要平坦，忌高于室内。

（2）炉灶忌背宅反向，即灶口与房屋坐向正好相反。

（3）忌走廊直冲灶口，厨灶不宜太暴露，露灶则露财，尤其不宜被走廊所带进来的外气直冲，否则家中容易破财。

（4）忌厨房门正对炉灶，灶要藏，不要露，露则散财。

（5）忌与厕所门相对，厨房不宜临近厕所，尤其炉口不可与坐厕相对。

（6）忌与房门相对，否则对房中人不利，会有灾病之事发生。

（7）厨房不宜贴近睡房，灶生火热，热气会传递到睡房，对人体不宜。

（8）复式建筑不宜在厨房上设睡房，厨房热气的炎上作用，会对楼上的人不利。

（9）忌灶背后空虚，灶宜背靠墙，不宜空旷，背后设透明玻璃亦不吉。

（10）忌安在水道上、排污渠上，会破财得病。

（11）不宜斜阳照射，否则会使食物变质，令家人健康受损。

（12）忌在厨房内洗衣服，在万不得已的情况下，洗衣机不能对着炉灶，不然会影响家中运气。

（13）不要在炉灶上晾晒衣服，尤忌晾晒内衣裤，否则容易无端惹祸。

浴厕布置

现代的房屋设计，大多是把厕所和浴室合而为一。厕所和浴室在风水上都是属于不洁和隐私的地方，布局时要考虑这些因素。

（1）浴厕重来水和去水，要尽量靠近排污渠，不要在家里萦绕曲折才排出宅外，否则会令家人健康受损。

（2）厕所绝对不能开在房屋中心，此为大忌。

（3）厕所不能对着家中的神坛，也不能与神坛为邻。

（4）厕所不宜设在当风的方位，否则会随风把秽气传递开来。厕所应保持清洁、光线充足、空气流通。

（5）厕浴位置宜隐蔽，厕所门不宜正对大门，两者成一直线，会疾病丛生。

（6）浴厕不宜改为睡房，也不宜改为饭厅。

（7）现代流行套房，虽然套间使用方便，但套间一多肯定会吉中藏凶，一宅之内厕所越少越好。

（8）如果是套间，要注意空气流通的问题。套间门不要冲着睡床，最忌厕所门冲着头部。套间的厕所间墙，绝对不要贪新鲜而用玻璃间隔，否则会导致婚姻危机。

楼梯设置

楼梯不仅是连接楼上与楼下的重要通道，从风水上讲也是接气与送气之所在，所以楼梯的设置有很多讲究。

（1）无论室外还是室内，楼梯与大门之间要有适当的空间做明堂才能锁住宅气。

（2）大门宜有门槛，防止宅气随人下楼梯时被带走。

（3）复式的住宅，入门不要见到梯口正冲大门口，如果犯冲要设屏风遮挡。

（4）楼梯尽量不要做旋转梯，容易犯所谓的“磨盘煞”，易导致意外灾伤。

（5）楼梯底宜整洁，不要放置杂物，不宜设置水池，也不宜作厨房、卧室或神位。

（6）楼梯不宜设在住宅的中央，否则会给家中带来各种口角，导致夫妻不和。也不宜设在住宅的正后方，宜设在住宅边不太显眼的地方。

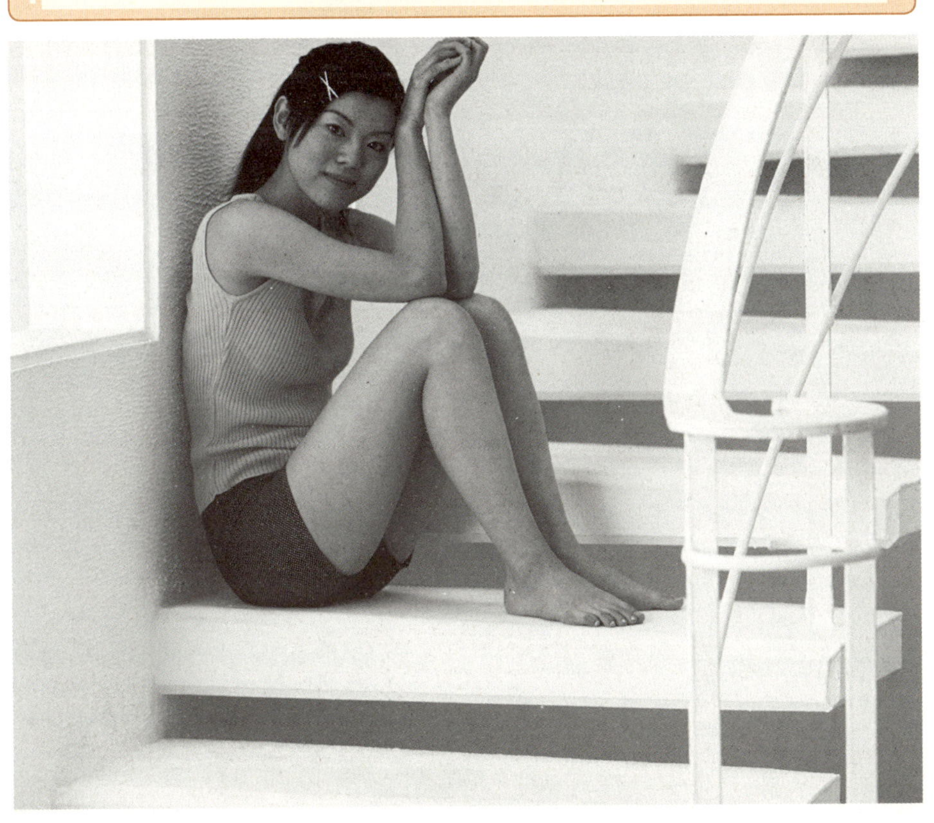

围墙的设计

围墙在风水上主要起着聚气的作用，好的围墙设计不仅会给家人带来安全感，还会给家人带来健康和财富。

（1）围墙不宜太高太贴住宅，否则会影响通风和采光。

（2）围墙上不宜开大窗，正面开窗名“朱雀开口”，主招是非；左右开窗名“龙虎眼”，不利人丁，多疾病。尤忌门口两边和左右同时对称开窗。

（3）围墙不宜有缝隙和裂痕，最忌风从缝隙间吹入院内。

（4）盖房前不要先筑围墙再盖房，这是个“困”字或“囚”字，会影响家运。

（5）围墙不能前阔后窄，这叫“火星拖尾”，主家人多疾患。

（6）围墙忌冲宅，这叫“泥尖煞”，冲左伤男，冲右伤女。

（7）围墙不宜爬满蔓藤植物，不能长杂草。

花草树木的布置

花草树木是风水中的一项重要内容，它们除了具有吸尘防沙、美化环境的作用外，还具有聚气、避风、遮形、通气等作用，所以，花草树木在种植和摆放时要有一些讲究。

（1）大树不能挡门，花槽不能冲门。

（2）门前窗外的树要秀美端庄，不能驼背、臃肿、空心、枯萎。

（3）门边、窗边不宜有树太近，树荫不能挡住光线和通风，最忌南方有巨树浓荫遮蔽日光。

（4）宅体不能有植物攀爬。

（5）花草、树木不能太贴宅墙。

（6）树枝伸出宅外主子孙离乡，要及时修剪。

（7）果树不能太多，会吸收地气，有损宅运。

（8）树上忌有蚂蚁窝，容易招惹是非。

基础篇　认识风水

第一章　探索风水的渊源

“风水”，其实就是寻找生气，追求阴阳、天地、身心和谐的至善境界的经验。风水伴随着人类生存发展的历史存在，盛行过，也衰落过。虽然它的流派众多，纷繁复杂，但是终究经过历史的沉淀，被传承到了现代。人们发现，可以用地理学、心理学等现代学科知识来论证风水的科学依据。“风水”不再是迷信的代名词。让我们一起来冲破历史的重重迷雾，一睹“风水”的真面目吧！

本章目录

风水是怎么回事

“风水”一词，承载了太多别的意味。有人把它奉为玄妙绝学，有人对它嗤之以鼻。有人说它是迷信，有人还真就万事皆从“风水大师”的意见。那么，究竟什么是风水呢？

风水理论中，有两个关键的因素发挥着重要的作用，一是风，二是水。晋代郭璞说：“（生）气乘风则散，界水则止。古人聚之使不散，行之使有止，故谓之风水。”在历史上，地理、阴阳、卜宅、相宅、图宅、形法、青囊、青乌、青鸟、堪舆等，均泛指风水。

风水把气分为生气、死气、阴气、阳气、土气、地气、乘气、聚气、纳气、迄脉、气母等，认为不论是生者还是死者，只有得气，才能有吉兆。因此，风水的宗旨就是理气，即寻找生气，顺应自然，有节制地利用和改造自然，选择和创造出适合于人的身心健康及其行为需求的最佳建筑环境，使之达到阴阳之和、天人之和、身心之和的至善境界。

风水关注和考察的内容很广，大到天体运动、气候交替、山水走向，小到草木种类、水土色质、光影变化等，涉及的领域有天文、地理、地质、生态、气象、水文等。风水的对象有两种，一是涉及活人住所的“阳宅”，二是涉及死者墓葬的“阴宅”。

中国风水学的核心内容是天地人合一。中国风水探求建筑的择地、方位、布局与天道自然、人类命运的协调关系，可以说是中国传统建筑文化的重要组成部分。它以河图、洛书、八卦、五行等易学文化为基础，通过建筑布局、空间分割、方位调整、色彩运用、图案选择等隐喻和象征手段，来实现其对于身

风水与生态建筑学

风水的宗旨是寻找生气，而有生气的地方应该是：避风向阳，山清水秀，流水潺潺，草木欣欣，莺歌燕舞，鸟语花香之地。生态建筑学是研究建筑环境与自然生物共生共存，和谐统一关系的综合生态学科。两者恰恰不谋而合！

八卦与河图、洛书

八卦分先天八卦和后天八卦。由河图派生出来的先天八卦，是由伏羲观物取象所作，所以又称伏羲八卦。后天八卦是周文王根据先天八卦所作。后天八卦形成后与洛书之数相合，就形成了“九宫八卦”，被应用于各个领域。

河图与先天八卦

先天八卦，又称伏羲八卦，传说是由伏羲氏观物取象所作。先天八卦是由河图派生的。

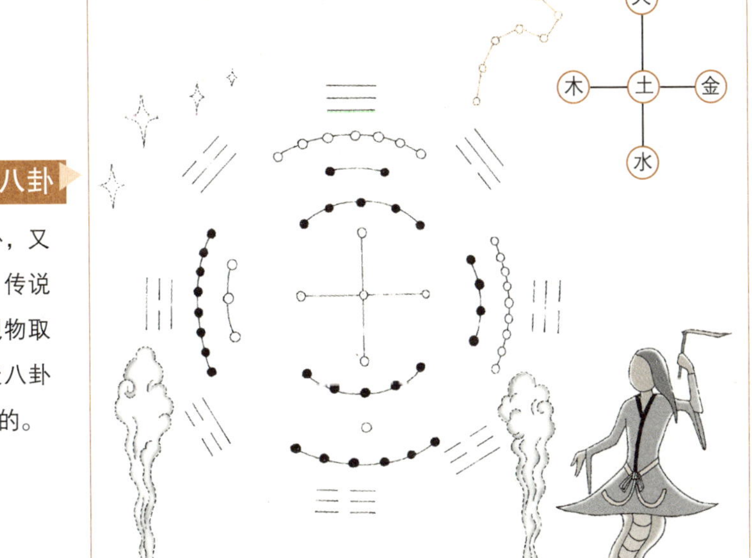

洛书与后天八卦

后天八卦是周文王根据先天八卦所作。后天八卦形成后与洛书之数相合，就形成了“九宫八卦”，被广泛应用于各个领域。

书经图说·太保相宅图

太保即周代的召公。此图描绘的是召公受周公之托，前往洛阳卜宅的事情。图的前景为一堪舆师正对着罗盘看方向，一助手在用尺子测量地面，远处为山，近处为水。此图反映了很早以前人们就对风水非常重视。

“河图”与“洛书”

河图与洛书是中国古代流传下来的两幅神秘图案，历来被认为中华文明的源头。

相传，上古伏羲氏时，黄河中浮出龙马，背负“河图”，献给伏羲。伏羲依照河图推演成先天八卦。大禹治水时，洛水中浮出神龟，背驮“洛书”，献给大禹。大禹依此治水成功，又把天下划为九州。因此，《易经》中说：“河出图，洛出书，圣人则之。”

河图由55个黑白点构成，代表天地之数。其中白点为奇数1、3、5、7、9，代表阳，代表天，称为“天数”，天数之和为25；黑点为偶数2、4、6、8、10，代表阴，代表地，称为“地数”，地数之和为30。河图之中，1～5称为“生数”；6～10称为“成数”。生数和成数为相生相成的关系。

河图之中有东、西、南、北、中五个方位，每个方位由奇偶两个数字组合搭配，表示万物皆由阴阳化合而成；或天生，或地成，或地生，或天成。

洛书共有1～9九个数，其中奇数1、3、5、7、9为阳，象征天道；偶数2、4、6、8为阴，象征地道。

洛书这样表示天道运行：阳气由北方出发，按顺时针方向左旋转，经由东方渐增，到达南方后极盛，然后向西方渐渐减弱。1在北方，表示“一阳初生”；3在东方，表示“三阳开泰”；9在南方，表示“九阳极盛”；7在西方，表示“夕阳渐衰”。

洛书这样表示地道运行：阴气由西南角发生，以偶数2表示，以逆时针向东南方旋转；东南角以偶数4表示，阴气至此逐渐增长；东北角以偶数8表示，阴气到这里达到极盛；西北角以地数6表示，阴气至此逐渐消失。数字5在中央，象征三天二地之和。

心之和的环境追求。我国现今仍存留的部分宫殿、皇陵皆可见风水的影响。它们经常地呈现一种“宇宙图案”的感觉，以及作为方向、节令、风向和星宿的象征主义。

虽然好风水能孕育人，然须有德者居之。德薄风水失，德厚风水聚。因此注重风水，更要重视积德，做到“自强不息”，“厚德载物”。风水只是教我们更好地去顺应自然，我们不可能依靠风水大师的神力获得天助。切不可一味追逐风水，依赖风水，不可奉之为神明，趋之若鹜。

风水的起源

中国风水术起源甚早，历经朝代更迭而广为发展和流传，至今已形成派别林立的理论体系。纵观历史，风水学的形成可以追溯到远古时代，夏商周是风水学说的萌芽期，先秦是风水学说的孕育期，唐宋是盛行时期，明清是泛滥时期。

在原始社会，人们迫于恶劣的自然环境选择适宜栖息繁衍的“近水向阳”之地，就是风水学最开始的实际应用。文字出现以后，风水学也随之见诸记载。商朝的甲骨文中就有许多关于卜宅的记录。《逸周书》中也记载“土宜天时，百物行治”，附天观地成为后世风水术的依据。

战国先秦时期，随着《周易》和阴阳五行学说的发展盛行，开始建立起以“仰观天文，俯察地理”为主导的学术思想。这时出现了相宅活动：《尚书》载“成王在丰，欲宅邑，使召公先相宅”，这是相阳宅；《孝经》载“卜其宅兆而厝之”，这是相阴宅。

秦始皇统一中国后，承袭了以往的“土宜”观念，同时开始有了“气”的概念。汉代出现了《堪舆金匮》《宫宅地形》《移徙法》《图宅术》等风水著作，标志着风水学在理论上有了初步的归纳和总结。魏晋时期，郭璞在《葬书》中将风水术从传统的相地术中抽出，对风水下了定义，并全面构架起风水理论，因此被称为风水鼻祖。

唐朝是中国历史上少有的鼎盛时期，各种学术刺激风水理论体系日渐完善。江西派风水师杨筠松在民间实践风水勘察和授徒，起到了全面推广的作用。到了宋代，陈抟、邵康节、朱熹和蔡元定等著名易学家对风水进行了阐释和认定。一些风水著作相继出版，从而出现了以江西形法派和福建理法派为主体的风水学理论体系。

明清两代，通过对各类风水学书籍的收集整理，以及学者们的不断探研，风水理论已相当完备。风水师的勘察活动已从帝王宫殿走到城乡民宅等各类场所。从民国到现在，学者们主要是对中国风水传统文化进行重新评估和研究。

风水大师郭璞

郭璞在历史上第一个给风水下了定义。他在《葬书》中云“葬者，乘生气也。气乘风则散，界水则止。古人聚之使不散，行之使有止，故谓之风水。”后人因此视郭璞为风水史上的鼻祖。

卜都涧瀍图

这是古人卜筮都城选址的一幅图，年代应该为夏商周时期。地址选择在山前和河流交叉口附近，体现了古人选址“近水向阳”的原则，说明古人很早就很重视选址时的风水。

夏至致日图

此图描绘的是上古传说中的伏羲叔在夏至日用景表土圭测日影，以辨方正位、定时令的事情。

风水的理论基础之一：地理学

《周易》中讲道：“仰观天文，俯察地理。”风水术正是从“相地术”中派生出来的。可以说，中国古代地理学是风水理论的重要基础。

风水的地理学基础体现在五个方面：地形地图、水文、气候气象、土壤和探矿。

风水家在勘察风水时，通常使用地图作工具，据此绘制风水地图，用来表现风水学说的龙脉思想、天星与地形的关系、阳宅或阴宅周围的地理环境和城区环境等。常见的风水地图《中国三大干龙总览图》，描绘了中国的几大山系，是对古代地理的一大贡献。

中国三大干龙总图

风水学认为世界的山脉都发源于昆仑山，其中有三条主要的山脉在中国境内。山脉有主脉和支脉，在风水上对应的龙脉就是干龙和支龙，而中国境内的这三条主要山脉就被称为中国的三大干龙。 三条干龙以南海、长江、黄河、鸭绿江四大水域为界限。其中北干龙经过阴山、贺兰山，从北京进入辽海，它的支龙为恒山、太行山、燕山。中干龙经过四川进入中原，最后随淮水入海，其支龙为终南山、华山、泰山、嵩山。南干龙经过云南，进入湖南，其支龙为武陵山、衡山、庐山、天目山。

风水学中的水文知识包括地表水水系、地下水水系和水质。《地理简明卷十六》中写道："寻龙点穴须仔细，先须观水势。"正是风水师对地表水、地下水和水质的长期勘察，才积累了丰富的水文知识。《地理大全》一书就从水系源头，依据山脉来论述中国的地表水水系。

风水学中的风和阳光主要涉及气候气象知识。风水师在选址时注重藏风或避风，是要避开寒冷的风，不避温暖的风，以营造一个小的温暖环境。阳宅的"坐北朝南"即是对此的体现。

阳宅四大局

民间盛行住宅要有四大局的观念，四大局是按照前朱雀、后玄武、左青龙、右白虎的标准而来。《重校正地理新书》中说："后有山，前有草，东有池，西游冈，吉。"《阳宅十书》中也说："凡宅左有流水谓之青龙，右有长道谓之白虎，前有汗池谓之朱雀，后有丘陵谓之玄武，为最贵地。"

风水学注重土壤，主要考虑气脉的因素。土壤的颜色不同，气脉也不相同。五气行乎地中，五色土以红土、黄土最好，紫土、白土次之，黑土为凶。这是因为前四种土含有机质少，黑土含有机质多，有机质越少越利于保存尸首。风水学家积累的土壤知识，是中国古代土壤学的重要组成部分。

地理学对五色土形成的认识

风水学主要从吉凶的角度对五色土进行分析。而在实际生活中，五色土的形成都有一定的条件，分布也有一定的规律。

土色	分布与形成
黑土	我国东北平原湿润寒冷，微生物活动较弱，土壤中有机物分解慢，积累较多，所以土色较黑。
黄土	我国黄土高原的土壤中有机物含量较少，所以土色呈黄色。
红土	我国南方高温多雨，土壤中矿物质的风化作用强烈，分解彻底。易溶于水的矿物质几乎全部流失，只剩氧化铁、铝等矿物质残留在土壤上层，所以形成红土壤。
青土	南方某些水田在排水不良或长期被淹的情况下，红土壤中的氧化铁常被还原成浅蓝色的氧化亚铁，土壤便成了灰蓝色的。
白土	含有较高的镁、钠等盐类的盐土和碱土常为白色。

风水学中有两种探矿的方法：指示植物探矿和水源探矿。明朝柴复贞在《相宅全书》中说：“冈生野葱，下有银丛；若生野韭，金据其中。”《地理学新义》中说：“红泉之地，必有银矿；腥泉之地，必有铁矿；温泉之地，必有硫磺、矾石。”

风水与地理学相伴相生，共同发展。风水师也被称为“地理先生”，而像明代徐霞客那样的地理学家常常也通晓风水之术。许多风水著作涉及大量的地理学知识。然而，风水与地理学也是有差异的。风水是相宅之术，而地理学则是能够广泛地服务于社会生活方方面面的一门科学。

“临川才子都”的风水

江西省临川县历代都有“临川才子都”之称。宋代宰相王安石、大文豪曾巩，明代戏曲大师汤显祖等均出于此县。该县被列入《中国名人辞典》的多达134人。1982年以来，该县先后有80多名未满15岁的少年才子，被重点大学录取为少年大学生。

临川县名为“上顿渡”，是众水所汇之处。南面的赣江、崇江、抚河如扇形曲折流向临川，在临川北汇合流入长江和鄱阳湖，成为风水学中难得的“聚水格”；南方较远的位置，又有武夷山直行，使来气之口直入临川，源源不绝，形成一个久聚不散的大气场；西北有环形的山脉挡住了西北风，形成“山环水抱”之局；北方又有九岭山、连云山、幕阜山层层包围，使北风不能入侵。

◆风水的理论基础之二：心理学

人们之所以相信风水，心理因素是最重要的。因此，风水心理环境几乎渗透到风水的全部领域。

心理活动是人们在生活实践中由客观事物引起、在头脑中产生的主观活动。心理学是一门研究人类及动物的心理现象、精神功能和行为的学科，包括理论心理学与应用心理学两大领域。心理学研究涉及知觉、认知、情绪、人格、行为和人际关系等许多领域，也与日常生活的家庭、教育、健康等发生关联。风水在发展过程中，或多或少地都涉及这些方面。

心理学家卢因认为："行为随人和环境的变化而变化，微观行为是由环境的各个因素引起的；而宏观行为则是由环境整体引起的。"人为了适应环境而行动，首先就要了解环境，于是提出了"环境知觉问题"。这和中国风水中所说的"人对气场的感知"异曲同工。环境心理学将环境划分为物理环境、社会环境和象征环境。内象外化，外象内移，心物同源，乃风水学中之要义。

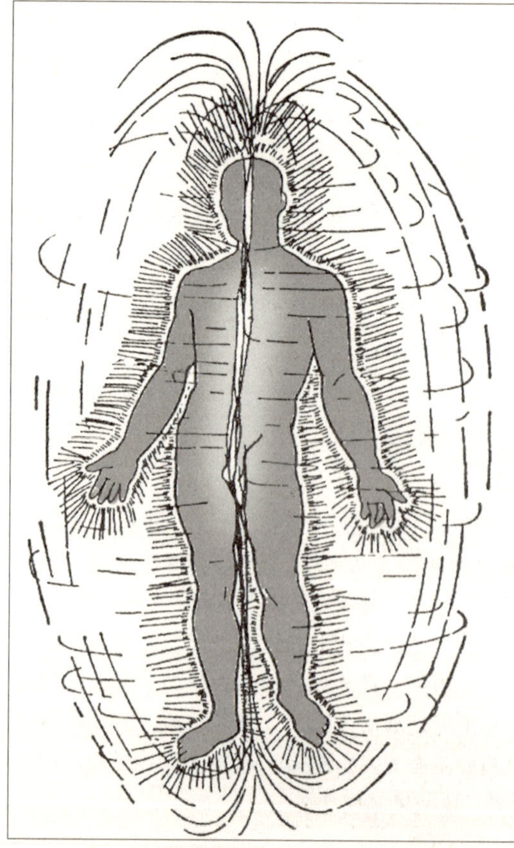

人体气场

万事万物都存在一个气场，人也不例外。这个气场会对周围人和事物产生影响。同样，周围环境的气场也会对人产生影响。风水学的理论基础之一，就是这种气场对人体的影响。

龙瓦当

龙是历代中国人心中的图腾，也是风水师勘察风水的第一要务。风水中把像龙一样绵延的山脉称之为龙脉，也就是山川行走的气脉。

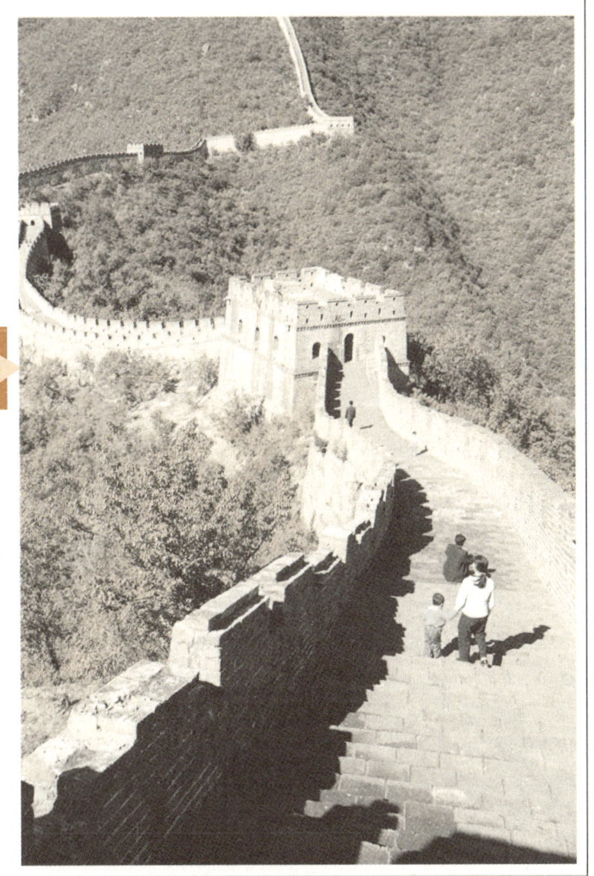

长城是人类对风水的一种改造

任何人都希望自己寻到一处风水宝地，并在此繁衍下去，但是，风水宝地可遇而不可求，有的却稍加改造就是一块宝地，因此而有了长城、人工河、亭台楼榭等。所以，人工环境就是人们对风水的一种改造。

物理环境是指自然环境和构筑环境。自然环境，主要考虑人的行为空间、气象、风土等自然环境条件与人的心理行为之间的关系问题，从而分析人的性格差异。《人子须知》中说：“山厚人肥，山瘦人饥，山清人贵，山破人悲，山归人娶，山走人离，山长人勇，山缩人低，山明人达，山暗人迷，山顺人孝，山逆人欺。”可见，周围地形环境对人起着潜移默化的影响。

构筑环境，即人工环境，主要考虑与人生活关系最为密切的住房建筑问题。这便是中国风水千百年来一再论证的“环境气场”。所谓“物华天宝、人杰地灵”，就是人们对居住环境的一种心理期待。风水先生说你选了风水宝地，你自然就得到了安慰，专心干事情，就容易成功。

社会环境，是指社会的经济和政治因素。象征环境，是从美学立场出发，考察环境中所包含的一切自然事物和人为事物作为一种象征，如何对人类起作用，以及人类如何对环境起作用的过程。中国风水的“寻龙”象征传统建筑中的图腾取象等，证明了这种象征环境的实际意义。

风水学的流派

围绕建筑选址营造活动，大略有两类事务：一是考察自然地理各方面条件，然后做出选址规划；二是以占星、卜筮等抉择城市、官宅、陵墓、宗庙等建筑方位吉凶及营造时辰。这两类事务传承于后世，形成了风水的两大流派。在汉代，以“形法家”与“堪舆家”分野（班固《汉书》）；至唐宋以后，演变成“形势宗”与“理气宗”两派。

形势派

“形势派”重于观测山川地势，以龙、穴、砂、水为四大纲目，具有较好的实用性，故流传甚广。其代表人物为唐代风水家杨筠松。这一派又被称为“江西派”，因为其宗师杨筠松携带大量风水著作由长安而至江西，在这里教徒授艺，将形势派风水传承发扬了下去。

《四库全书总目提要》对形势派的主要理论作了精辟的概括：“《撼龙经》专言山垄落脉形势，分贪狼、巨门、禄存、文曲、廉贞、武曲、破军、左辅、右弼九星，各为之说。《疑龙经》上篇言干中寻支，以关局水口为主；中篇论寻龙到头，看面背朝迎之法；下篇论结穴形势，附以疑龙十问，以阐明其义。《葬法》则专论点穴，有倚盖撞黏诸说，倒仗分十二条，即上说而引申之

九星峰

九星峰即九类不同形状的龙脉结穴山峰，如图所示。九星中有吉凶，其中贪狼、巨门、武曲为吉，左辅、右弼为小吉，合称五吉星；破军、廉贞、禄存、文曲为凶星。

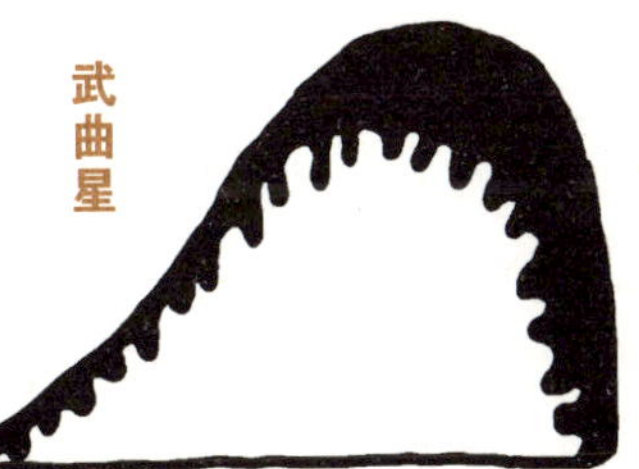

附二十四砂葬法……”不过，形法著作其源均出自于郭璞所作的《葬书》。由此而论，《葬书》正是形势理论之宗，郭璞可谓“形势派”之祖。

理气派

“理气派”的风水，由唐宋时代的“堪舆”发展而成。“堪舆”是以占卜时辰吉凶为主要内容，故“理气派”风水活动，可追溯到上古时代的“卜宅”，从时间上讲要早于“形势宗”。其代表人物赖文俊在福建期间于相地之术颇有名望，追随者甚众，号称赖布衣。因此，福建风水被看作是“理气派”的代表。

这一派的理论基础，更依赖于中国古代哲学中的“气论”思想。气论认为，“一切物皆气所为也”（方以智），“天地乃万物为一体”（程颢）。天地万物之间有某种共通的东西，那就是“理”。理是现实存在的，却又是无形的，理与形的结合便是“气”之象。理气派的主要著作，首推《九天玄女青囊海角经》，以《周易》阴阳为本，以五行、卦理、二十四山向为基本内容，叙述颇为详尽。其次为《宅经》二卷，也是理气宗的经典著作，被《四库全书》收录。

九天玄女

九天玄女又称玄女、元女等，传说她是一位法力无边的女神、正义之神，因除暴安民有功，玉帝封其为九天玄女、九天圣母。传说她总是骑着凤凰降临人间，向人们传授上至兵书战策，下至床笫秘笈等种种人间稀缺的智慧。传说她还曾帮助黄帝战胜了蚩尤。

风水对人类历史发展的影响

中国风水学博大精深，内吸周易哲学，外承地质学、环境学、生态学，同时还与人类精神追求和心理学密切相关，是东方文明的重要表现形态。风水在人类历史发展的长河中起着不可忽视的作用。

仰韶文化时期，聚落的选址已有了很明显的“环境选择”的倾向。其表现主要有：（1）靠近水源，不仅便于生活取水，而且有利于农业生产的发展。（2）位于河流交汇处，交通便利。（3）处于河流阶地上，不仅有肥沃的耕作土壤，而且能避免受洪水侵袭。（4）如在山坡时，一般处向阳坡。如半坡遗址即为依山傍水、两水交汇环抱的典型的“上吉风水”格局。从上古文化遗址情况中还可判断，人们聚居的地区，已出现了较为明确的功能分区。如半坡遗址中，墓地被安排在居民区之外。居民区与墓葬区的有意识分离，成为后来区分阴宅、阳宅的前兆。

颇具启发意义的是，这些村落多被现代村落或城镇所叠压。如河南洪水沿岸某一段范围内，在15个现代村落中就发现了11处新石器时代的村落遗址。可见，远古时代的人们对聚落选址因素的考虑很是讲究。这个古老的传统根深蒂固地遗留在后人的脑海中，并具体显现在许多现代城市、村镇的选址与建设中。

在中国历史上，秦始皇在风水上也给后来的帝王“带了个好头”。他大兴土木修建皇陵，破坏别的地方的“王气”。历代皇帝不仅重视都城的风水选择，还煞费苦心地对皇宫和皇陵进行风水设计，以求基业万世千古传。

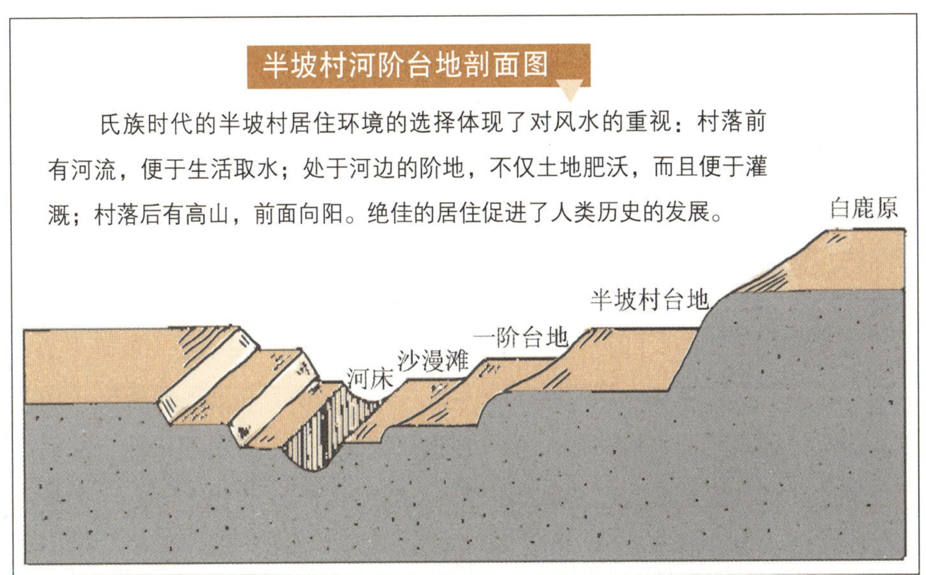

半坡村河阶台地剖面图

氏族时代的半坡村居住环境的选择体现了对风水的重视：村落前有河流，便于生活取水；处于河边的阶地，不仅土地肥沃，而且便于灌溉；村落后有高山，前面向阳。绝佳的居住促进了人类历史的发展。

秦始皇陵兵马俑

秦始皇对风水很重视，他耗时十二年，倾举国之力为自己修建陵寝，希望自己的后代能将皇位永续传承下去。秦始皇陵兵马俑就是他为自家王朝进行风水设计的杰作。

风水的产生和发展还与中国的伦理和礼仪观念密切相关。中国人重孝道、讲礼仪。当父母去世时，为了寄托哀思、缅怀恩泽，总是希望找一块山清水秀、可避干旱、不受水淹、又符合“葬乘生气”等规则的风水宝地埋葬父母。每逢清明佳节，家人结伴去墓地祭奠，也可以让跟随去祭奠先人的子女们接受一种传统的孝道、伦理和礼仪的文化教育。

风水在历史的发展中不断传承下来，深受达官贵人和黎民百姓的推崇，正表明了风水的适用性和广泛的群众基础。

风水是一门生存科学

风水是中国人追求生存、利用环境的记录。风水学的发展历史就是中国人从应对恶劣的自然环境，到期盼达成人生八大欲求的生存发展的历史。1979年，英国化学家哈密尔顿发现，人体血液中各种元素的含量和地球土壤的成分含量具有惊人的一致性。“地灵人杰”是对“风水是一门生存科学”的最佳诠释。

古都洛阳的风水格局

洛阳位于洛水之北，以此得名。周灭商之后，决定在“天下之中”洛邑建城，先遣太保召公到洛邑堪舆建城，后周公亲来卜洛。洛阳平原，东有虎牢关，西有函谷关，南有嵩山和伊阙门户，北有邙岭和黄河天险，河洛交汇，气场充足，地势北高南低，合于风水。

洛阳城南临洛水，北为王屋山，东为嵩山，南为外方山和伏牛山，西为熊耳山和崤山。城南北长九里，东西长六里，与阴阳之数相合。城四周各开有三门，共有十二门。道路呈方格网状，共二十四条街道，分为一百四十个闾里。宫城居中偏北，中轴线清晰。自东汉以来，洛阳历次为三国曹魏、西晋、北魏、隋、唐等九朝都城。

人体内必需的元素含量及其在地壳中的含量

微量元素	地壳(mg/kg)	人体(mg/kg)	宏量元素	地壳(mg/kg)	人体(mg/kg)
铁	50000	60	钙	36300	14000
锰	1000	0.2	钠	28300	1600
氟	700	37	硅	27720	260
铬	200	0.2	钾	25900	2000
锌	65	33	镁	20900	290
铜	45	1.0	硫	5200	2300
钴	23	0.02	磷	1180	12000
钼	1	0.1	氯	200	l400
碘	0.3	0.2			
硒	0.09	0.2			
钒	110	0.3			

1200万年前，古猿迫于生存危机寻找适宜居住的环境，这就是风水的缘起。之后的直立猿人、智人、真人，到石器时代、陶器时代，以至商周时期的青铜文化，人们把“居住法则”口口相传，为风水形成理论打下了深厚的基础。

风水认为大地山河之间，有一股蓬勃兴旺的“气”，叫做“生气”，可以使草长莺飞，万物欣欣向荣。风水最大的目的就是找出生气藏匿的地点，乘用这股生气来使自己兴旺发达。

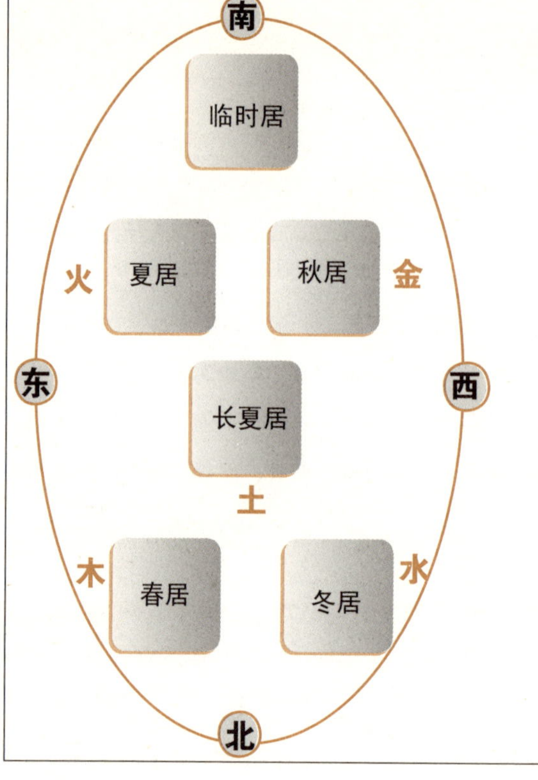

周王有六寝

古人养生特别注重顺应季节的变化，不同季节日出的位置不同、日影的长短各异，因此有了春生、夏长、秋收、冬藏这一规律，这也是古人养生的普遍依据。周王的六寝也是根据这一规律而设置。

岩洞时代要求生存地具备四大风水要素：水源、食物、防患北风、防患洪水，而这些要素正是猿人生存所必需的。4000多年前的夏朝宫殿，就有依“正南北”轴线组成对称的建筑，例如河南省登封市的王城岗古城，其坐向大约在南北5度～185度之间。这种建筑定向能够北避寒风，南迎和风，冬暖夏凉，适宜居住。

唐朝孔颖达在《礼记注疏》中写道：“周礼，王有六寝，前是一寝，余五寝在后，通名燕寝；其一在东北，王春居之。一在西北，王冬居之。一在西南，王秋居之。一在东南，王夏居之。一在正中，王六月居之。”春、夏、秋、冬分属木、火、金、水，中间月份属土；东、西、南、北分属木、火、金、水，中属土。这是季节与五行的对应关系，也体现了居住时对自然条件的利用。

大量研究表明，中国风水术中的“龙穴宝地”和近代西方人文地理学科的“聚落发源地”具有高度一致性的地理环境特点。二者大多都发生在“盆地”、“冲积扇平原”、“河阶台地”、“二河交汇处”、“平地高冈”、“湖中砂地”、“绿洲”、“滨海山麓平原”等地。可见，风水是古代中国人观察自然、尝试与环境共同繁荣的居住法则，为人类的发展积累了丰富的生存经验。

九大风水宝地

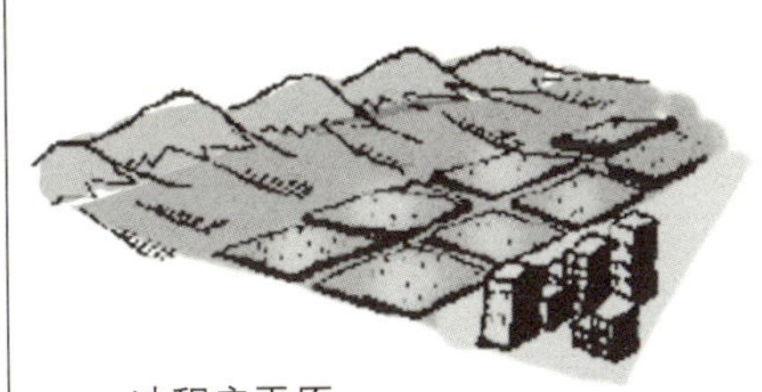
冲积扇平原

盆地

绿洲

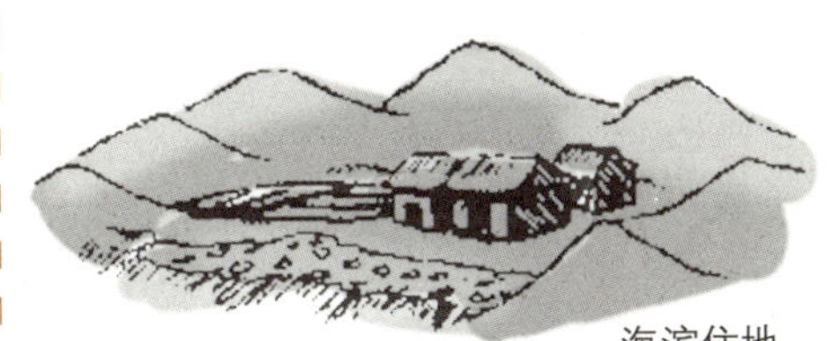
海滨住地

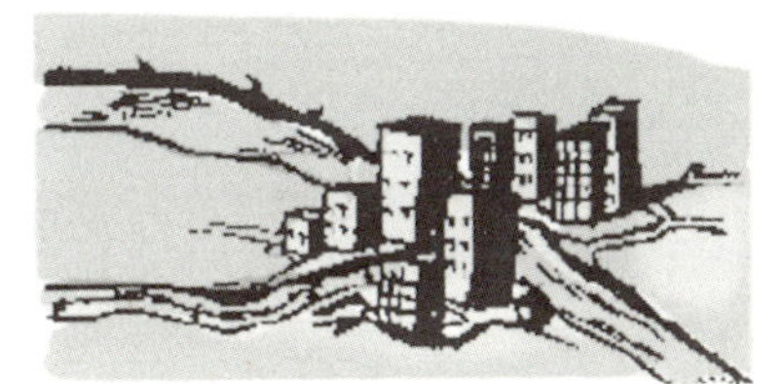
两河交汇处

湖中沙丘

依高地而居

依水源而居

河阶台地

第二章 风水学中的基本概念

概念是一门学科的基础，风水学也不例外。不管哪一门派的风水，都认同和遵循一些基本的理念和定义。就像功夫中的一招一式，只有练好基本功，才能打开这扇通往至高境界的大门。风水中把“气”作为核心，以阴阳五行和四象八卦为基本理论，衍生出观人祸福吉凶的多种套路和方法。想要达到追风逐水的境界，为自己的生活寻找风水良方，就从这里开始！

本章目录

气：风水术的核心

“气”是一个很抽象的概念，原本是中国古代哲学家的发明，用来解释万物形成的原因。《庄子·知北游》中载：“人之生也，气之聚也，聚则为生，散而为死。”郭璞在《古本葬经》中引入“气”的概念，并把它作为风水术的核心，认为“气”能无穷变化，还能决定人的祸福。

《古本葬经》中记载：“葬者，乘生气也。夫阴阳之气，噫而为风，升而为云，降而为雨。行乎地中而为生气，行乎地中发而生乎万物。人受体于父母，本骸得气，遗体受荫。盖生者，气之聚凝，结者成骨，死而独留，故葬者，反气内骨，以荫所生之道也。经云：气感而应鬼福及人，是以铜山西崩，灵钟东应，木华于春，栗芽于室。气行乎地中，其行也，因地之势；其聚也，因势之止。丘陇之骨，冈阜之支，气之所随。经曰：气乘风则散，界水则止，古人聚之使不散，行之使有止。”

这一段话，可谓风水的总纲，而这个总纲的核心就是“气”。生气藏于地中，人不可见，唯循地之理以求之。风水师认为，理寓于气，气固于形。形以目观，气须理察。只要理气适宜，乘生出煞，消纳控制，精辨入神，就可达到观人事之祸福吉凶的目的。

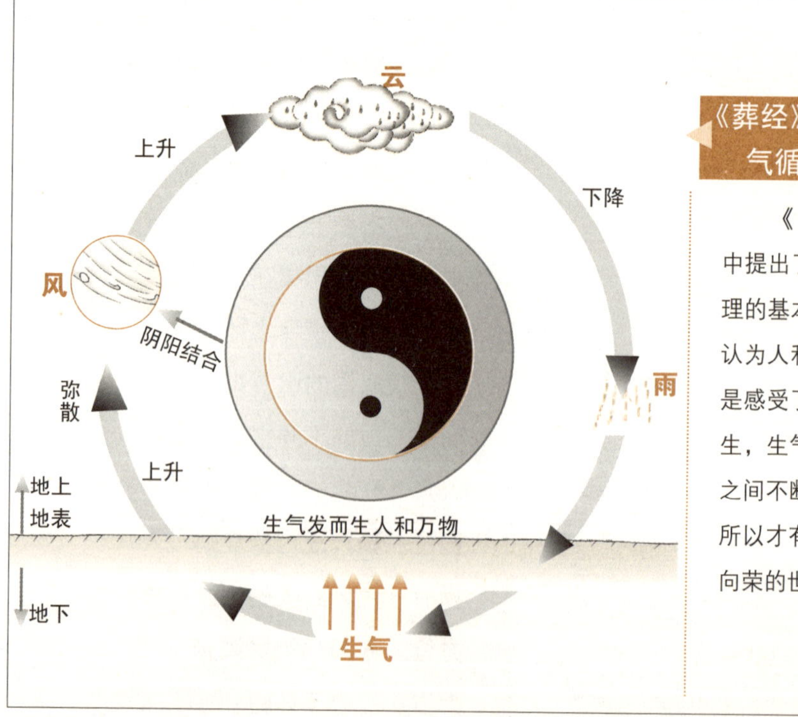

《葬经》中的生气循环图

《葬经》中提出了风水地理的基本原理，认为人和万物都是感受了生气而生，生气在天地之间不断循环，所以才有了欣欣向荣的世界。

古人如何把气运用于军事？

古人把气用于军事，分为九种：

一为帝王气：内赤外黄，或赤云如龙，气游于天；或像城门隐现，或像千担粮仓，常带有杀气。有时带五色，多出现在清晨或黄昏。

二为猛将气：两军相峙，气发其上，如龙如虎，杀气森森。行前气先发。此气出现，主战事或兵变。前白后青，将弱士勇；前大后小，将怯不明。前赤后黑，将勇猛；气青疏散，将怯弱。气形成山，深谋布阵；气形如蛇，士气高昂。气上冲天，军出名将。

三为军盛气：军营上方布帛似的云。前广后大，正在行军；气如索牛、斗鸡，士气不佳。云气在中天，似华盖，势不可挡。

四为军败气：气上黄下白，则有喜庆。气在地行，如潮北退，将士死散；东退为害，西退将死。气如死灰，忽聚忽散，士兵自灭。气连夜照人，将士散乱。气如双蛇，如尘如头，多有伤亡。日色无光，军败如山倒。雨蒙雾风降临，战必胜。

五为伏兵气：圆浑长黑，赤气在中，乌气之后有白气；两军对垒，赤气所在处，必有伏兵。

六为暴兵气：气如瓜蔓相结，来而不断。气焰从天而降，流入军营，必遭兵乱将死。黑气临营，或聚或散，如鸟归巢，敌方恐惧，终必逃跑。气如白虹，或复现，或入营，或在黄昏出现，皆为败气。

七为城胜气：气青为喜，尘黄为忧。白气如旌旗，城上隐现，或攻城。赤气向外，或中间有青色如星晕精，皆为内兵暴乱。

八为屠城气：赤气在上，黄气相绕，城中告急。气散漫一方，众人前来相依。四方无云，独有赤云如旌旗，下面必有大兵。四望无云，独有黑云极天，大兵临城。云气如虎豹，三五相聚，国家必起战争。

八为战阵气：青白如脂膏。空中独有赤云如狗，其下必有战事。天气晴朗，风云不动，没有战事。

九为图谋气：白气成群，必有阴谋。日月朦胧，士兵内乱。天气阴沉不雨，昼不见日，夜不见星，如云似障，则君臣相谋；若黑气游历，中含五色，则内外勾结。

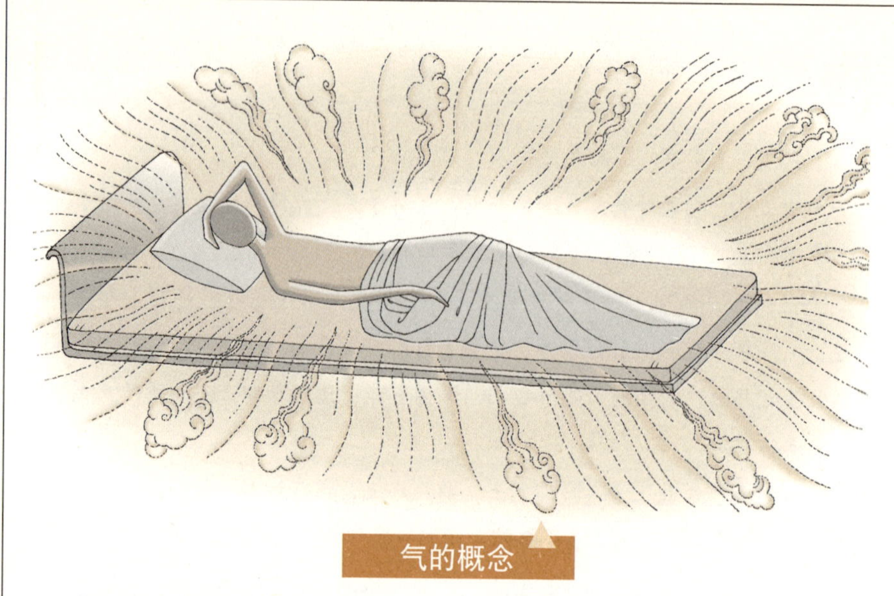

气的概念

气是中国古代人们对自然现象的一种朴素认识。认为气是构成世界的最基本物质，宇宙间的一切事物都由气的变化运动而产生。

阴阳：万物的根本

阴阳本指日照的向背，向日为阳，背日为阴。后来，用以说明万物相互对立和相互消长的情况。《素问·阴阳应象大论》云："阴阳者，天地之道也，万物之纲纪，变化之父母，生杀之本始，神明之本府也。"这更把阴阳看做是推动万物生长变化的两种基本元气。

风水术以阴阳解天地，认为人是由阴阳二气派生出来放的。风水家把阴阳与八卦相结合。先天八卦以两仪四象分阴阳，太阳、少阴为阳，太阴、少阳为阴。后天八卦以生数、成数分阴阳，九、八、七、六为阳，四、三、二、一为阴。在风水罗盘中，阴阳有固定的位置，西北至正东为阳，东南至正西为阴。

因此，人要适从于阴阳，不得违背阴阳，顺者昌，逆者亡。俗语云："大门朝南，子孙不寒；大门朝北，子孙受罪。"南为阳，北为阴；住宅朝南，接受日光照射最多，为阳，接受日光照射多，细菌自然少，所以有吉；住宅朝北，为阴，接受日光照射较少，晦暗而潮湿，是细菌容易滋生的环境，所以有凶。可见，阴阳学说具有朴素的辩证法色彩，是先哲认识世界的最基本的一种思维方式。

阴阳的划分

阴阳是一个相对的概念，有阳必有阴，有阴必有阳。阴阳的概念在风水中应用也很普遍，常用来推断地域的吉凶。

阳	天	光	热	干	刚	南	上	左	男	太阳
阴	地	影	冷	湿	柔	北	下	右	女	月亮

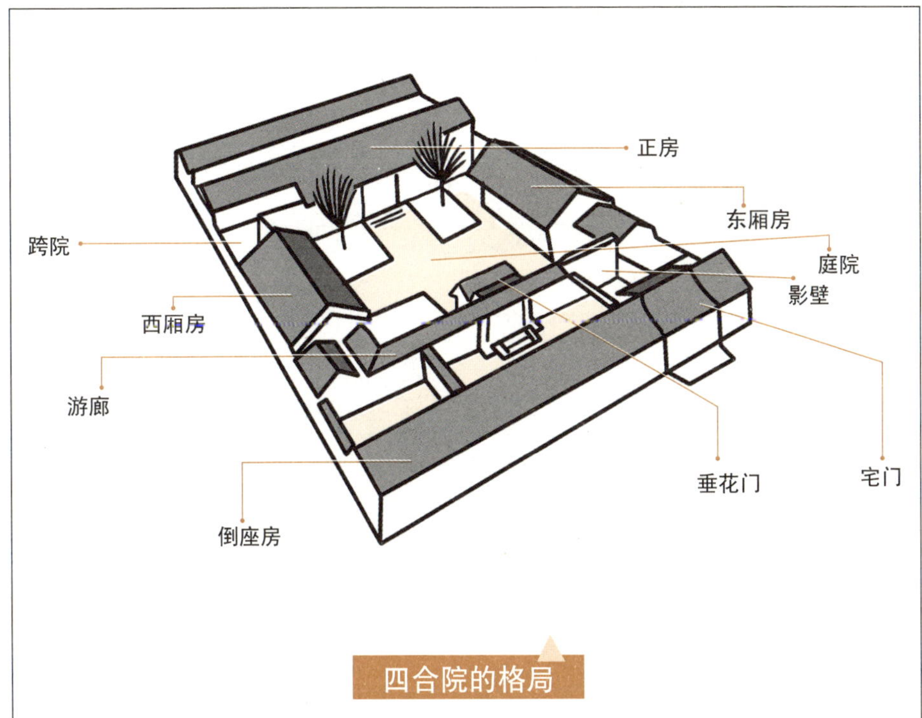

四合院的格局

四合院坐北朝南，大门开在东南方向，这种风水格局是从四神砂的风水形局演化而来，如同人的头、胸、手处于一种合抱之势。这种院子日照充足，利于聚气，适应北方寒冷的气候，是人们适应阴阳的结果。

四象：对地形的比喻

《周易·系辞》云："太极生两仪，两仪生四象。"四象即太阳、太阴、少阴、少阳。

先哲在天文学中也有"四象"一词，不过是作为方位出现的。他们在观察

四象图

中国传统文化将青龙、朱雀、白虎、玄武统称为四象，分别代表东、南、西、北四个方向。在二十八星宿中，四象常被用来划分天上的星宿。风水中常引用来表示地之吉凶，认为风水宝地应具备前朱雀、后玄武、左青龙、右白虎的局势。

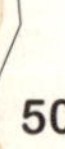

星辰时，选择了黄道赤道附近的二十八个星宿作为坐标。东南西北各有七宿，每个七宿联系起来很像一种动物。由此，称东方为青龙、南方为朱雀、北方为玄武、西方为白虎。

风水先生以“四象”的形象及动作譬喻地形，又附会吉凶祸福。《阳宅十书》曰：“凡宅左有流水，谓之青龙；右有长道，谓之白虎；前有汗池，谓之朱雀；后有丘陵，谓之玄武，为最贵地。”这就是所谓的“玄武垂头，朱雀翔舞，青龙蜿蜒，白虎驯俯”，也即玄武方向的山峰垂头下顾，朱雀方向的山脉要来朝歌舞，左之青龙的山势要起伏连绵，右之白虎的山形要卧俯柔顺，这样的环境就是“风水宝地”。

“四象”对民俗有很深的影响。北京中山公园的社稷坛中有五色土布局为：东方是青龙，土色为青；西方是白虎，土色为白；南方是朱雀，土色为红；北方是玄武，土色为黑。中间的土色是黄的，象征人。这些土，是明清时期由四方的府县专程运来，寓意四方朝贡、天下祥和。

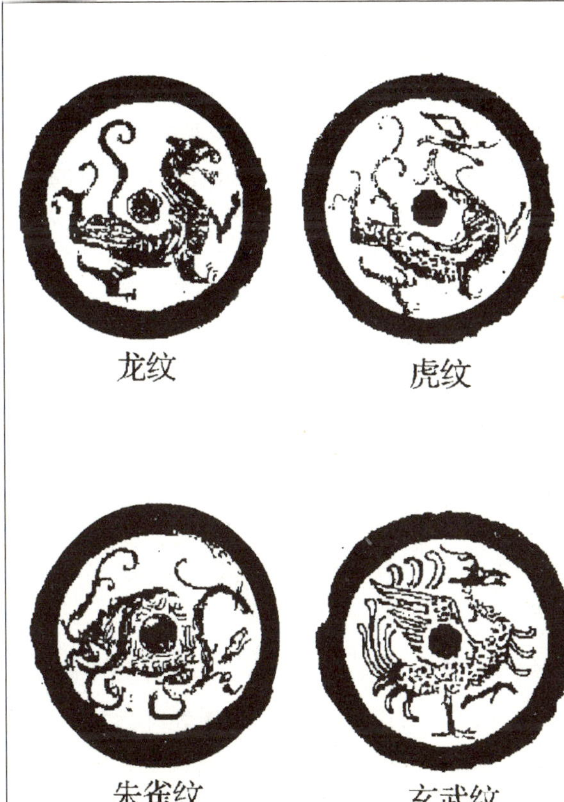

汉长安城的四砂神瓦当

四砂神瓦当为汉长安城遗址出土。四神也称“四灵”，起于先秦。古人认为，苍龙色青，属东方，属春；白虎色白，属西方，属秋；朱雀色赤，属南方，属夏；玄武色黑，属北方，属冬。此四砂神瓦当中，青龙、白虎、朱雀均作奔跑状，玄武也作走动状，动物姿态活灵活现。

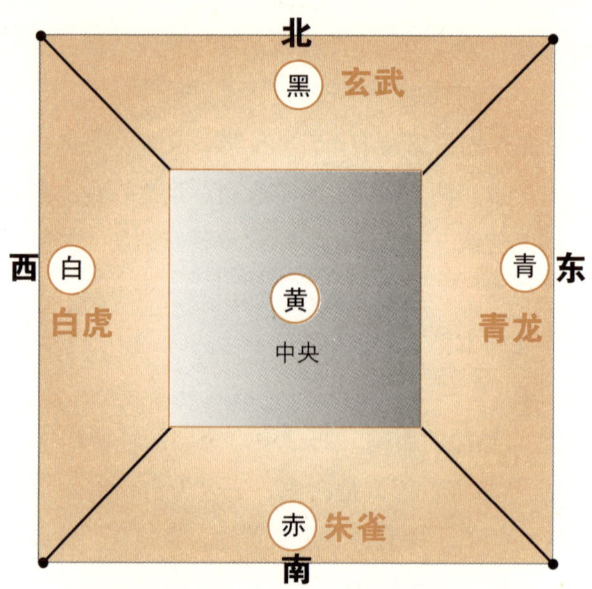

中山公园社稷坛的五色土布局

社稷坛，俗称五色土，按《周礼》“左祖右社”的制度建造而成。社，代表土神；稷，代表谷神。坛身为汉白玉砌筑的三层方台，上铺的五色土按中黄、东青、南赤、西白、北黑的规律填实，作为“普天之下，莫非王土”的象征。土台中央方形石柱，称为“社主石”或“江山石”，表示皇帝“江山永固”。明清两代皇帝每年二、八月都在这里举行祭祀仪式。

五行：阴阳之纲领

五行学说，最早见于《尚书·洪范》：“五行，一曰水，二曰火，三曰木，四曰金，五曰土。水曰润下，火曰炎上，木曰曲直，金曰从革，土曰稼穑。”五行之间相生相克：木生火，火生土，土生金，金生水，水生木；金克木，木克土，土克水，水克火，火克金。五行学说具有朴素的唯物辩证法思想。

风水师认为，五行是阴阳之纲领，造化之权衡。风水中的所有理论都以五行为指导，拔砂、放水、辨方、立向都得依靠五行。《管氏地理指蒙》云：“五行之五位，五方之五色，五性之五神，五正之五德，五象之五兽，此皆不可差而不可易。”

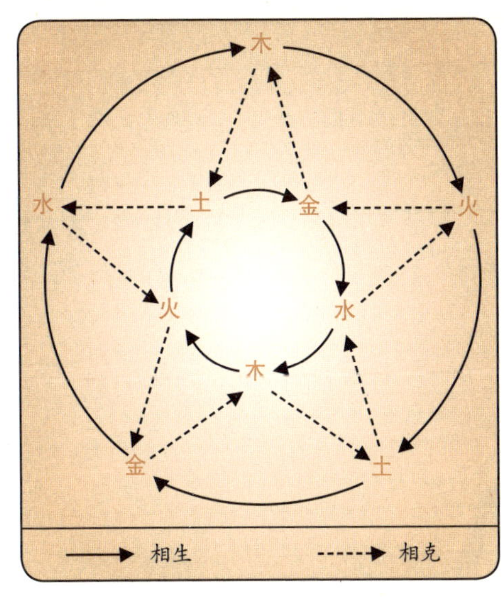

五行生克关系

五行学说认为大自然由五种要素构成：木、火、土、金、水，五种要素之间相生相克。随着这五个要素的盛衰，大自然也随之产生变化，不但影响到人的健康，使人形成一定的养生观念，也使宇宙万物循环不已。

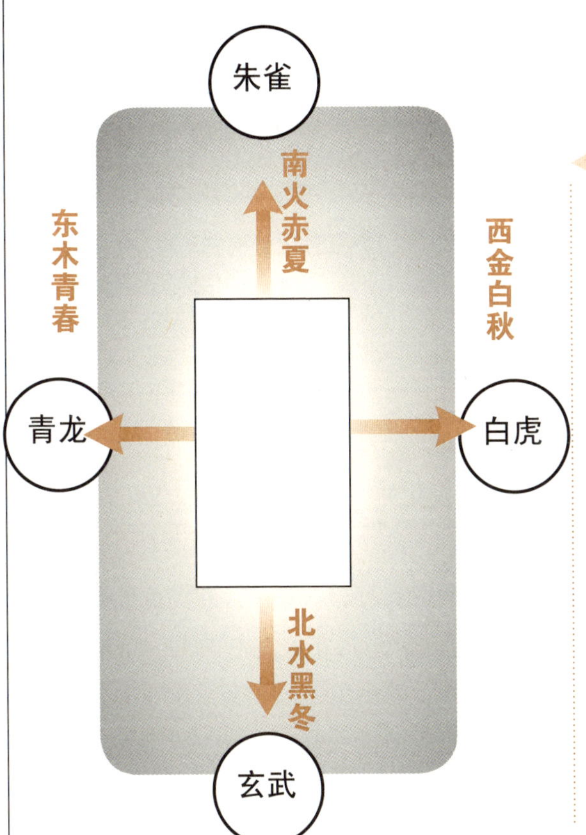

五行与方位、季节、色彩、四兽等的对应

风水中非常注重五行，并将其与方位、季节、色彩等对应，以此解释万事万物的变化。

邹衍对五德的政治划分

五德，指五行的属性，即土德、木德、金德、水德、火德。五德之说源于五行理论，春秋时代的邹衍将天下分为五方，用金、木、水、火、土五行相克的原理揭示历史朝代更迭的规律，开了将五行纳入政治领域之先河。按邹衍的理论，黄帝时代为土德，夏为木德，商为金德，周为火德，秦为水德。五德相克，改朝换代。后世历代帝王建国，皆沿用五德之说。

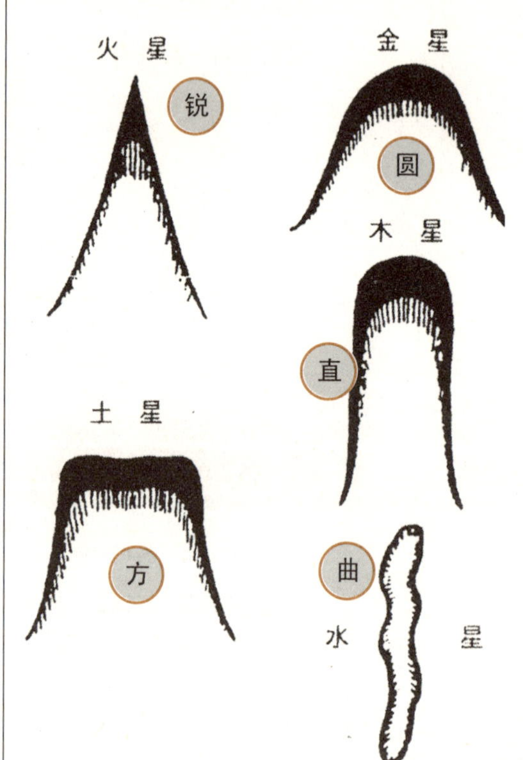

五行山形

风水家把山形按金、木、水、火、土五行，分为圆、直、曲、锐、方五象，称为“五星形体”，并认为五行山形按五行相生排列而来便是“生龙”，即山峦起伏，行止有致。

风水中的五行有许多分类，常用的有正五行、八卦五行和洪范五行三种。正五行的口诀是：东方木，南方火，西方金，北方水，中央土，用来确定方位。八卦五行的口诀是：震庚亥未巽辛木，乾甲兑丁巳丑金，坎癸申辰水，离壬寅戌火，坤乙艮丙土。这是八卦配合干支而论所属。洪范五行以八卦演变成二十四位五行变化，其口诀是：甲寅辰巽大江水，戌坎申辛水亦同，震艮巳三原属木，离壬丙乙火为宗，兑丁乾亥金生处，丑癸坤庚未土中。

◆ 八卦：方位的标志

《易·系辞》中说：“易有太极，是生两仪，两仪生四象，四象生八卦。”八卦指的是乾、坤、震、艮、坎、离、兑、巽，是三画卦。从卦象看，八卦基本的构成要素是——和— —，八卦分别由这两个要素三重叠而成。

宋朝朱熹做了一首《八卦取向歌》：“乾三连，坤六断；震仰盂，艮覆碗；离中虚，坎中满；兑上缺，巽下断。”按照这个方法，可以很方便地记住八卦的卦形。

古人还认为，八卦分别象征八种最主要的自然物。乾为天，坤为地，震为雷，巽为风，离为火，坎为水，艮为山，兑为泽。这是八卦所取的物象。另外，每卦还代表不同的意义。乾为健，坤为顺，震为动，巽为入，坎为陷，离为丽，艮为止，兑为说（悦）。这是八卦的取义。取向与取义都是适应占卜的需要，后来逐渐引申出丰富的哲理。

八卦主要用丁表示方位，分别有伏羲先天八卦和文土后大八卦两种形式。二者的方位是不一样的，但都是根据《周易》中的文字推演而出。

八卦图

古人用八卦分别象征自然界的八种事物：乾为天，坤为地，震为雷，巽为风，离为火，坎为水，艮为山，兑为泽，并分别与五行对应。

八卦所象征的各种事物

卦名	自然	特性	家人	肢体	动物	方位	季节	阴阳	五行
乾	天	健	父	首	马	西北	秋冬间	阳	金
兑	泽	说	少女	口	羊	西	秋	阴	金
离	火	丽	中女	目	雉	南	夏	阴	火
震	雷	动	长男	足	龙	东	春	阳	木
巽	风	入	长女	股	鸡	东南	春夏间	阴	木
坎	水	陷	中男	耳	猪	北	冬	阳	水
艮	山	止	少男	手	狗	东北	冬春间	阳	土
坤	地	顺	母	腹	牛	西南	夏秋间	阴	土

高要八卦村

古代风水师为了改善一方水土，常常将村庄或城市设计成阴阳八卦形式。简单的设计常常使一个地方变得风调雨顺，人畜兴旺，人才辈出，高要村就是其中之一。

诸葛八卦村的双重八卦

诸葛村位于浙江中西部，是三国著名政治家、军事家诸葛亮嫡传后裔的聚居地。它的最神奇之处，当数被称为中国一绝的村落之九宫八卦布局。

元代中后期，诸葛亮第27世孙诸葛大狮在建村前四处勘察的过程中来到高隆。他发现这里东南高而西北低，背靠山峦，面对流水，是形势宗所追求的“天地之势”。建村后，诸葛村便处于8座小山的环抱之中，小山似连非连，形似八卦的8个方位成了外八卦。钟池位于村落中心，恰似太极阴阳鱼图，8条小巷向外辐射，形成内八卦。陌生人贸然进村，就像走进一座迷宫。村落周围自然环境与屋宇井巷协调而成的双重八卦，充分反映出诸葛大狮非凡的堪舆艺术。

龙脉：山川的灵气

脉，本义是血管，引申为事物的连贯性。《吴越春秋·越王无余外传》：“行到名山大泽，召其神而问之山川脉理。”可见，山川之间的联系很早就被称为“脉”。山川高低起伏，如巨龙盘伏，因此，风水先生称山川为龙脉。我国大陆有一半以上的地区都是山川，这样，处处都有龙脉。

龙脉地流向

风水中的龙脉流向借鉴了《易经》中“山泽通气”的思想：在高耸处（山）和凹下处（泽），地下的气就可以通到地表。这一说法已经被地质学所证明。

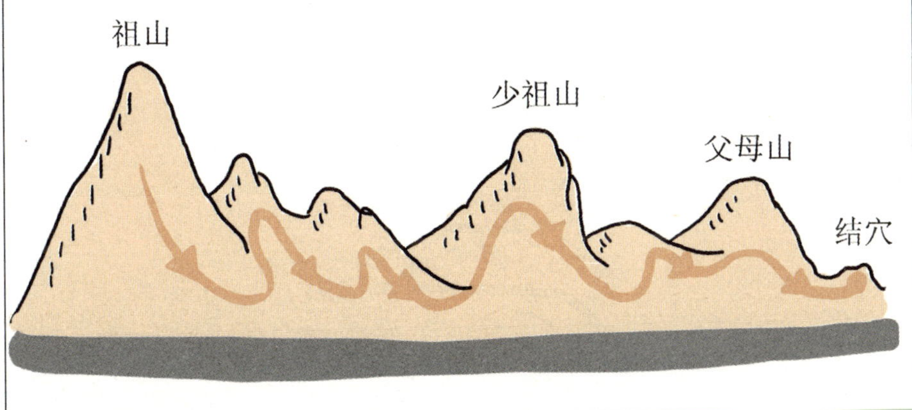

风水先生对我国的山势走向有一套模糊的理论，即“中国三大干龙”之说。他们认为昆仑山的东南支流布于中国，分为北龙、中龙和南龙三支。历代的风水师对这三龙具体涉及的山脉，有着不同的看法。

《龙法》中说：“龙不易令人全见，而山脉过峡处，亦必有掩护。龙有须角颈眼，而地之将结处，必有砂案。山脉之结美穴，亦犹龙之得明珠，二者无一不相类似，用是以龙定名，山脉直呼之曰龙脉，遂为万古不易之美称……欲知龙之贵贱与真假，当先看入局与入首……”其中详细讲述了如何判断龙脉的吉凶。

形势：地形和地势不一样

形势，相地术中指地形和地势。形和势是不一样的。风水先生认为形是单坐的山头，势是起伏的群峰。认势唯难，观形则易。他们认为势是“来龙”，只有来龙大、强、专、逆，才会带来好运气。来龙如果太小、太弱、太多分支、太直奔，就不会造成好形。形由势造成，形又决定了穴的好坏。形要厚实、积聚、藏气，才能结得好穴。有了好穴，逝者安息，生者发达。

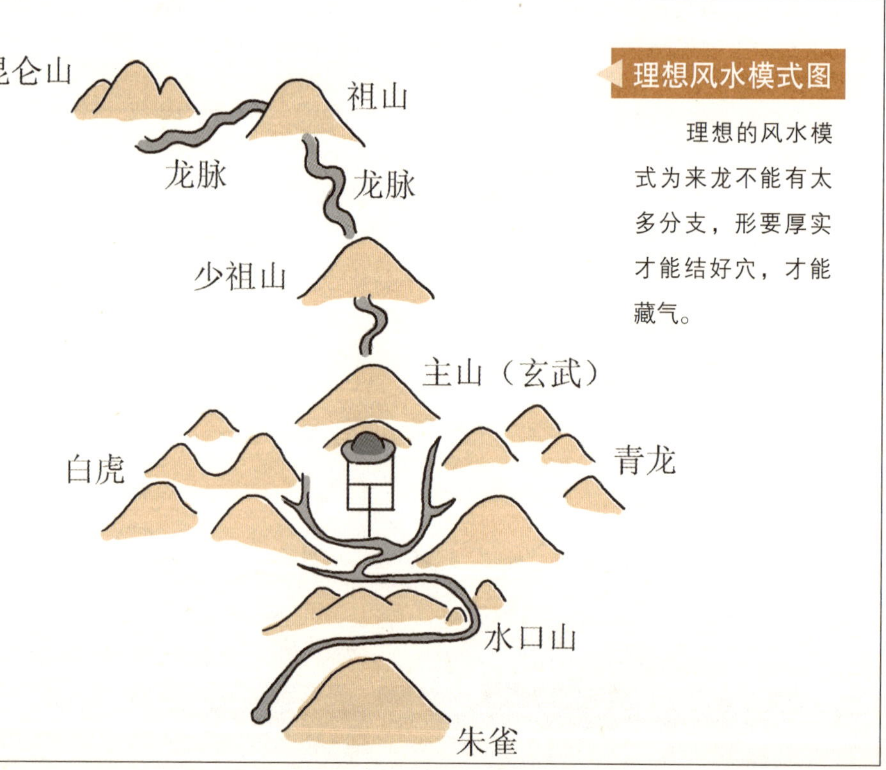

理想风水模式图

理想的风水模式为来龙不能有太多分支，形要厚实才能结好穴，才能藏气。

风水中对势的要求是：势必欲行，行则远，远则腾。势不欲止，止则来无所从。势欲其来，势不畏露，势必欲圆，圆则顺。对形的要求是：形不欲露，露则气散于飘风。形必欲圆，圆则气聚而有融。形不欲至，形则或东或西。形必欲方，方则正。

风水先生的形势观念主要用于看山。山有五势：龙发北朝南为正势，龙西发、北作穴、南作朝为侧势，龙逆水上朝、顺水下此为逆势，龙顺水下朝、逆水上此为顺势，龙身回顾祖山作朝为回势。

山的五种形势

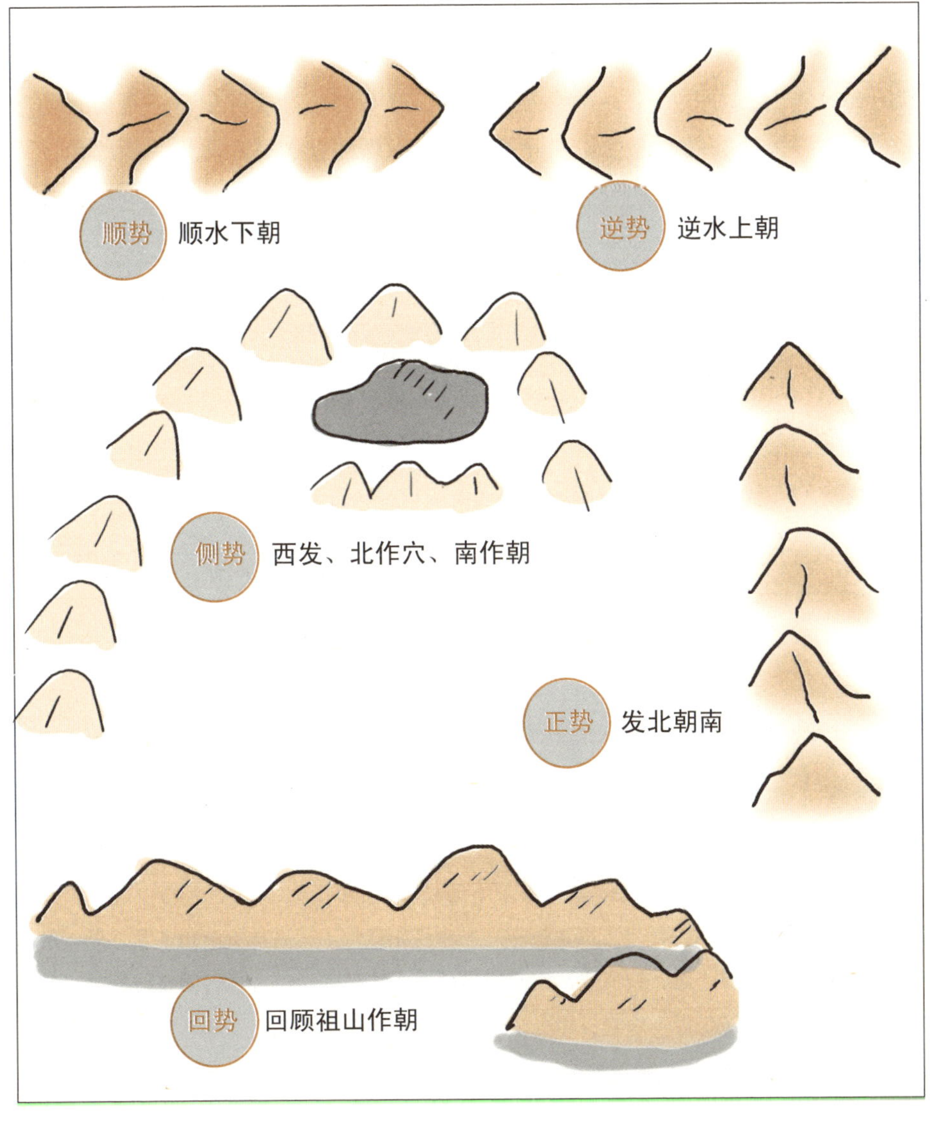

昆仑：龙脉之源

先哲们认为昆仑山神秘莫测。《山海经》中还说昆仑山是帝下之都，百神之所在。风水中以昆仑为龙脉之源，认为天下的大山都是昆仑山的延伸和支脉。唐代风水大师杨筠松在《龙经》中说：“昆仑山是天地骨，中镇天心为巨物；如人骨脊与项梁，生出四肢龙突兀。四支分出四世界，南北东西为四脉，西北崆峒数万程，东入三韩陷杳冥；唯有南龙入中国，分宗孕祖来奇特。”

风水中的“中国三大干龙说”认为，昆仑山的东南支布于中国，又分为北龙、中龙和南龙三支。北龙环阴山贺兰，入山西起太行。中龙循西蕃入趋岷山，下泰岳起嵩山，右转荆山，起泰山入海。南龙出吐蕃以西，至沅陵分其一西至武陵止，分其一去黄山天目至三吴止。过庾岭者又分仙霞关，至闵止；分其一为大拌山，右下括苍，左为天台四明，渡海而止。这种划分，是历来的风水师对昆仑山龙脉的一种认识，并非对我国山脉的真实分布和走向的描述，当然这种认识也是见仁见智。

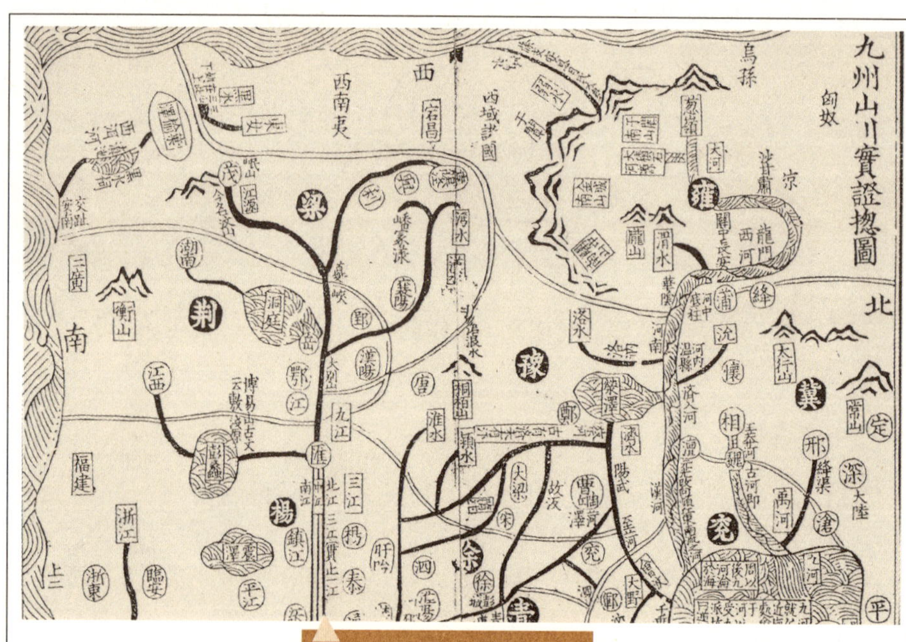

九州山川实证总图

此图选自《禹贡山川地理图》一书，图中详细表示了《禹贡》中山、河、湖、海及冀、兖、青、徐、豫、荆、雍、梁九州界域及内容，并采用古代地图传统形象绘画法，以文字注记区别古今内容，将九州用阴文，宋代建置用阳文，地名套以黑圈，山河名加方框，河道变迁处辅以文字说明，是我国现存最早的雕版墨印地图实物。

◆水龙：对水势走向的形象描述

风水中有山龙，也有水龙。《管氏地理指蒙》中介绍了我国的水龙："龙探其祖，水溯其源……夫出口之归替，北以河汾为宗，东以江海为宗，西以川洛为宗，南以闽浙为宗……河水出昆仑山，汾水出太原，晋阳山，江水出岷山，洛水出冢岭……"这种说法虽然不确切，但还是大致勾勒出我国水势的来龙去脉。

山管人丁水管财，山水都造福于人。山有行止，水分向背，乘其所来，从其所会。寻龙点穴，先观水势。观水之法，凡两水之中必可观山。水会即龙尽，水交则龙止。水飞走则生气散，水融注则内气聚。水为龙之血脉，穴之外气。龙非水送，无以明其来；穴非水界，无以明其止。

水龙有分有合有聚。水自穴前一分合，至龙虎所交二分合，少祖山处三分合。小合为小明堂，大合为大明堂。黄妙应在《博山篇》中说："有大水龙来，长水会江河。有小水龙来，短水会溪涧。须细问何方来，何方去。水来处是发龙，水尽处龙亦尽。两水合才是尽，或大合或小合，须细认。"这是关于如何辨认水龙的一段描述。

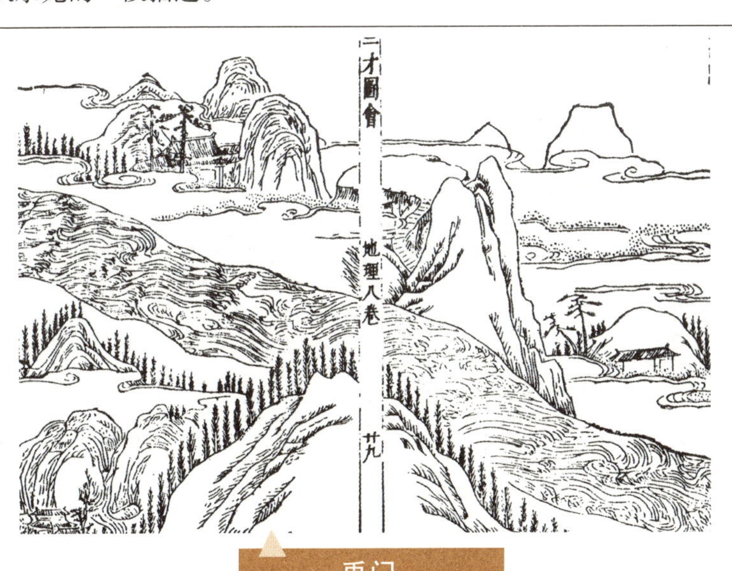

禹门

禹门又名龙门，是《禹贡》所载大禹"导河积石，至于龙门"之处。相传从壶口到龙门之间的河道，都是当年大禹劈山引水所凿。韩城八景之一的"禹门春浪"即指此。前人有诗赞曰："禹门三级浪，平地一声雷。"龙门自古为秦晋交通要冲，相传明末李自成农民起义军就是从这里渡黄河，直捣幽燕，进入北京的。

◆水口：水流进或流出的地方

水口，顾名思义就是在某一地区水流进或流出的地方，一般指出水口，是相地的重要内容。凡水来之处谓之天门，若来不见源流谓之天门开。水去处谓之地户，不见水去谓之地户闭。源宜朝抱有情，不宜直射关闭。去口宜关闭紧密，最怕直去无收。这就是风水先生讲的“水主财，门开则财来，户闭则财用不竭”。

从水入至水出，水所流经的地区就是水口的范围。水口范围与富贵程度成正比。《入地眼图说》卷七《水口》云：“自一里至六七十里或二三十余里，而山和水有情，朝拱在内，必结大地；若收十余里者，亦为大地；收五六里、七八里者，为中地；若收一二里地者，不过一山一水人财地耳。”水口包容的地面越大，造福的地域越广。不过，水口的概念是相对的。大水口里有小水口，许多小水口的面积构成大水口的面积。

我国地势西高东低，一般入水口在西北，出水口在东南。所以，风水术中尊西来之水为吉，出水口在东南也为吉。水口营建的理论和实践，推动了我国农业社会的发展。

水口的范围

水口的范围是水所流经的范围，与富贵程度成正比，可见水对人类发展的重要性。

水的出口

水口是水的入口和出口，但一般指出水口。

水口及其范围

水的形状、水质、走向与水的流经范围在风水上具有重要作用。一般情况下，水的流经范围越大，富贵程度越高。

香港是如何成为聚财之地的?

从地形上看，香港属于岭南山系，山势从武夷山经罗浮山，延绵而来，在新界形成少见的“九龙入海”格局。而且，此九龙气势强健，在新界止脚结穴，这使香港生气旺盛。

“山主贵，水主财”，从香港的水局上看，珠江水气被大屿山所拦截，大部分输入香港。水气庞大，且五行属金，金主钱财。

从时运上看，珠江水在西北和西方汇合流入香港，其中西方为主流。西北方属乾卦，对应六运；西方属兑卦，对应七运。在六运与七运这时段里，香港注定会成为繁荣之地。

水之吉凶：祸福在水

穴虽在山，祸福在水。风水术认为，水所处的地点、河道的形状和水质的好坏等关系到人的吉凶。

《水龙经》说：“东浜深百尺，西住有千粮。西北池塘近冢边，子孙不孝叫皇天。”河道的形状，如“枝水交界”是指右边的上下都有水流过来，左右朝抱，中间结穴，福力甚大；“二龙”是指二龙相会是为雌雄，此可富贵出三公。山泉水，风味甘色莹气香，四时不涸不溢，冬暖夏凉，主长寿。

海水，以其潮头高、水色白为吉。江河，以其流抱屈曲为吉。溪涧，以其悠远平缓为吉。湖面，以其一平如镜为吉。池塘，以其生成原有为吉。天池，以其深注不涸为吉。人们不可以随意填埋湖泊池塘，也不可贸然开凿土坑，会伤地脉而破坏好水。凡水之来，若直大冲射、急促有声、反跳翻弓都不好。泥浆水，得雨则盈，天晴则涸，此乃地脉疏漏，不吉。

这是从风水角度来论述水的吉凶，其中关于劝止人们不要破坏地气的要求，对于环境保护也有一定的促进作用。

《水龙经》中的吉水和凶水格局

水分吉凶，《水龙经》一书中根据水的形状将水分为吉凶两种。

《水龙经》中所载吉水格局

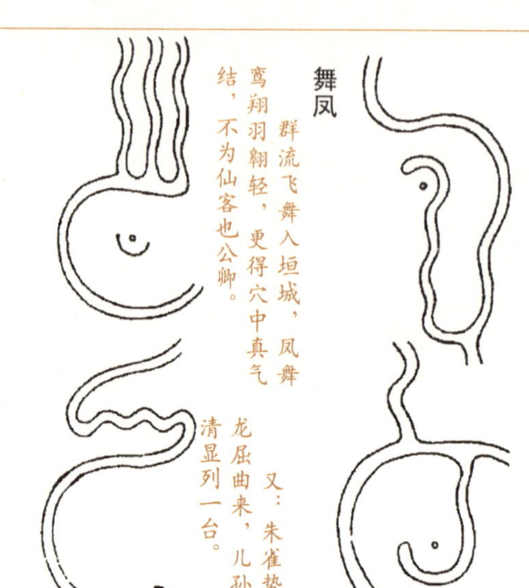

《水龙经》中所载凶水格局

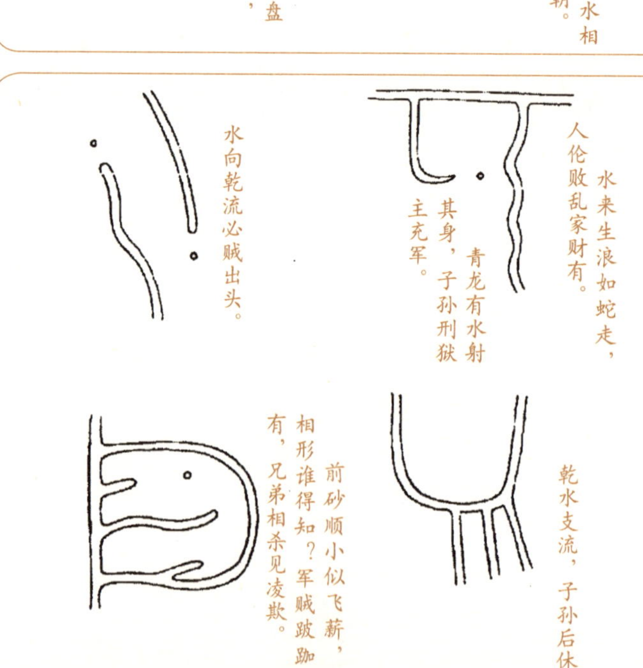

◆ 明堂：生气聚合之地

上古时期，明堂是指百官朝见天子、共商国是的场所。风水中的明堂是穴前之地，诸山聚绕，众水朝拱，生气聚合。

明堂有内明堂和外明堂之别，亦称大小明堂。凡山势缓和，平平结穴，龙虎环抱、近案当前，就称为内明堂。对内明堂的要求是：宽窄适中、方圆合格，无圆峰内抱，无流泉冲破，不生恶石。外明堂在内明堂以外，山势急迫，垂下结穴，龙虎与穴相登，前安较远。对外明堂的要求是不宜狭窄，四山围绕而无空缺，外水曲折，远远朝来。

明堂又有吉格和凶格。交锁、周密、朝进、宽畅、大会、广聚等明堂为吉格。交锁明堂最吉，因明堂中两边有砂交锁而得名。周密明堂是指四围拱固无泄。朝进明堂是指堂前有特朝之水。宽畅明堂是指穴前开广明畅。大会明堂是指众水归堂。广聚明堂是指众山众水团聚。此外，劫杀、反背、倾倒、旷野等明堂为凶格。劫杀明堂因其尖砂顺水而得名。反背明堂因其悖逆之象而得名。倾倒明堂因水倾砂飞而得名。旷野明堂因穴前空旷而得名。

明堂图例

在风水中，明堂的概念很重要。明堂有很多种，有吉有凶，下面列举几种：

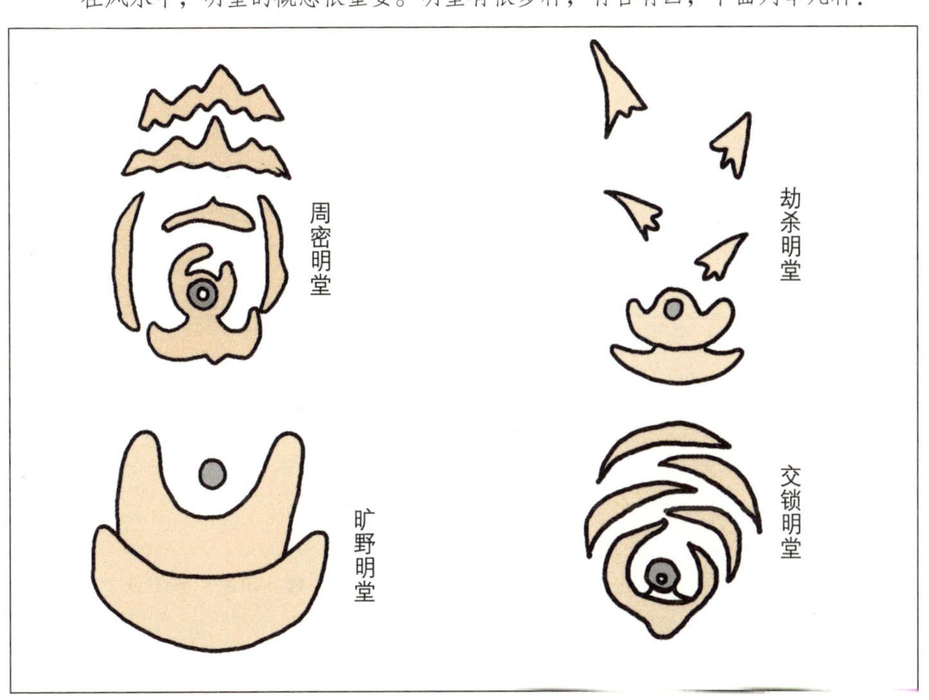

砂：穴四周的山

穴四周的山，称为砂。砂水相连，砂关水，水关砂。抱穴之砂关元辰水，龙虎之砂关怀中水，近案之砂关中堂水，外朝之砂关外龙水。穴前两边是侍砂，能遮恶风。从龙抱拥的是卫砂，外御凹风，内增气势。绕抱穴前的是迎砂，面前特立的是朝砂。水左来，砂右转。水右来，砂左转。

黄妙应在《博山篇》论砂中说："砂有三类，肥圆为富局，秀尖丽为贵局，斜臃肿为贱局。"还认为砂中凶相有尖射的、探出头的、身反向的、顺水走的、高压穴的、破碎的、斜乱的、粗大的、瘦弱的、短缩的、昂头的等等，不一而足。这其实就是把人直观上感觉不舒服的砂，统统归为凶祸之相。要使砂形变化，关键在点穴。穴点得好，就能使远山变近，高山变低，去山回还，斜山端正。

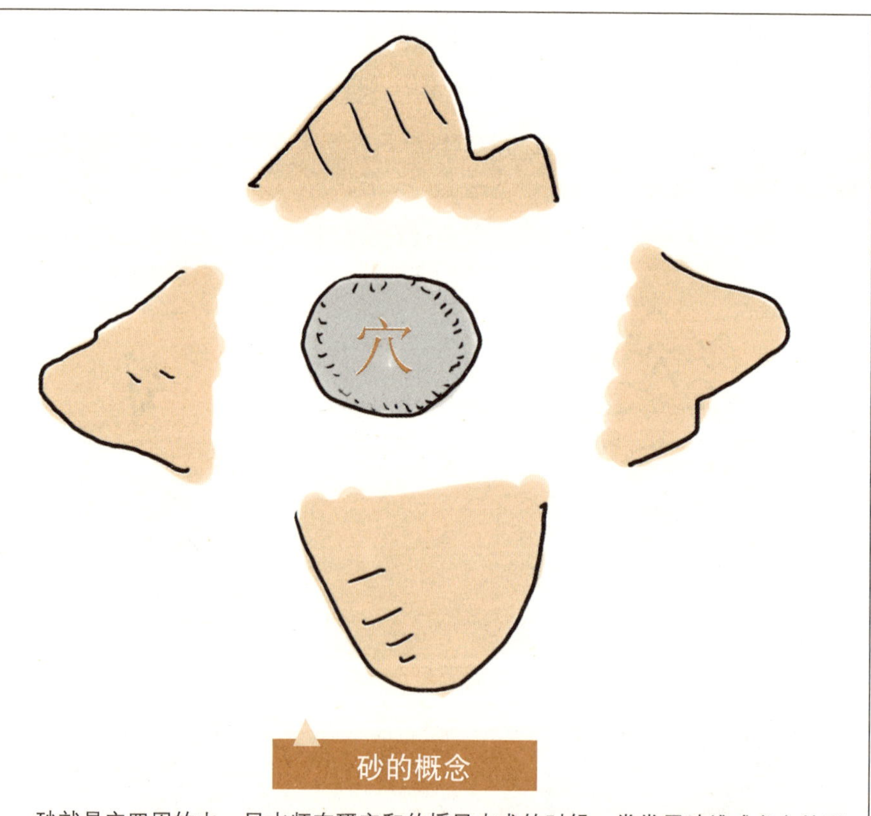

砂的概念

砂就是穴四周的山。风水师在研究和传授风水术的时候，常常用砂堆成龙穴的形势，所以将龙穴周围的山称为砂。

砂的贵贱

砂有贵贱，肥圆为富，秀尖丽为贵，斜臃肿为贱。

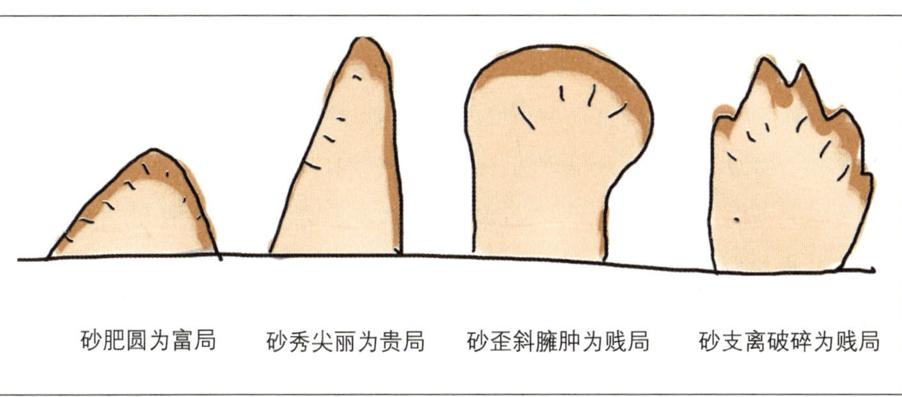

风水中还讲究砂的宏观布局，凡穴四周都有富贵之砂，主吉。砂的排列要层层叠叠，前后有序，一律内倾，似有情之意。砂脚有潺潺流水，环绕缓流，就是好砂。

砂法全图

砂的吉凶，通常以尖圆方正者为贵为吉，歪斜破碎者为贱为凶。而且，前后左右砂的分布也有高低大小的比例关系：上砂要长、高、大，下砂要低、平、小，即所谓“青龙要高大，白虎不能抬头”。通常情况下，穴四周的砂层次越多越好。

◆朝案：对山的不同描述

朝和案都是山。离穴近而小的称案，如人据案之义；高而大者称朝，如宾主抗礼之义。风水中认为，有近案则穴前收拾紧密，无明堂太旷、气不融聚之患；有远朝则有配对，有证应，无逼窄窒塞之弊。

朝山有各种分类：两水夹来为特朝，朝山此格最清高，尖秀方圆当面起，子孙将相玉横腰。其次还求横朝山，横开帐幔于其间，或作排衙并唱诺，亦须情意两相关。伪朝之山形不一，过我门兮不入室，翻身侧面向他人，空使有凶而无吉。平原看局取回环，高一寸兮即是山，但得水缠看下手，窝钳乳突是元关。

风水中看案的歌诀是：门前有案值千金，远喜齐眉近应心。案若不来为旷荡，中房破败祸相侵。案山最喜是三台，玉几横琴亦壮哉……案山顺水本非良，过穴湾环大吉昌，若有外砂来接应，举人榜上姓名香。外山作案宜堪求，关抱元辰气不流。纵有穴情无近案，中房颠沛走他州。

实际上，“朝案”是封建伦理观念的反映，讲究的是有情有礼，宾见主，臣见君，子奉父，妻从夫，贵贱分明。达官贵人葬于突出的山头，山前有案，如玉几、横琴，远处有林立的朝山，如宾、臣、子、妻。这是何等威风！

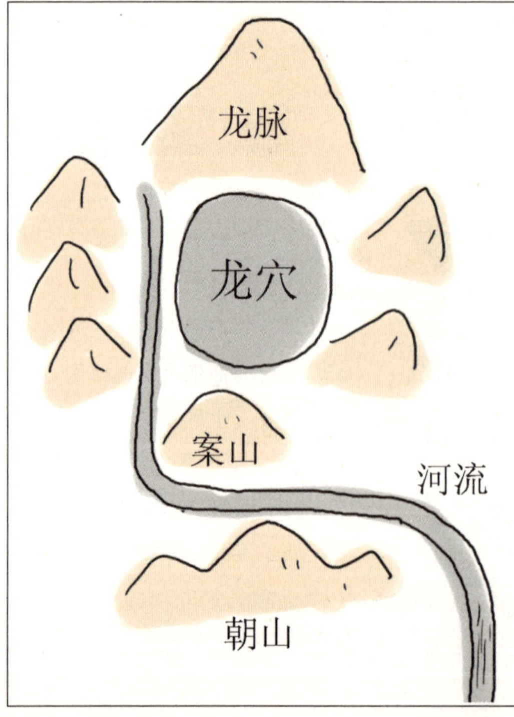

朝山和案山

风水学家认为，龙穴为真气凝聚之所，如王者身怀万宝而燕息。明堂宽绰，池湖缭绕，远山近水，朝揖翕聚，千源万脉，总归一处。远者千里迢迢而来，与龙穴遥遥相对，俯伏拜揖之状，是为朝山；近者自身穴前，如玉几龙案，是为案山。

点穴：死者的葬地或生者的住所

穴，本义是土室，又有孔洞、巢穴、针灸部位等义。风水中把穴作为死者的葬地或生者的住所。三年寻龙，十年点穴。点穴是相地术中关键的一环。龙脉绵亘，穴场大者不过数十丈，小者一二丈，要从中寻求一块八尺之穴，难度可想而知。

穴是天造地设，既有生存之龙，必有生成之穴。点穴要考虑气、穴本身，还要考虑龙脉与穴的关系。《海角经》云：“点穴无他法，只是取得气出，收得气来，便是妙手。”《博山篇》中说，穴有高低、大小、肥瘦，高宜避风，低宜避水，大宜阔作，小宜窄作，瘦宜下沉，肥宜上浮。择穴重在审龙，龙真必结穴。凡山水向是为真，山水背是为假；风藏水逆气聚是生，风飘水荡气散是死。

《博云篇》中介绍了点穴的操作步骤：“审阴阳，定五行，决向背，究死生，推来历，论星峰，看到头，论分合，见其明暗，核其是非，察其缓急，慎其饶减，知其避忌，精其巧拙，定其正偏，审其隐露。”

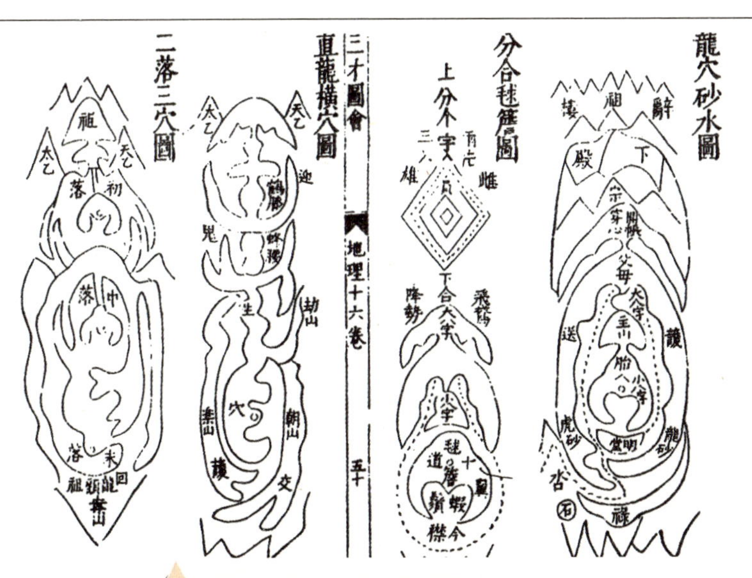

《三才图会》中的龙穴砂水图

龙、穴、砂、水是风水选择的四个准则。好风水要具备“龙真”、“穴的”、“砂环”、“水抱”。“龙真”是指生气流动着的山脉；“穴的”是指生气凝聚着的吉穴的位置所在；“砂环”是指穴地背侧和左右山势重叠环抱的大好自然环境；“水抱”是指穴地前面有水抱流。

◆倒杖：立穴放棺的准则

倒杖是有关立穴放棺的准则。它要求各因其入首星辰脉络之势，顺适其情，不违其理，使前后左右合乎天然。倒仗的类型有：

顺杖：凡龙势懒缓、脉微屈曲，就用顺仗，正对入脉，插中顺来之势以放棺。

逆杖：凡龙势雄长、气脉急硬，就用逆仗，以避锋气。

此外，还有缩杖、缀杖、穿杖、离杖、没杖、对杖、开杖、截杖、顿杖、犯杖等，都是讲如何处理穴位与来脉的关系。

倒杖的类型

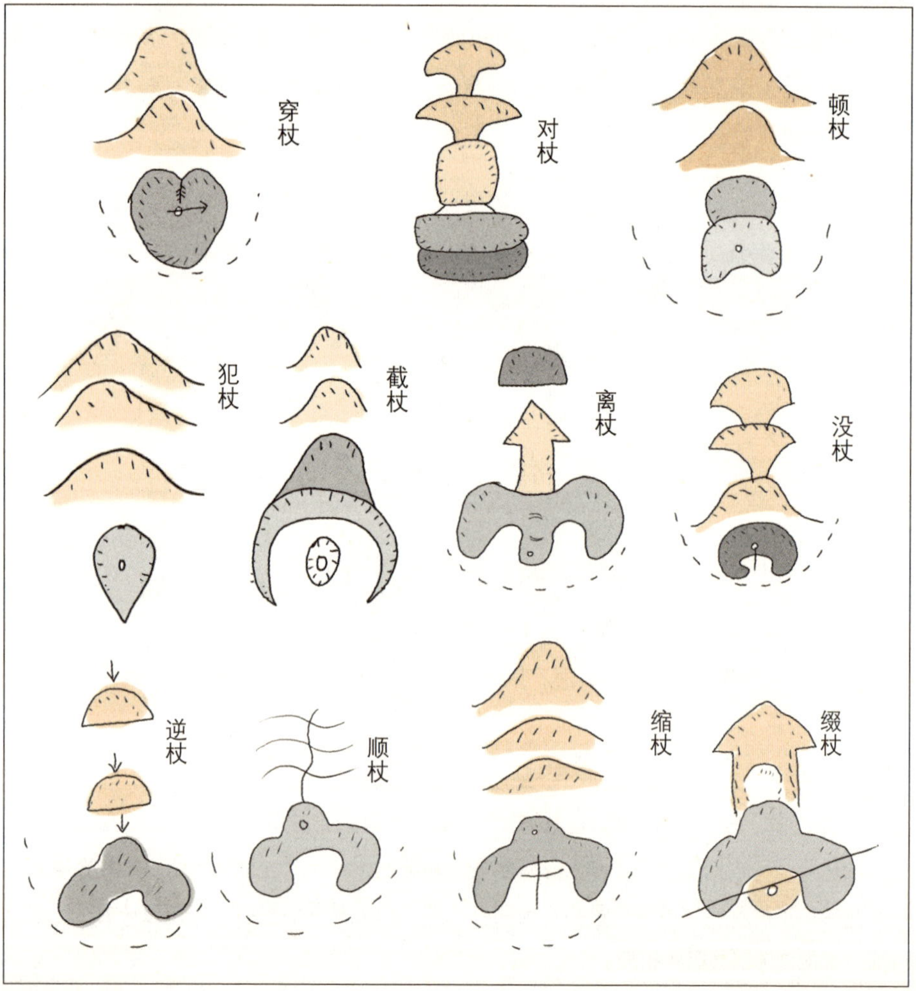

穿杖　对杖　顿杖

犯杖　截杖　离杖　没杖

逆杖　顺杖　缩杖　缀杖

择时：关系到人的生死祸福

风水的其中一个名称叫“堪舆术”。堪是天道，舆是地道，堪舆术就是要使天道和地道配合好，这就需要择时。所谓“发福由其地脉，催福由于良辰”。择时是相地术中的重要内容之一。

风水中认为，择时不仅能影响吉祥的大小多少，甚至还能弥补地形的缺陷。在风水先生看来，“龙脉吉穴”是“物质”，“年月日时”是精神。“不得真龙得年月，也应富贵旺人家。”只要年月吉，没有真龙，也可以得富贵。

择时，是依据阴阳、八卦、河洛、五行等学说，考虑天时地利，以便趁吉避凶。择时方法很多，这里简单介绍几种：

禄命法：即造命法。人有八字，造葬应依照八字，方可得富贵。

从辰法：以神煞吉凶为主的选择方法。时间方面有“年家”、“月家”、“日家”、“时家”等神煞。空间因时间不同而造成的吉凶为“山家”。

天星法：即七政四余择日法。天星有七政和四余，天垂象，地成形，天地配合。

运气法：以五运六气的周期模式，以律气候之变迁，吉凶之肆应。

什么是八字？

简单地说就是一个人的出生年、月、日、时的天干地支，也叫四柱（年柱、月柱、日柱、时柱），共八个字，即所谓生辰八字。假如一个人出生于2006年4月21日16时33分，那么他的八字就是：

年	月	日	时
丙戌	壬辰	庚辰	甲申

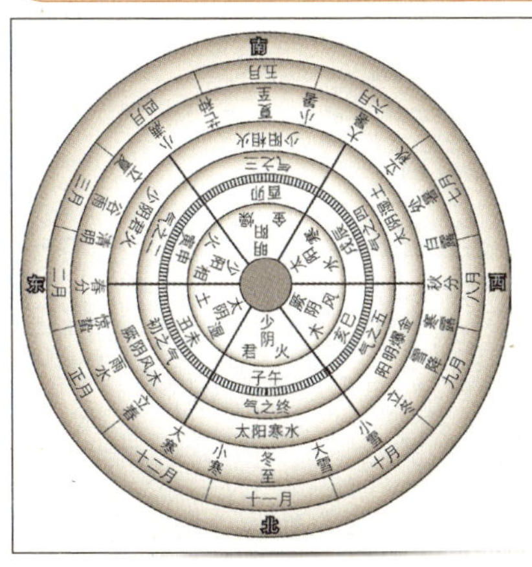

客主加临图

客主加临，运气术语。指每年轮值的客气加在固定的主气上，推测气候及对人的影响。方法是以司天客气加临于主气的第三气（三之气）上，其宗五气，自然依次相加，相加后，如客主气相生，或客主同气，便为相得；如客主之气相克，而又以主气克客气者，为不相得，客气克主气者仍为相得。

璇玑玉衡图

“璇玑玉衡”一词出自《尚书·舜典》：“载璇玑玉衡，以齐七政。” 璇玑玉衡为古代玉饰的观测天象的仪器。孔安国认为，璇玑玉衡为“正天之器，可运转”。还有一种说法认为璇玑玉衡为北斗七星中的前四颗星，代表人物为司马迁。

◆ 方位：向阳门第好风光

卜辞中表示东西南北的字比比皆是。风水学表示方位的方法有：其一，以五行的木为东，火为南，金为西，水为北，土为中。其二，以八卦的离为南，坎为北，震为东，兑为西。其三，以干支的甲乙为东，丙丁为南，庚辛为西，壬癸为北。以地支的子为北，午为南。其四，以东方为苍龙，西方为白虎，南方为朱雀，北方为玄武，或称“左青龙，右白虎，前朱雀，后玄武”。

风水中表示方位的方法

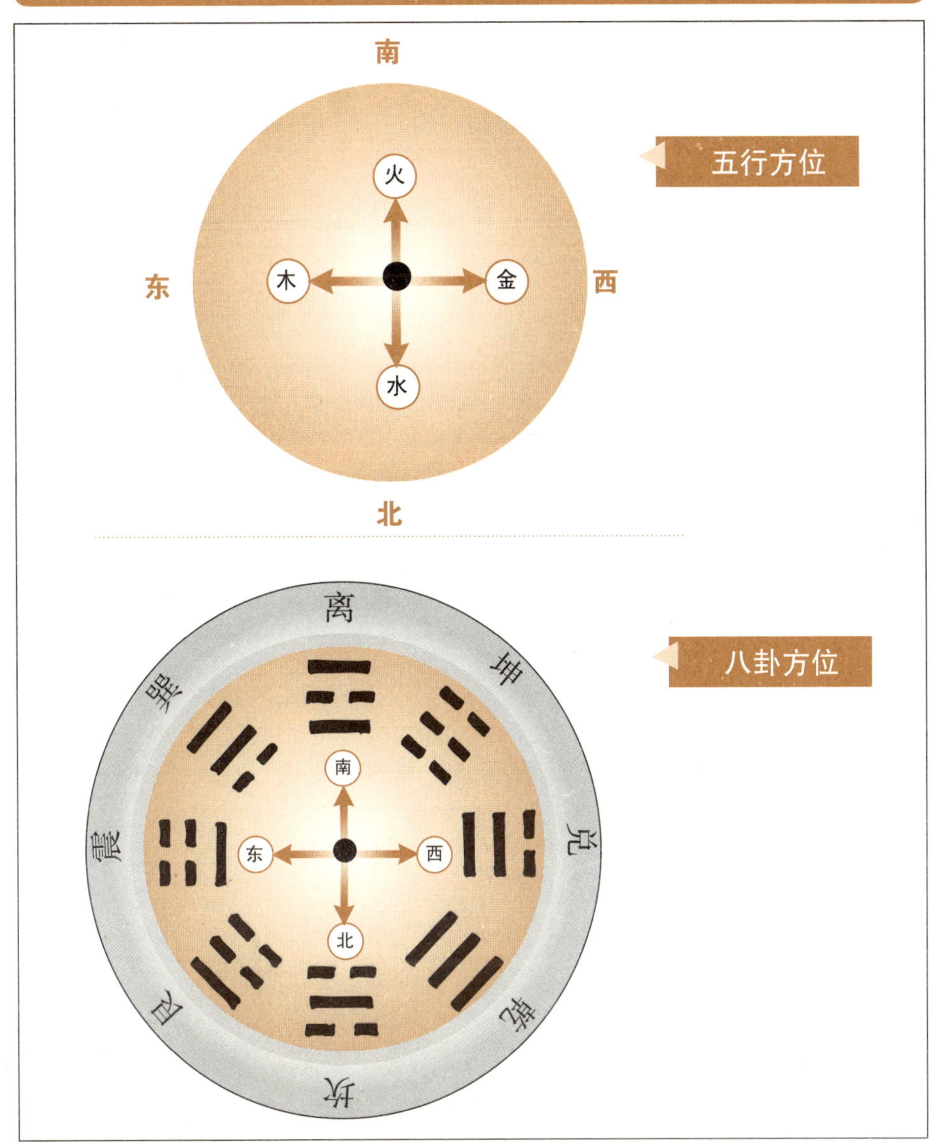

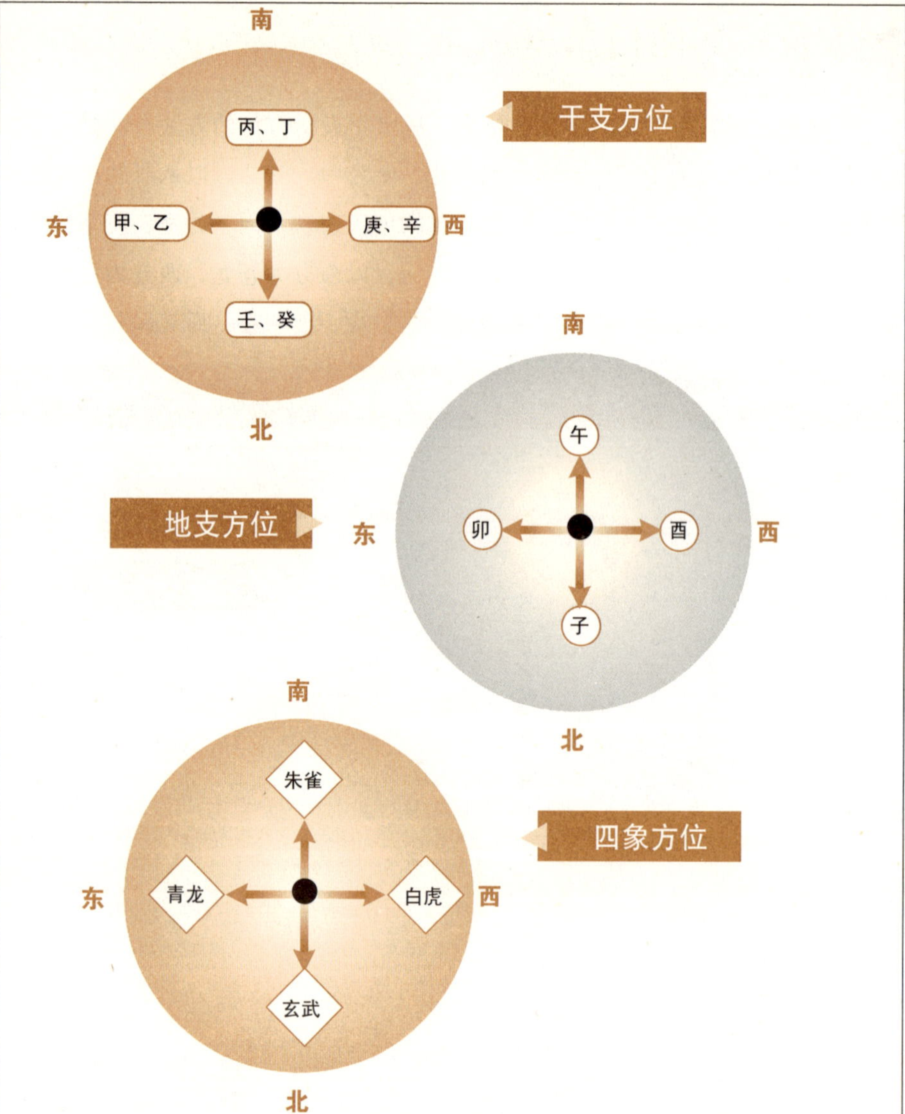

风水中讲究左右、上下、前后的忌讳。辨别左右，一般是以坐北向南。谢和卿的《神宝经》云："左乘右接须防翻斗斧头。穴有宜左乘者，乘金也。有宜右接者，印木也。当左而右，当右而左，是斧头翻斗。"《神宝经》云："后缩前伸，切忌凿伤钗股。吉缩，吞葬也，穴土也。前伸，吐葬也，相水也。"这是说要伸缩适宜，不可伤龙失穴。穴上了则土薄蚁蚀，穴下了则土深水浸。要不高不低，上下适宜。具体情况，具体对待。

阳宅中很早就讲究方位。商朝殷墟的基址，东西向者居多，南北向者较少。汉代人普遍以西为尊，忌讳在西方盖房子。我们现代人在建造房屋时，不必忌讳什么方位，但还是要讲究方位。俗话说“向阳门第好风光”，不同朝向的建筑物，受温度、光照和风的影响不同，自然也影响着人的身体健康。

周公居东图

古人对方位的尊卑可以从《鸿门宴》一文中看出：“项王、项伯东向坐；亚父南向坐，亚父者，范增也；沛公北向坐；张良西向侍。”可见，居西东向为尊，居东西向为卑。周公居东的背景为年幼的周成王继位后，周公摄政，管叔等放出流言：“周公将不利于孺子。”于是周公居东二年以明志。

太岁：小心不要犯

太岁，也称太岁星，其实就是银河系上的木星。木星是太阳系中最大的行星，其他八大行星的质量总和，也在木星之下。中国古代把它叫做“岁星”，用它来纪年。它的公转周期近于 12 年，十二生肖亦随太岁运转而更变。每年木星到达地球上的某个方位，便会加强这个方位的引力。

中国传统的纪年方法叫干支纪年法，它是由十个天干（甲、乙、丙、丁、戊、己、庚、辛、壬、癸）和十二地支（子、丑、寅、卯、辰、巳、午、未、申、酉、戌、亥）依次轮流搭配而成。始于甲子，终于癸亥。一个轮回需要60年，称为一甲子。

六十甲子次序表

序号	名称	序号	名称	序号	名称	序号	名称
1	甲子	16	己卯	31	甲午	46	己酉
2	乙丑	17	庚辰	32	乙未	47	庚戌
3	丙寅	18	辛巳	33	丙申	48	辛亥
4	丁卯	19	壬午	34	丁酉	49	壬子
5	戊辰	20	癸未	35	戊戌	50	癸丑
6	己巳	21	甲申	36	己亥	51	甲寅
7	庚午	22	乙酉	37	庚子	52	乙卯
8	辛未	23	丙戌	38	辛丑	53	丙辰
9	壬申	24	丁亥	39	壬寅	54	丁巳
10	癸酉	25	戊子	40	癸卯	55	戊午
11	甲戌	26	己丑	41	甲辰	56	己未
12	乙亥	27	庚寅	42	乙巳	57	庚申
13	丙子	28	辛卯	43	丙午	58	辛酉
14	丁丑	29	壬辰	44	丁未	59	壬戌
15	戊寅	30	癸巳	45	戊申	60	癸亥

什么叫做犯太岁？犯其实就是冲，“冲”亦分为“年冲”、“对冲”和“偏冲”。“年冲”即是指生肖之年。“对冲”即是指生肖之年再加上六年。“对冲”又叫“六冲”，即子午冲、丑未冲、寅申冲、卯酉冲、辰戌冲、巳亥冲。刑太岁，又称“偏冲”，自己的出生年如与流年所属生肖相差三年，便是

刑克，即与流年太岁“偏冲”。例如蛇年，肖蛇为太岁，肖猪为冲太岁，而肖猴和虎为“偏冲”太岁。

太岁君

道书以六十甲子，每岁轮值，掌理人间祸福之神，为值年太岁，俗称为岁君。相传为都雷太岁殷元帅所统管，即商朝纣王的小儿子。

第三章 测量风水的方法和工具

打开了风水这扇门，眼前玄妙的风景是不是让你摸不着北了呢？其实，风水是有规律可循的，我们每个人都可以通过自身的学习和钻研来参透一点点“天机”。观察风水不可人云亦云，要依据原则和方法行事。测量风水的工具古已有之，经过不断的经验总结，罗盘成为风水师必备的工具。罗盘把宇宙中各层次的信息，如天上的星宿、地上以五行为代表的万事万物、天干地支等，全部放在罗盘上。风水师则通过磁针的转动，寻找最适合特定人或特定事的方位或时间。

本章目录

观察风水的原则

风水的宗旨是审慎周密地考察和了解自然，利用和改造自然，创造良好的居住环境，赢得最佳的天时、地利与人和。观察风水不可管中窥豹、人云亦云，而应该注意以下几大原则。

（1）整体系统原则

整体原则是风水学的总原则，风水学充分注意到环境的整体性。清代姚延銮在《阳宅集成》卷——《丹经口诀》中主张：“阳宅须择好地形，背山面水称人心，山有来龙昂秀发，水须围抱作环形，明堂宽大为有福，水口收藏积万金，关煞二方无障碍，光明正大旺门庭。”

宽大的明堂

宅前有宽大的明堂是中国人理想的阳宅模式之一，无论是家庭住宅还是商店，前面有宽大的明堂有利于聚财。

（2）因地制宜原则

根据实际情况，采取切实有效的方法，使人与建筑适宜于自然，回归自然，返璞归真，天人合一。这正是风水学的真谛所在。中国地域辽阔，气候差异很大，土质也不一样，建筑形式也不同。如西北地区干旱少雨，人们就采取穴居式窑洞居住。窑洞位多朝南，施工简易，不占土地，节省材料，防火防寒，冬暖夏凉。

（3）依山傍水原则

依山傍水是风水最基本的原则之一。山体是大地的骨架，水域是万物生机

蒙古包

蒙古包是北方草原特有的风景线，这是适应当地牧民逐草而居的结果，体现了因地制宜的原则。

之源泉。六朝古都南京，滨临长江、四周是山，有虎踞龙蟠之势。其四边有秦淮入江、沿江多山矶，从西南往东北有石头山、马鞍山、幕府山；东有钟山；西有富贵山；南有白鹭和长命洲形成夹江。

（4）观形察势原则

清代的《阳宅十书》指出：“人之居处宜以大地山河为主，其来脉气势最大，关系人祸福最为切要。”风水学重视山形地势。从大环境观察小环境，便可知道小环境受到的外界制约和影响，诸如水源、气候、物产、地质等。任何一块宅地表现出来的吉凶，都是由大环境所决定的。只有形势完美，宅地才完美。

（5）地质检验原则

风水学思想对地质很讲究，认为地质决定人的体质。《山海经》中就记载了不少地质与身体的关系。风水师在相地时，常亲临现场，用手研磨，用嘴嚼尝泥土，甚至挖土井察看深层的土质、水质，俯身贴耳聆听地下水的流向及声音。

九曲黄河

风水最关注是是两种东西：一是山，一是水。可见，水在风水中的重要性。风水师通过考察水的来龙去脉、水的质量和水的流量等来判断某一地的吉凶。

（6）水质分析原则

不同地域的水分中含有不同的微量元素及化合物质，有些可以致病，有些可以治病。风水学理论主张考察水的来龙去脉，辨析水质，掌握水的流量，优化水环境。

（7）坐北朝南原则

坐北朝南，不仅是为了采光，还为了避北风。清末何光廷在《地学指正》中说："平阳原不畏风，然有阴阳之别，向东向南所受者温风、暖风，谓之阳风，则无妨。向西向北所受者凉风、寒风，谓之阴风，宜有近案遮拦，否则风吹骨寒，主家道败衰丁稀。"这就是说要避免西北风。

（8）居中适中原则

适中，就是恰到好处，不偏不倚，不大不小，不高不低。风水理论主张山

脉、水流、朝向都要与穴地协调，房屋的大与小也要协调。风水学认为洛阳之所以成为九朝古都，原因在于它位居天下之中。明清时期的帝陵、清代的园林中都有典型的中轴线，就是按照这个原则修建的。

（9）顺承生气原则

风水理论认为，气是万物的本源。由于季节变化，太阳出没的变化，风向的变化，使生气与方位发生变化。不同的月份，生气和死气的方向就不同。生气为吉，死气为凶。人应取其旺相，消纳控制。阳宅只有顺乘生气，才能称得上贵格。

（10）改造风水原则

风水并非不可改变。北京城中处处是改造风水的名胜。故宫的护城河是人工挖成的屏障，河土堆砌成景山，威镇玄武。北海金代时蓄水成湖，积土为岛，以白塔为中心，寺庙以山势排列。圆明园堆山导水，修建一百多处景点，堪称“万园之园”。

圆明园四十景图之三：九州清晏 清朝

圆明园中水流的导入、山脉的堆积、树木的栽植、亭台楼榭的建造都是人类对风水改造的结果。

◆勘察风水的10种方法

风水学的十大方法是风水师勘察风水的程序或步骤。勘察风水最重要的是方法。不论风水师的功力如何，必须按照以下程序进行，否则容易遗漏重要资料而导致勘察数据的误差。

（1）利用地图审视大环境

勘察前宜使用一张标准规格而具备方向指示的地图，查出勘察地点所在，勘察其左右前后有没有河流、街道、山坡等。其作用是先取得附近环境印象，避免到达后受到周围建筑物之阻挡而漏看了一些重要的部位。

（2）实地观察

到达现场后在视野所及的范围内，切勿急于开启罗盘，应首先留意楼盘的形势。例如：大门前竖着电线杆，对面建筑之形煞影响，或光煞或声煞等诸多事项。

形煞、光煞、声煞

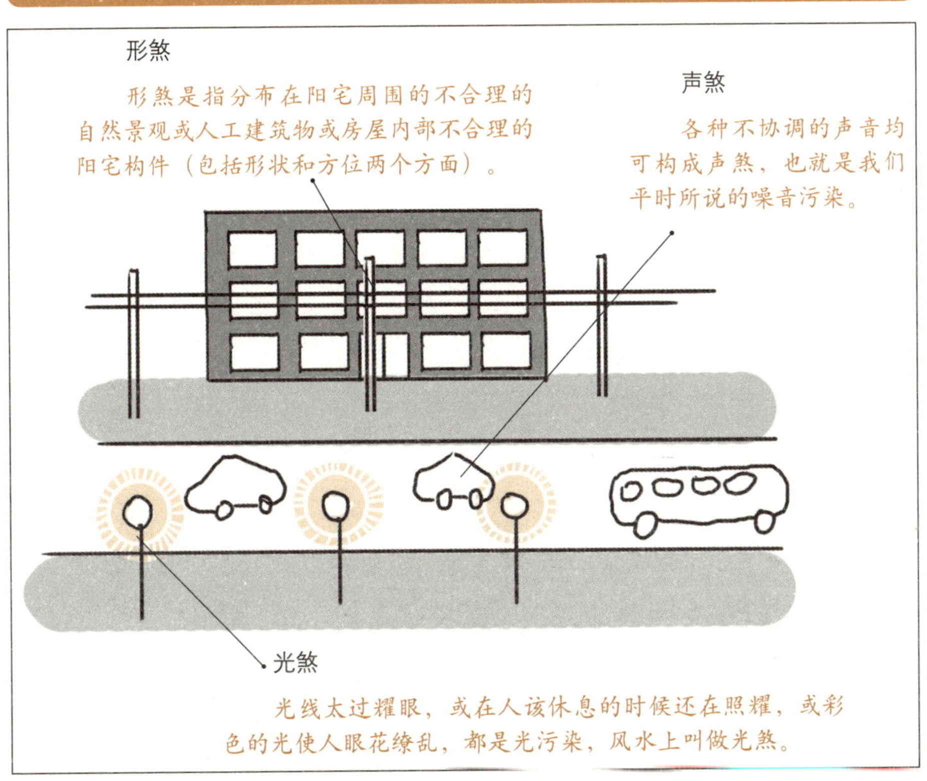

（3）量度运盘

现在起出第一个盘数，称之为运盘数。把罗盘放于腹部，大约与肚脐相平，平行细看罗盘方位，用笔记录下来，待入屋后再配合所需而使用。

（4）观察单元大门的形煞

未进入单位应先观察其大门的情况，如：走廊是否狭窄而笔直（枪煞），或有对正向上的楼梯（破面煞），或有对正向下的楼梯等这些都是可能会被疏忽的形煞。

（5）测量绘图

根据测量的数据按比例绘出屋内各间隔的布置、家具摆设，床位、灶位、电器及一切可能诱发风水作用的物品位置，例如狮子、麒麟、生肖的饰物等等。这是由“宏观”入“微观”的工作步骤，亦是容易疏忽之处。

（6）测量单位坐向

在客厅中心或商店之大厅中心，面向大门，像第三步一样转动罗盘使之针钱重叠，看子午线压着那一个角度以决定单位坐向。据此而计算出“八宅”数或“九宫飞星”数。按比例在平面图中找出中心点及纳气点。

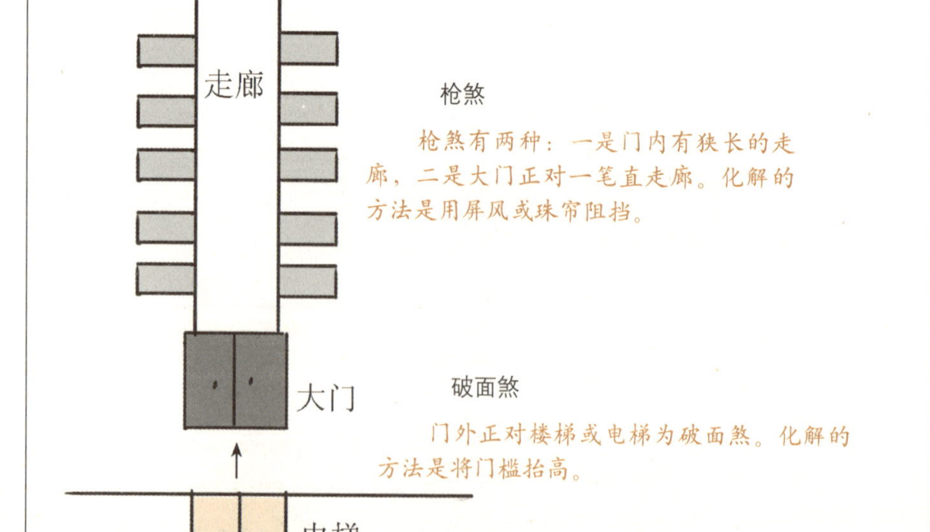

（7）放盘

将先前求出的运盘数及八宅或九宫飞星数分别放进中心点及纳气点，放射到四面八方决定吉凶。

（8）飞星推断

计算本年流年流月飞星放于中心点及纳气点，推断各类各方吉凶事情。

（9）宅命相配

收取宅内各人之出生年、月、日、时，用命卦之喜忌变化配上风水理数作为风水布局定位的准则。

（10）善工助运

勘测结束后，应详细指示主人家如何改造宅地风水，如何安排摆放物什，如何悬挂风水工具等细节，然后择一黄道吉日作为修改旺宅日期，从而使主人家吉祥如意。

东南		南		西南
东	4	9	2	西
	3	5	7	
	8	1	6	
东北		北		西北

九宫飞星

“九宫飞星”来自于《洛书》，九宫是一个九等分的正方形，9个数字按照一定的顺序飞入格子中，所以叫“九宫飞星”。我们平时所说的“方向”都是地磁场和宇宙磁场的共同作用而形成的，它的存在会对周围的事物产生作用，好的作用叫“吉”，坏的作用叫“凶”。

九宫飞星的规律

何为“十紧要”？

十紧要，是风水学上关于龙、穴、砂、水的十项基本要求。歌谣为：“一要化生开帐；二要两耳插天；三要虾须蟹眼；四要左右盘旋；五要上下三停；六要砂脚宜转；七要明堂开睁；八要水口关拦；九要明堂迎朝；十要九曲回环。”

化生开帐，指龙脉要脱卸剥换，帐幕重重，真龙穿帐而出。两耳插天，指穴后左右两边的山，宜高耸而立，犹如护侍。虾须蟹眼，指穴心要明确显著，绕穴之水要有分有合。左右盘旋，指周围的缠护严密。上下三停，指太祖、少祖、结穴之山宜圆满丰润。砂脚宜转，指砂头向着穴场，缠护有情。明堂开睁，指穴前开阔平坦，无斜陡。水口关拦，指水流交结绵密。明堂迎朝，指朝山、案山，朝向分明。九曲回环，指山缠水绕，曲折回环。

古代测量风水的工具

“工欲善其事，必先利其器。”风水大师要想测量准确，就需要借助一些工具，古代测量风水时常用的工具包括：表、土圭、罗盘、指南针、壬盘、尺子等。

表、土圭

土圭是一种最古老的计时仪器，构造极为简单。《周礼·地官·大司徒》：“以土圭之法，测土深，正日景，以求地中。”其使用方法是：在地面垂直立一根杆子“表”，杆子在日光照射下将杆影投到地面，土圭则用来测量地面上杆影的长度。在一天中，杆影最短时是日中；在一年中，杆影最短日是夏至，最长日是冬至。土圭后与“表”结合在一起，演变成圭表。

圭表由水平的细长刻度盘“圭”和垂直的1或2个标杆“表”两个部件组成。正南或正北方向平放的测定表影长度的刻板，叫做圭；直立于平地上测日影的标杆和石柱，叫做表。于露天将圭平置于表北面，根据圭上表影，测量、比较和标定日影的周日、周年变化，可以定方向、测时间、求出周年常数、划分季节和制定历法，对农业生产发展起到重要作用。

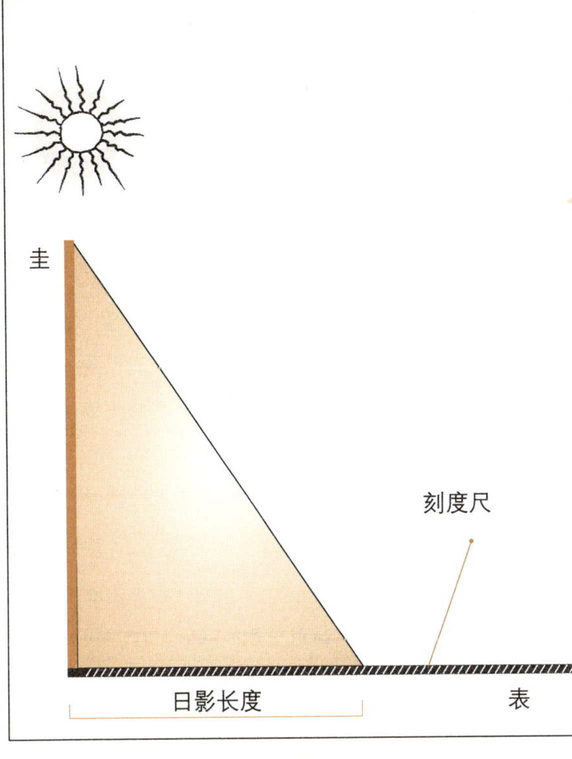

圭表的原理

圭表是我国古代度量日影长度的一种天文仪器，由“圭”和“表”两个部件组成。直立于平地上测日影的标杆和石柱，叫做表；正南正北方向平放的测定表影长度的刻板，叫做圭。古人就是通过观测一天之中、一年之中日影长短的变化来测定时间和季节的。

罗盘

罗盘是理气宗的操作工具，主要由位于盘中央的磁针和一系列同心圆圈组成。每一个圆圈都代表着中国古人对于宇宙大系统中某一层次信息的理解。中国古人认为，人的气场受宇宙的气场控制，人与宇宙和谐就是吉，不和谐就是凶。于是，他们把宇宙中各层次的信息，如天上的星宿、地上以五行为代表的万事万物、天干地支等，全部放在罗盘上。风水师则通过磁针的转动，寻找最适合特定人或特定事的方位或时间。

风水罗盘源于土圭。《周礼》载：“土方氏掌土圭之法，以致日景（影），以土地相宅。”可见当时的土圭，已开始用于相宅。这种土圭的盘面注记在圆周上均分十二份，分别依序注记十二地支，即子、丑、寅、卯、辰、巳、午、未、申、酉、戌、亥。在圆周的圆心竖一根与盘面垂直的直杆。在有太阳照射的时候，观日影以正方定时。这是中国风水罗盘的萌芽。

罗盘不仅是看风水必不可少的工具，还能对某些有邪气的房屋起到镇宅作用。因为罗盘内刻有大量的阴阳五行信息，内有先天八卦、文王后天八卦、天星二十八宿、七十二穿山甲、六十透地龙、周天365度等组成，集天地自然之灵气，对化煞、镇宅、避邪具有一定的功效。

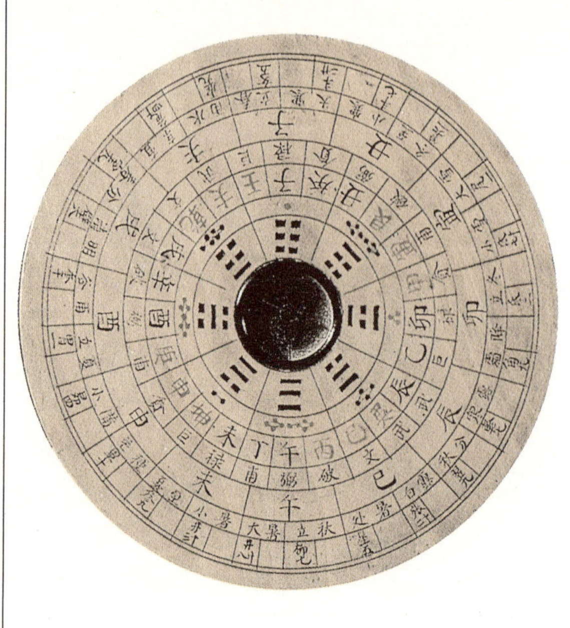

罗盘

罗盘是风水师堪舆时必不可少的工具。古人凭经验把宇宙中各个层次的信息，如天上的星宿、地上以五行为代表的万事万物、天干地支等，全部放在罗盘上。可见，罗盘的发明和应用是人类对宇宙、社会和人生奥秘不断探索的结果。罗盘上逐渐增多的圈层和日益复杂的指针系统，代表了人类不断积累的实践经验。

指南针

指南针，是我国“四大发明”之一。公元11世纪中叶，沈括在他的《梦溪笔谈》中介绍了指南针的人工磁化方法、磁偏角的发现和指南针的架设方法，但对指南针为什么会指南却没有一点概念——“磁石之指南……莫可原其理！”

随后，文人学者们从阴阳五行学说出发，结合当时人们对大地形状的认识，提出各种指南针理论。最晚成书于宋代的《管氏地理指蒙》，首先提出如下逻辑：“磁针是铁打磨成的，铁属金，按五行生克说，金生水，而北方属水，因此北方之水是金之子。铁产生于磁石，磁石是受阳气的孕育而产生的，阳气属火，位于南方，因此南方相当于磁针之母。这样，磁针既要眷顾母亲，又要留恋子女，自然就要指向南北方向。”这是阴阳五行学说中的解释。当代物理学告诉我们：“地球是个大磁体，其地磁南极在地理北极附近，地磁北极在地理南极附近。指南针在地球的磁场中受磁场力的作用，所以会一端指南一端指北。”

地理机与地磁机的关系

人们早在战国时期就开始用地磁确定方向了。地球是一个巨大的磁体，分为南极和北极。指南针就是利用同极相斥、异极相吸的原理制作而成。因为地理子午线和地球子午线并不完全重合，也就是说，有一个磁偏角。所以，指南针的指向，并不是正南，总是偏离一定角度。

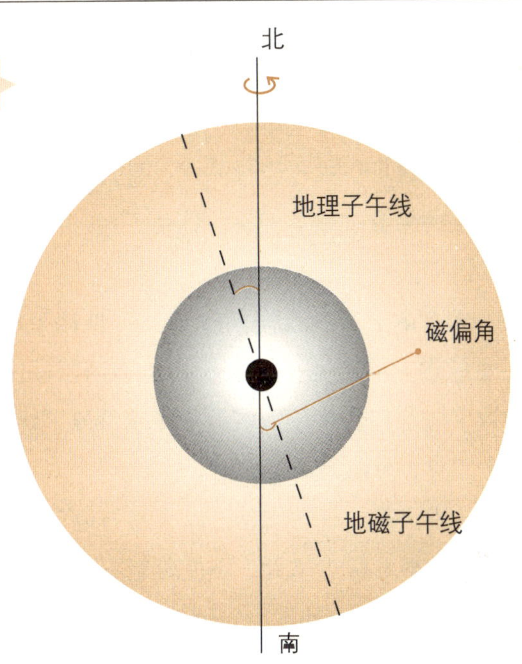

缕悬式指南针

指南针根据装置方法有很多种，沈括对磁针的装置方法介绍了四种：①水浮法——将磁针上穿几根灯芯草浮在水面，就可以指示方向。②碗唇旋定法——将磁针搁在碗口边缘，磁针可以旋转，指示方向。③指甲旋定法——把磁针搁在手指甲上面，由于指甲面光滑，磁针可以旋转自如，指示方向。④缕悬法——在磁针中部涂一些蜡，粘一根蚕丝，挂在没有风的地方，就可以指示方向了。右图所示为缕悬式指南针。

壬盘

壬盘，又称六壬式盘。六壬，是古代用阴阳五行占卜吉凶的一种方法。因六十甲子中有六个壬（壬申、壬午、壬辰、壬寅、壬子、壬戌），故得名“六壬”。六壬与遁甲、太乙合称三式，是古代常用的术数。其占法分六十四课，用刻有干支的天盘、地盘相叠，转动天盘，得出所值的干支及时辰的部位，以判别吉凶。

六壬式盘由上下两盘同轴重叠：圆盘称天盘，方盘称地盘，象征天圆地方。天盘的中间绘有北斗星辰，周边有两圈篆文，外圈是二十八宿，内圈是十二个数字。这些数字分别表示月将或月神。地盘有三层，内层是八干四维，中层是十二支，外层是二十八宿。

壬盘的用法是：转动天盘，以天盘与地盘对位的干支时辰判断吉凶。它与汉代的司南比较，缺少磁针，不能确定方向。尽管如此，它仍是相地的重要工具，《唐六典》卷十四记，六壬术用于九个方面，第四个方面是屋宇，第九个方面是殡葬。

汉代六壬占盘结构图

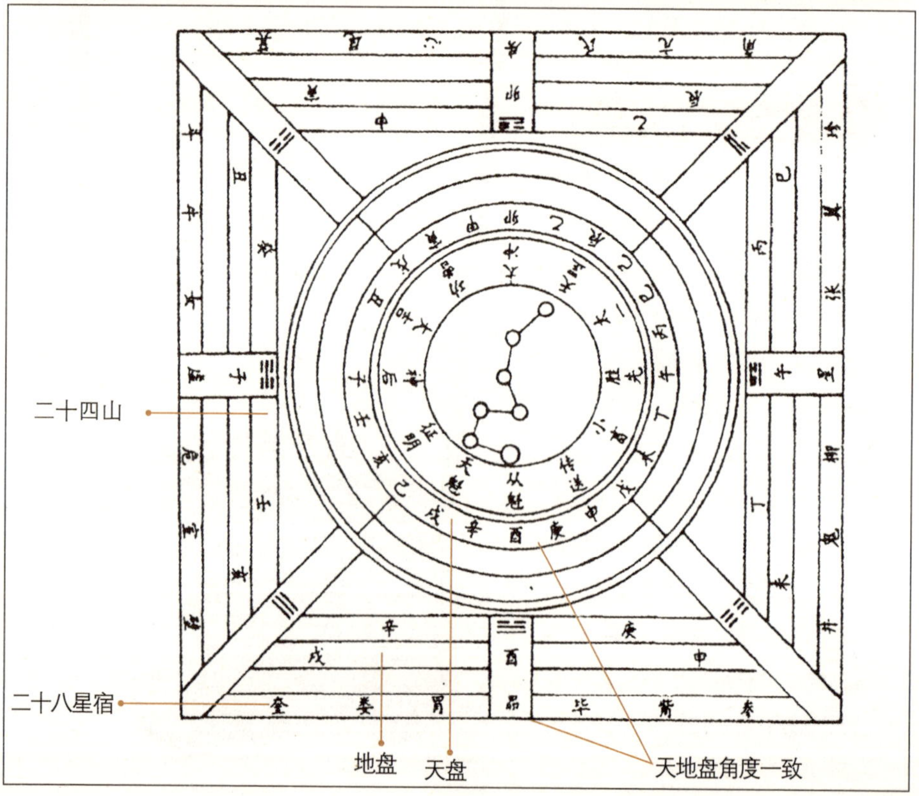

二十四山

二十八星宿

地盘

天盘

天地盘角度一致

尺子

风水中的“尺子”一般指“鲁班尺”，为建造房宅时所用的测量工具，类似于现今工匠所用的曲尺。它从左至右共分四排，分别是传统的寸、鲁班尺、丁兰尺、厘米四种标尺。鲁班尺长约42.9厘米，相传为春秋鲁国公输班所作，后经风水界加入八个字，以丈量房宅吉凶，并称之为“门公尺”。其八个字分别是：“财”、“病”、“离”、“义”、“官”、“劫”、“害”、“本”，在每一个字底下，又区分为四小字，来区分吉凶意义。

建造房屋和制作家具时，从整体到每一部位的高低、宽窄、长短，都要用此尺量一下，以求得与吉利有关的刻度吻合，避开与灾凶有关的刻度，以适应祈求平安吉祥的心理。

《三才图会》中所载门公尺的布局

贵人	**财木星**	兼善
希舜		苏火
横得		螽斯
诗书		中和
才人		春耒
公事	**病土星**	西施
羑里		无明
黄埸		龙虎
邪妖		全凶
风痹		戾隐
洒失	**离土星**	渗漏
桃花		托故
离散		致青
路故		殴打
悖逆		致争
螽斯	**义水星**	蜂木
十善		进丘
进宝		招财
富贵		九流
文章		横得
天禄	**官火星**	加俸
财禄		迎宾
翰显		美食
才学		在闵
攻习		爵禄
子遗	**劫金星**	如雪
退才		嬷行
时气		范月
公事		疾厄
凶没		生离
着床	**害金星**	公讼
灾害		红浊
自绝		黄埸
退人		服缌
罄箧		囊空
聪明	**本木星**	空明
俊雅		如石
兼善		加丁
尽实		仁义
执诗		履上

尺子上的八个字及附带的小标格分别代表的吉凶含义如下：

（1）财：吉，指钱财、才能。

①财德：指在财、德善、功德方面有表现。

②宝库：比喻可得或储藏珍贵物品。

③六合：合和美满。六合为天地四方。

④迎福：迎接福。福为幸福、利益。

（2）病：凶，指病患、不利。

①退财：损财、破财之意。

②公事：多指因公家的事，如贪污、受贿及案件官司等。

③牢执：指牢狱之灾。

④孤寡：指有孤独寡居的行为。

（3）离：凶，指六亲离散分开。

①长库：古有监狱之说。

②劫财：破耗及耗损财。

③官鬼：指有官煞引起之事。

④失脱：物品失落、人离散之意。

（4）义：吉，指符合正义及道德规范，或有募捐行善等行为。

①添丁：古时生男孩叫添丁。

②益利：增加了财资利禄。

③贵子：日后能显贵的子嗣。

④大吉：吉祥吉利。

（5）官：吉，指有官运。

①顺科：顺利通过考试而获中。

②横财：意外之财。

③进益：收益进益。

④富贵：有财有势。

（6）劫：凶，意指遭抢夺、胁迫。

①死别：即永别。

②退口：指有孝服之事。

③离乡：背井离乡。

④财失：财物损失或丢失。

（7）害：凶，祸患之意。

①灾至：灾殃祸患到。

②死绝：死得干干净净。

③病临：疾病来临。

④口舌：争执争吵。

（8）本：吉，事物的本位或本体。

①财至：即财到。

②登科：考试被录取。

③进宝：招财进宝。

④兴旺：兴盛旺盛。

鲁班尺的应用要领

进户门的尺寸最好是：迎福、横财、财至、大吉。

主卧室门的尺寸最好是：财至、进宝、兴旺、六合。

儿童房门的尺寸最好是：登科、贵子、大吉、益利。

现代观测风水的工具——罗盘

风水罗盘，又名罗盘、罗经、罗庚、罗经盘等，是风水大师在堪舆风水时用于立极与定向的测量必备工具。在民间常见的罗盘有三合盘、三元盘、综合盘、专用盘等。

三合盘历史较久，流行较广，但其中有一些资料让人无法理解，用途不大。综合盘有以三合为主的综合，有以三元为主的综合，此种盘层数最多，完全会用的人也最少。

专用盘是指各门各派自行设计的罗盘，这些罗盘针对性强，往往比较实用。如："玄空飞星罗盘"是专为玄空飞星风水使用者设计的，它的层数不多，清楚明确，使用者只要有扎实的玄空飞星风水知识，就可以正确运用罗盘。

罗盘的基本作用是定向，因此无论哪一种罗盘，中间必有一层是二十四山。罗盘的发明，是人类对宇宙与人生的奥秘不断探索的结果。罗盘上逐渐增多的圈层和日益复杂的指针系统，代表了人类不断积累的实践经验。

北京五大镇物

明清时，北京城出现了五大“镇物”。当时按“金、木、水、火、土”五行相生相克的理论，在北京的东、西、南、北、中五个方位设置了五个镇物：西方属金，镇物是觉生寺（大钟寺）的大钟；南方属火，镇物是永定门的燕墩，被用来震慑妖魔，以确保京城安全。东方属木，镇物是广渠门外神木厂的金丝楠木；北方属水，镇物是颐和园昆明湖边的铜牛；中央属土，镇物是景山，景山聚土为镇山。

罗盘的结构

罗盘实际上就是利用指南针定位原理来测量地平方位的工具。风水中常用于格龙、消砂、纳水和确定建筑物的坐向。罗盘由三大部分组成：

海底

海底也叫天池，由顶针、磁针、海底线、圆柱形外盒、玻璃盖组成，固定在内盘中央。圆盒底面印中央有一个尖头的顶针，磁针的底面中央有一凹孔，磁针置放在顶针上。指南针有箭头的那端所指的方位是南，另一端指向北方。天池的底面上（海底）绘有一条红线，称为海底线，在北端两侧有两个红点，使用时要使磁针的指北端与海底线重合。现代罗盘的海底绘有十字线，十字线顶部分别印有东南西北，使用时应使磁针的指北端指向海底十字线的北端，并使磁针与海底的南北线重合。

内盘

内盘就是紧邻指南针外面，那个可以转动的圆盘。内盘面上印有许多同心的圆圈，一圈就叫一层。各层划分为不同的等份。有的层格子多，有的层格子少，最少的只分成8格，格子最多的一层有384格。每个格子上印有不同的字符。罗盘有很多种类，层数有的多，有的少，最多的有52层，最少的只有5层。罗盘的各种内容分别印刻在内盘的不同盘圈（层）上，是罗盘的主要构成部分。各派风水术都将本派的主要内容列入罗盘上，使中国的罗盘成了中国术数的大百科全书。

罗盘的大致结构

一个罗盘的构成大体分为三部分：海底、内盘、外盘。不同的部位有不同的功用。

海底：又叫天池或太极。是罗盘最中心的位置，磁针居中。

内盘：为可以转动的圆盘，由八卦、九盘星等层构成。根据罗盘的种类分为不同的层数，是罗盘的主要构成部分，代表天。

外盘：是内盘的托盘。正方形，代表地。

罗盘的布局

罗盘是风水测量中最重要的工具，根据功用不同，分为不同的层面，不同的层面都有各自的含义，层面越多，功能越强大。下面仅列举罗盘十九层面说明各层的含义。

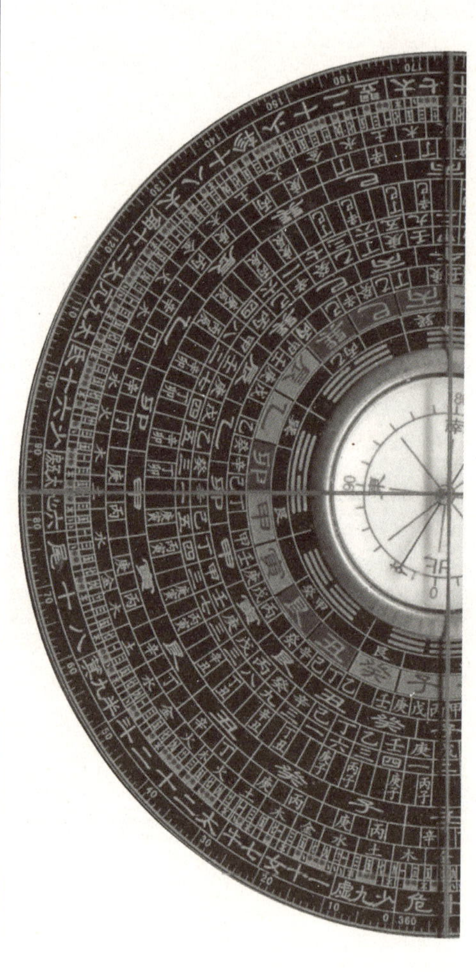

第一层：天池，即太极

第二层：先天八卦

第三层：九星盘

第四层：二十四天星盘

第五层：地盘正针二十四山

第六层：二十四节气

第七层：穿山七十二龙

第八层：一百二十龙

第九层：人盘中针二十四山

第十层：人盘中针一百二十龙

第十一层：透地六十龙盘

第十二层：二百四十分金盘

第十三层：十二次盘

第十四层：十二分野

第十五层：天盘锋针二十四山

第十六层：天盘锋针一百二十龙

第十七层：透地六十龙盘

第十八层：浑天度五行

第十九层：周天宿度

外盘

外盘为正方形，是内盘的托盘，在四边外侧中点各有一小孔，穿入红线成为天心十道，用于读取内盘盘面上的内容。天心十道要求相互垂直，刚买的新罗盘使用前都要对外盘进行校准才能使用。

怎样挑选罗盘

罗盘是风水师寻龙点穴、消砂纳水、立向布局的主要工具。工具质量的好坏关系到测量的精度，并直接影响立向布局的准确性。所以，风水师对罗盘是很挑剔的。购买罗盘时可按照下面详列的要求去挑选。

罗盘是由海底、内盘、外盘三大部件构成的，三大部件的质量都与罗盘的测量精度有密切关系。

海底

（1）海底的圆盒应是标准的圆柱形，海底底部的定位十字线应正交，即呈90° 角。

（2）顶针应固定在海底十字线的交点上，并与海底的底面垂直，顶针的尖头不能有损伤，如果尖头受损，磁针的转动就会不灵活。

（3）磁针必须通直，有足够的磁性，两头的重量应一致。把罗盘置于桌上，看天池内的指针是否平行，不可头高尾低或头低尾高，必须完全平行，绝对不可“剪线”。

（4）海底盖最好是玻璃，用有机玻璃或塑料做盖子容易产生静电，对磁针有吸附作用，会影响测量精度。

（5）盖上玻璃盖时，倒转海底，磁针应保持不掉下。将海底放入内盘时，应特别注意海底线的北要与内盘的子山正中对准。

内盘

（1）内盘各圈层上的内容是风水罗盘的主要部分，要求盘面平整光滑、分格准确，字迹清晰。

（2）旋转内盘刻绘之子、午、卯、酉线（即 0° 、90° 、180° 、270° 之刻度线），至完全叠齐外盘之十字尼龙线。如有偏差，则需修正偏差之尼龙线，使这两者完全重叠在一起；然后，再旋转内盘90° 或180° ，使子、卯、午、酉及0° 、90° 、180° 、270° 之刻绘线完全重叠在一起。

（3）内盘不可前后左右松动，旋转时必须光滑、平顺又稳，绝不可有紧涩之感。内盘的内外圆必须标准，放进外盘后，与外盘的间隙应保持在合适的范围，宽紧适当。间隙太小则转动不灵活，间隙太大则会影响测量精度。

（4）内圈宜稍紧，以使海底固定不松动。内盘圆心应与海底同心。

好罗盘的标准

罗盘是风水师最常用的工具，罗盘的质量如何直接关系到测量结果的准确性。看罗盘是否符合标准，主要从海底、内盘、外盘三大部件入手。

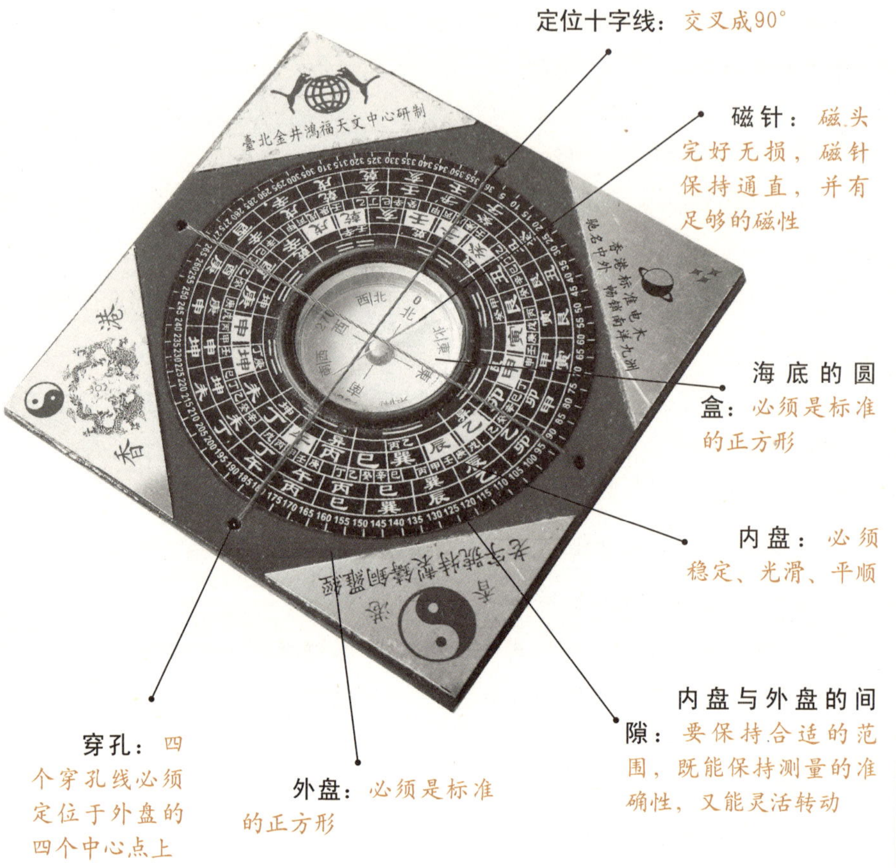

定位十字线：交叉成90°

磁针：磁头完好无损，磁针保持通直，并有足够的磁性

海底的圆盒：必须是标准的正方形

内盘：必须稳定、光滑、平顺

内盘与外盘的间隙：要保持合适的范围，既能保持测量的准确性，又能灵活转动

穿孔：四个穿孔线必须定位于外盘的四个中心点上

外盘：必须是标准的正方形

外盘

（1）外盘必须是标准的正方形，四个边不弯曲、歪斜，放置内盘的圆凹的圆心应在外盘的几何中心。

（2）天心十道是读取内盘上各层内容的指示线，四个穿线孔必须分别定位于外盘四个边的中心点上。

（3）有水准泡的罗盘，当两个水准泡的气泡都在中心时，海底的磁针应与盘面平行。

怎样使用罗盘

罗盘是风水测量时的重要工具，掌握它的使用技巧很重要。罗盘的基本作用就是定向。

寻找住宅的立极点

要勘察阳宅的风水，就须找出住宅的中心点，这在风水上叫做“立极”。立极的方法，通常是找出住宅在物理学上力学的重心即可。比如，正方形和长方形的住宅，它的立极点就是方形对角线的交叉点。如果住宅是方正形状外加凸出一小部分，可忽略那一小部分，按方形对角线交叉确定立极点。若是住宅凹进一小部分，则把它补足，按方形处理。

住宅立极点的找取

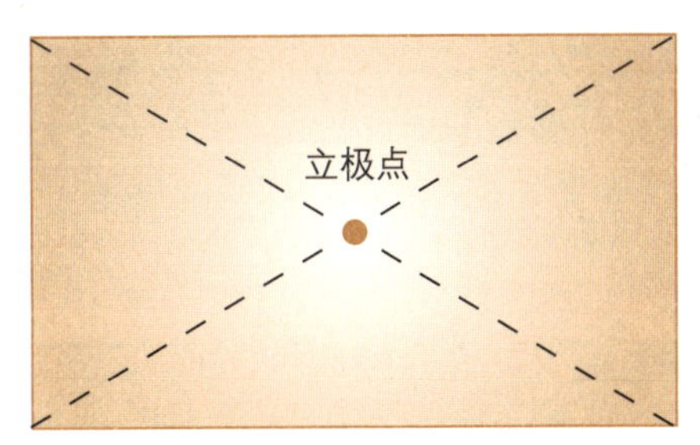

正方形和长方形住宅

正方形和长方形的住宅，立极点是方形对角线的交叉点。

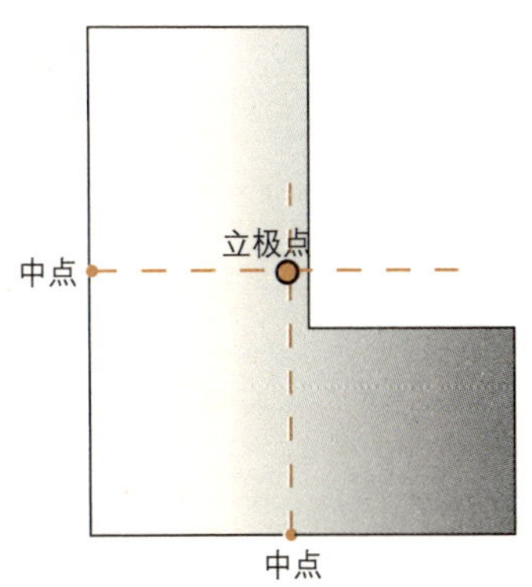

“L”形住宅

“L”形的住宅，分别划出长和宽的中点平行线，交叉点即为立极点。

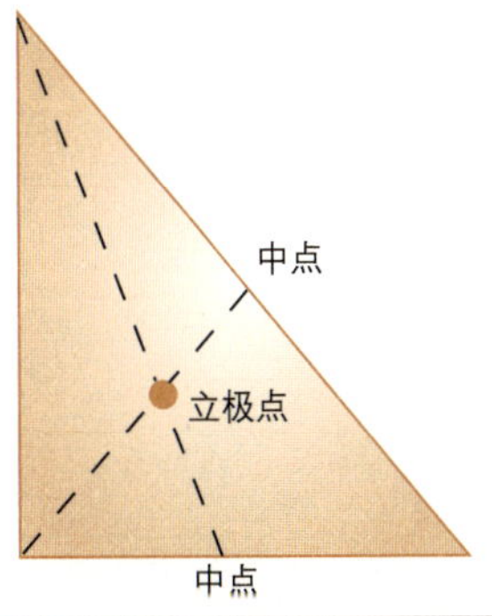

三角形住宅

三角形的住宅，从两条斜边的中点，与对角点画直线，两线的交叉点为立极点。

如果住宅形状极不规则，有凹有凸，则把它们面积大致抵消，换算成方形，取得对角线。“L”形的住宅，则分别划出长和宽的中点平行线，取交叉点为立极点。三角形的住宅，则从两条斜边的中点，与对角点画直线，两线的交叉点为立极点。

确定住宅的立向

立向，就是确定住宅的坐与向。立向的目的，是找到合适的方位，使龙、穴、砂、水为我所用，让住宅能够停风聚气。

坐，就是靠的意思，一个人坐在椅子上，背所向的方位就是坐，面朝的方位就是向。立向就是要确定坐山的度数，确定了坐山，向山自然也确定了。

通常来说，住宅只有一个坐度可用。坐向改变，或者堂局不正，就会无法接纳生旺砂水。但是，现代住宅因为有宅基形状或政府规划等方面的限制，主房的坐向并不由自己做主，这样的话，就只能通过建造门楼来消砂纳水，一山两向的情况比较常见。

坐山和向山

坐山与向山是一所房子的朝向，一所房子只有一个朝向。朝向的准确与否，关系到这所房子和住在房子中人的吉凶祸福。

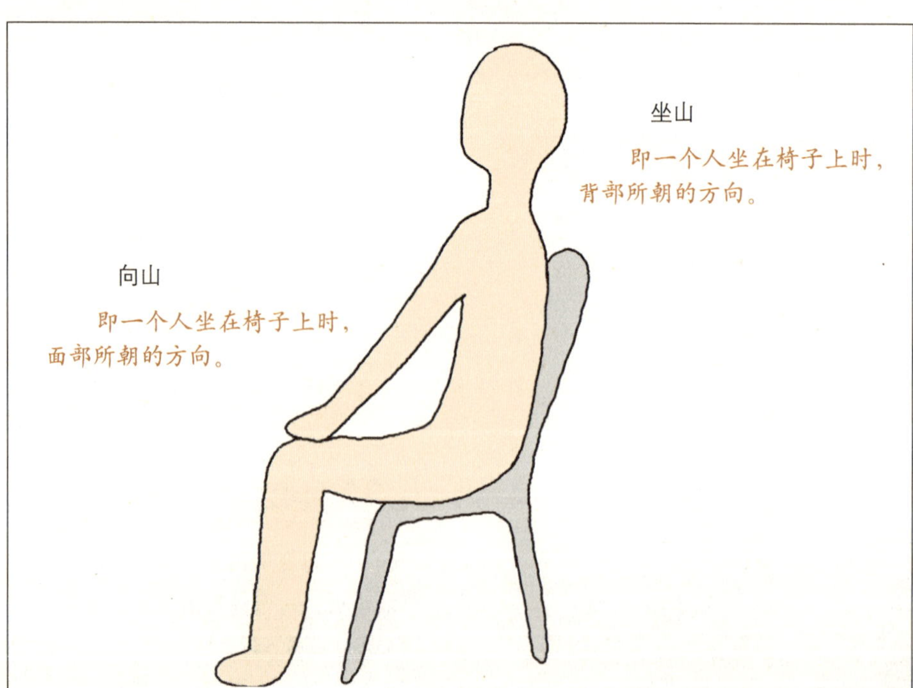

罗盘的具体使用方法

使用罗盘时，双手分左右把持着外盘，双脚略微分开，将罗盘放在胸腹之间的位置上，保持罗盘水平状态，不要左高右低，或者前高后低。然后以你的背靠为坐，面对为向，开始立向。

这个时候，罗盘上的十字鱼丝线应该与屋的正前、正后、正左、正右的四正位重合，如果十字线立的向不准，那么，所测的坐向就会出现偏差。

固定了十字鱼丝的位置之后，用双手的大拇指转动内盘。当内盘转动时，天池会随之而转动。一直将内盘转动至磁针静止下来，与天池内的红线重叠在一起为止。

磁针有小孔的一端必须与红线上的两个小红点重合。这时显示坐向方的鱼丝线（是横的那一条）与内盘各层相交。我们要找寻的各种数据和资料，就显示在这条鱼丝线所穿越和涵盖的区域上。

这时，二十四山那一层就是坐向。它就在天池附近。鱼线向方上的那一个“山”，我们用它表示向；鱼丝坐方上的那一个“山”，我们用它表示坐。譬如说，向山是子，坐山是午，我们便称之为坐午向子。

知道自己宅中的坐向后，将罗盘放在全屋的中心点，便可以由坐向求出全屋的方位（或宫位）。

罗盘的持法

双手分左右把持外盘，双脚略微分开，将罗盘放在胸腹之间的位置上，保持罗盘水平状态。

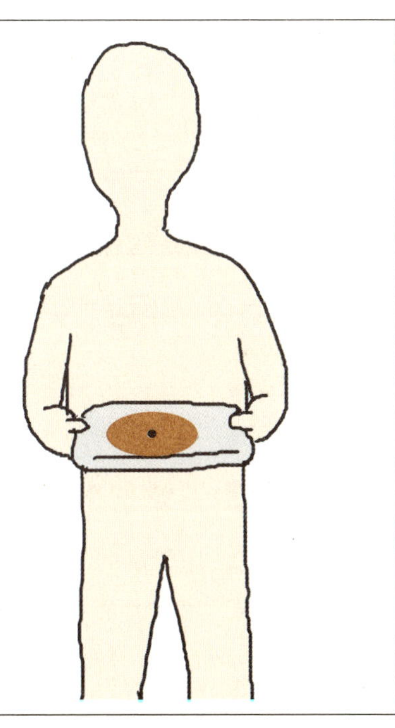

应站在哪里量度家宅的山向？

要准确量度一间屋的坐向，你要站在大门之外，距离大门口七个脚印的位置（即约三步的距离），面对着大门口去量度。方法为：将罗盘放在胸前，罗盘的边线与大门口互相平衡，这样便可以准确地找出这间屋的山向。

应站在哪里量度家宅的山向？

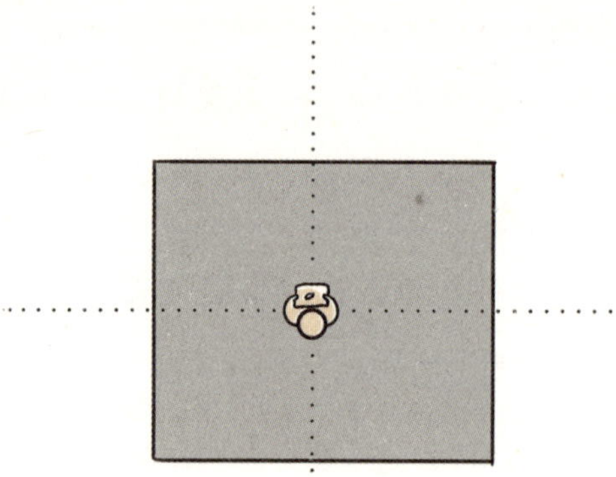

在室内使用罗盘时，应站在房屋的正中，背对大门口去量度。

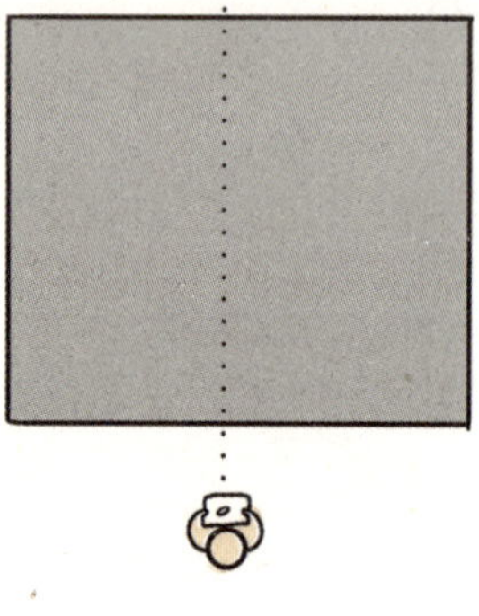

在室外量度整栋房屋的山向时，应在房屋大门外距离大门口七个脚印的位置，面对着大门口去量度。

禁忌使用罗盘的时辰

风水师在使用罗盘的时辰上有讲究，有些时辰不能用罗盘。否则，会给风水师招来灾祸。这些时辰分为罗睺日与杀师时。罗睺，是星宿名，在星占中称为“蚀神”。

年罗睺日

子年—癸酉日	丑年—甲戌日	寅年—丁亥日	卯年—甲子日
辰年—乙丑日	巳年—甲寅日	午年—丁卯日	未年—甲辰日
申年—己巳日	酉年—甲午日	戌年—丁未日	亥年—甲申日

季罗睺日

春季—乙卯日	夏季—丙午日	秋季—庚申日	冬季—辛酉日

月罗睺日

正月—亥日	二月—子日	三月—丑日	四月—寅日	五月—卯日	六月 辰日
七月—巳日	八月—午日	九月—未日	十月—申日	十一月—酉日	十二月—戌日

杀师时

子日—丑、午时	丑日—巳、亥时	寅日—寅、午时	卯日—辰、戌时
辰日—巳、丑时	巳日—辰、戌时	午日—卯、申时	未日—午、辰时
申日—戌、丑时	酉日—子、午时	戌日—卯、午时	亥日—辰、卯时

罗盘放置时的注意事项

罗盘在搁置的时候必须平放，才可以让磁针保持在正常状态。如果侧放，会使磁针侧歪在固定位置，很快便会失去功效。放置罗盘的时候，还要留意附近是否有电流或磁石，有的话一定要换位置，因为它们会使磁针很快失效。

改造风水的方法

完全符合要求的风水是不多的。有的地方有来龙，有护砂，却没有界水；有的地方有来龙，有界水，却没有护砂。风水学认为地理上的不足，有些可以通过人工进行改造和补救。不过，改造时也要遵守“了解自然，利用自然，改造自然，顺应自然”的四大原则进行调整。

（1）开渠引水或筑塘蓄水

此法可用于补救缺水的穴位。背靠来龙主脉，左右有护砂，前有明塘。来龙贯气，护砂藏风，明塘得水，这就成了大吉地。对于一个村庄，如果附近有河流，也可采取开渠引水的方法进行改造和利用。如穴前急水流过，宜筑坎坝缓急而留之；如来水“撞城反背”，可将河流改道，使成环护状。不过对大江大河，这种方法就行不通了。

颐和园中的苏州街

山与水是好风水的重要组成部分，人们经常在村落、宅基地或公园等没有河流的地方引水，弥补不足，以达到改造风水的目的。

（2）培龙补砂

来龙低平，砂山低缺，可以人工挑土垫高填补，并植树以增加高度，以达到避风和调整温度、湿度的目的。

（3）修补住宅

按照八宅术、五宅术坐向“风水理论”的要求修补住宅。如，可以改变原住宅的大门朝向、门窗的大小尺寸、住宅内部的布局；对于正对大道或大街的住宅，可采用建照壁的办法加以遮挡，照壁建在门外或门内，可挡风避煞。

（4）采用风水镇物

风水学上的镇物有许多种，如镇河的宝塔。河水急湍，常常泛滥成灾，建宝塔或桥以镇之。来龙形势急猛逆折，宜建塔楼以镇之。“石敢当”也是一种镇宅之物，常是在正对大路、大街的方向上立石头。照妖镜镇宅是另一种方

门口的石狮子

生活和工作并非总是一帆风顺，人们就认为是有邪气作祟，于是就出现了辟邪之物。门口摆放狮子是为了保一家人平安，是人们最熟悉的辟邪之物。

法，据古人认为，妖魔鬼怪忌照镜子，因为一照便会现原形。另外，还有一镇物为符，是书写的文字或图画。《阳宅十书·论符镇》中说："五岳镇宅符：凡人家宅不安，或凶神邪鬼作怪，此符镇之大吉。" 此外，还可使用挂风铃、宝葫芦、宝剑，摆放石狮子、麒麟、金鱼、金牛、金鸡等物进行避邪助运。

（5）花草树木风水

许多人都知道利用仙人掌和仙人球挡煞，如住宅周围有物体尖角冲煞，就可以在窗外或门外在对着尖角的方向摆放仙人掌和仙人球进行阻挡。植物可吸二氧化碳，放出氧气，将其摆放在房内既可供氧，也可以用它的枝叶来挡煞避邪，还能起到招财进宝的作用。

宝剑

宝剑也是民间常用作镇宅辟邪之物。人们在门口和墙上悬挂宝剑，以达到驱除邪魔的目的，从而保佑一家人平平安安。

带刺的仙人球

仙人掌和仙人球等带刺的植物，不仅有净化空气的作用，而且在风水中可以起到挡煞的作用。

故宫博物院

北京故宫作为明清两朝统治者的权力中心，其在建造时除了选址时注重对风水宝地的择取，设计时也注重对风水的改造：严格按照天上的星辰位置来布局，又以八卦易理，使建筑格局符合老阳老阴、少阳少阴之数，形成内老外少、内主外从、象天法地，宛然一个涵盖天地的八卦巨阵，特别是故宫的中轴线与地球的子午线重合，既上得天气又下得地气。使得这座城池岁历经朝代的更迭，依然大体无损。

实践篇 应用风水

第四章 住宅的选择和搬迁

《黄帝宅经》上说："人因宅而立，宅因人而存。人宅相扶，感通天地，故不可独信命也。"意思是说家宅是人安身的地方，是人朝夕生活的地方，其格局与阴阳五行的平衡，必然会对生活在家宅中的人产生一定的影响。宅基地与庭院的设计，楼盘与房屋的设计，是现代阳宅面临的两大选择。搬迁的吉时和方向，也是"锦上添花"的风水小方术。

本章目录

选好宅基地是根本

《阳宅十书》云："卜其兆其宅，卜其当宅者，卜其地之美恶也。地之美者，则神灵安，子孙昌盛，若培植其根而枝叶茂。择之不精，地之不吉，则必有水泉、蝼蚁、地风之属，以贼其内，使其形神不安，而子孙亦有死类绝灭之忧。"可见，选块好的宅基地是根本。

气口和水口的选择

"气口"就是入气之口，引申为门窗、相邻建筑物的开口处或低洼处，清新空气常由此来。风水中讲究藏风聚气，要求空气流通，因此不宜风太大或无风。气口最好位于住宅的东、东南和南方位，便于和煦的微风吹进来，也就是所说的"紫气东来"。忌门前有大树，大门系生气入口处，如人之咽喉。门前有大树，会阻挠阳气的进入，使得阴气过盛。另外，门前大树使得进出不便，易遭雷击，还会使主人视线遭挡、情绪烦闷。

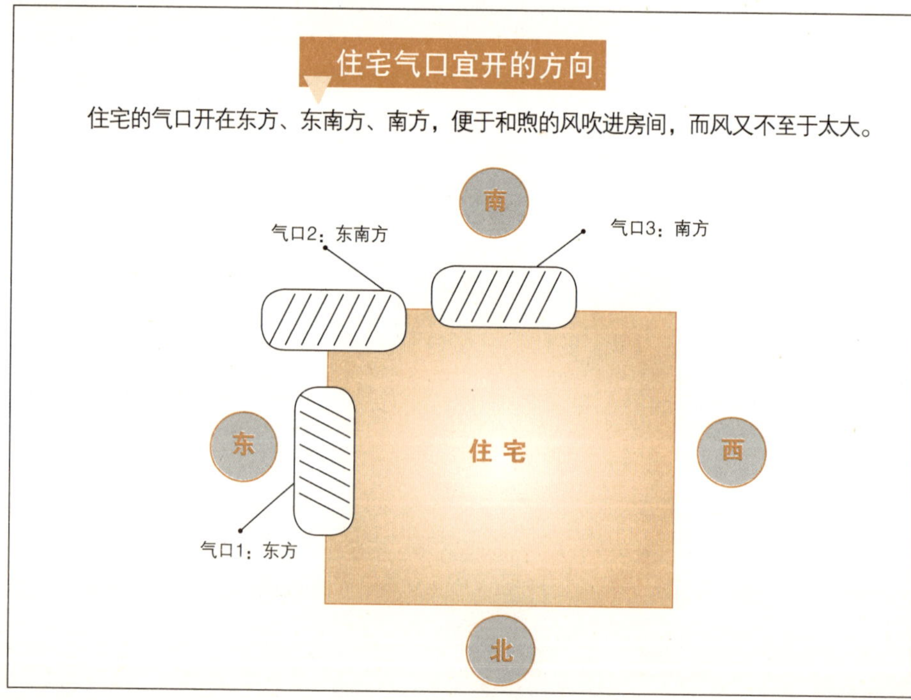

“水口”指水流的入口和出口，风水中认为它是保护神和生命线。水口得当的标志是“天门开，地户闭”，即不见水的源流和去向。门前有水，称堂前聚水，是福泽之地。现代建筑多用人造喷泉来弥补缺水的遗憾。水抱边，即河流的内弯处，也叫凸岸，宜造宅；水反边，即河流外弯处，不宜造宅。

风水中的天门、地户

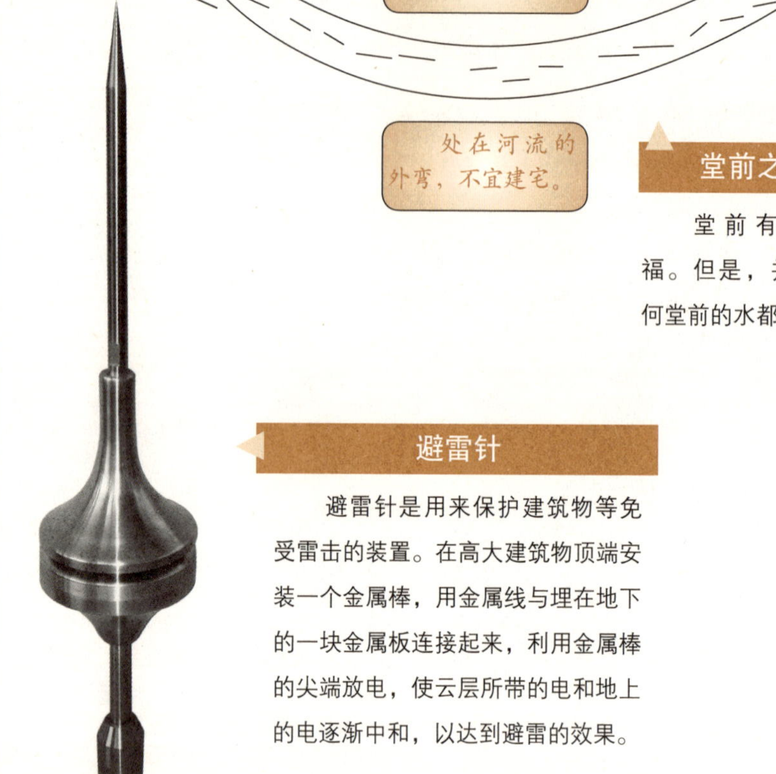

道路的选择

忌路口巷尾环境恶劣。这一地区的住宅容易受附近吹来脏空气的影响，造成大气污染，风水上也说“煞气”。另外，紧挨铁路或公路边，易受噪声、灰尘、尾气污染，影响身体健康。若无法避免，可在门窗前用屏风或挡板隔离煞气。不要让大门直对着大路。

忌雷电和地电

根据雷击的选择性，地下水出口处、河床、湖沼边、潮湿地、潮湿的建筑物等是雷电易击点。宅基地应与其保持一定距离，并安装防雷设施。住宅不宜在高压电线或各种线路下建造，因为地电活跃，易受自然雷电的影响而形成危害。

农田

农田改作宅基地时，一定要等作物成熟收割之后，才能保证不会产生对人体健康有害的地气。

拆迁的地基

新填平的地基上不宜建房。因为地基太新，并不稳固。应该在填平后经较长时间，确定地基已经稳固后，才能建房。

废井十分不适合做地基。一方面井下可能因为土填得不实，而冒出水来，另一方面在挖井时可能挖断了地气而导致地气枯竭。

农村常用农田来做宅基地，这本没有问题，但一定要注意需要等到农作物收割后才能建房。否则，农作物的根会在土里腐烂，不但影响地基的坚固，更会有不利于人体健康的地气产生。

曾经的垃圾场不能建房。如果想在此地修建房屋，需要深挖后进行彻底的消毒灭菌，并运来干净的新土填实，而原土一定要丢弃到远离人烟的地方。

打好地基才能安居

古时挑选住宅，首先要看地理环境，所谓“负阴抱阳，背山面水”，讲究“龙、砂、穴、水、向”五个方面的环境构成。具体而言，北面有连绵的群山为依靠，南面有呼应的低山小丘，左右两侧有小山相护卫，中间部分开阔宽敞，前面有曲折流水相环绕。这样的上吉风水格局，在现实中是可遇而不可求的。一般选择的地基都会有少许缺陷，或者好的风水不加以利用，也有可能变成坏的风水。这时，就需要我们再费些心力，打好地基才能安居。

忌地方病和电离辐射

土中所含某种人体必需元素过少或过多，都会引起地方性疾病。若缺碘，将引起地方性甲状腺病；若缺钙，将引起地方性佝偻病和大骨节病；若缺氧，将引起地方性龋齿病；若缺硒，将引起地方性克山病和诱发肝癌，等等。在土质不太好的地方建房，应尽量采用水泥、钢筋和砖、瓷之类现代的建筑材料。

如果地下有铀矿或与铀共生的其他矿，或有放射性同位素源跑漏，则会不断放射出α、β、γ等射线，具有电离辐射能力，对人体有致癌作用。电离辐射致癌有个阈值，可用放射性测量仪进行测量，若低于阈值则安全，可放心基建。

电离辐射

电离辐射是一种有足够能量使电子离开原子所产生的辐射，其种类很多，高速带电粒子有α粒子、β粒子、质子，不带电粒子有中子以及X射线、γ射线。电离辐射存在于自然界，如太阳照射，宇宙辐射，地壳中的铀、钍和钋等。但目前人工辐射已遍及各个领域。

电离辐射能引起细胞化学平衡的改变，某些改变会引起癌变。电离辐射能引起体内细胞中遗传物质DNA的损伤，这种影响甚至可能传到下一代，导致新生儿畸形、先天白血病等。

与电离辐射有关的职业有：核工业系统的核原料勘探、开采、冶炼与精加工，核燃料及反映堆的生产、使用及研究；农业的照射培育新品种，蔬菜水果保鲜，粮食贮存；医药的X射线透视、照相诊断、放射性核素对人体脏器测定，对肿瘤的照射治疗等；工业部门的各种加速器、射线发生器及电子显微镜、电子速焊机、彩电显像管、高压电子管等。

地基的水位和水质

（1）忌水位过高

地下水位过高，不单是房屋阴冷潮湿，甚至有塌陷的危险，而且常常造成地下水源污染。久住这种房屋，容易诱发各种风湿疾痛，素来为居家大忌。因地段所限非在水位较高的地方建房者，应特别注意地基的回填和垫高，使地下水位至少应低于屋基0.5米。

（2）忌地有污水

住宅忌有地下或地上污水积存、淤堵和流过。地面的污水除有碍观瞻之外，往往是蚊蝇滋生之所。容易积水的低洼地带，湿气重，住久了，容易患泌尿器官系统的疾病。因此，打地基时要清理好污水。

忌火灾之地地气消失

土有土气（或叫地气），它携带着土中所含的各种元素和营养物质，给人体以物质和能量。土地若发生过火灾，土壤的育成作用和净化作用消失了，地气也就随之消失了，甚至还有燃烧后遗留下来的污染物质和致癌物质。因此，不宜作地基用。如果由于地皮紧张非要这块地不可，则可将表土挖掉0.5米到1米深，再填加上新鲜土壤，以求化凶为吉。

被火焚烧的土地

土壤中含有许多对人体和动植物有益的元素，被大火焚烧后的土地，土壤的育化和净化作用消失，地气也随之消失，甚至还产生了新的污染物和致癌物质。这种地是不能用作宅基地的。

忌前高后低、采光不良

宅地的前面低下，后面高起，我们称之为“晋土”，住在这里非常吉利。由于门前的地面比住宅地低，要走进住宅就要登上几个台阶，给人一种上升的感觉。

和晋土相反的地形，称为“楚土”，不利于居家生活。因为人进入住宅要下几个台阶才到，所以有一种落水的感觉。如果下雨就会因此积水，难免存在被水淹的隐患。一般房子以坐北朝南最为理想，所以说，北高南低的土地是吉利的。

晋土和楚土

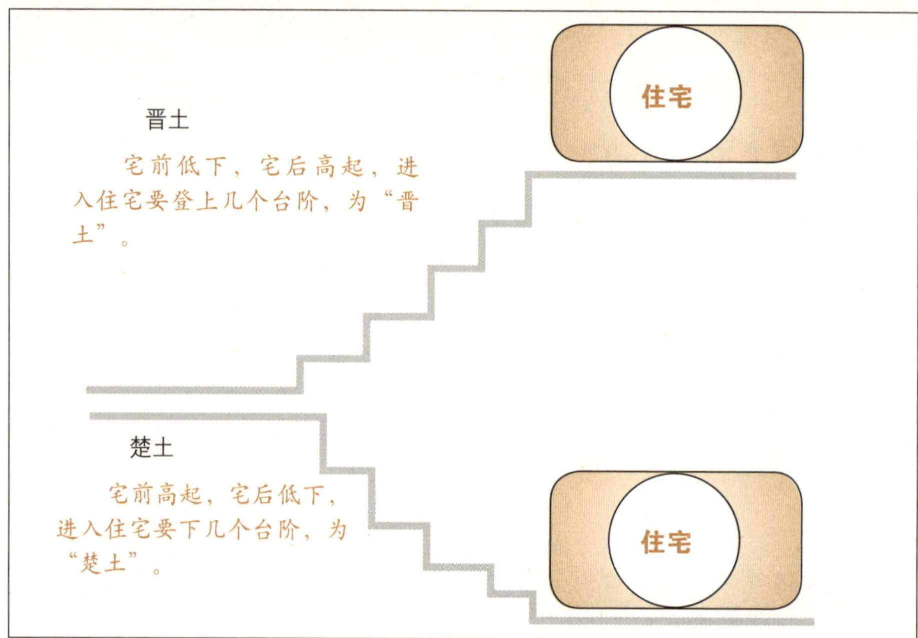

伍子胥如何为姑苏城相土？

姑苏城，即苏州，位于江苏省长江三角洲南部。它接近太湖，以园林景观闻名天下，在中国四大名园中，苏州就有两座。

苏州建城于公元前514年，当时，吴王夫差的父亲阖闾，命楚国的叛将伍子胥营建此城，距今已有2500多年的历史了。伍子胥首先察看地形，然后品尝当地水的咸淡，依照相土觉水法先选择城址。据载，城建好后，方圆四十七里。

伍子胥依照天有八风，开了八道城门和八道水门；并在西边建阊门，以引八面之风。东南方模仿地户建蛇门，与天门相对。阊门朝向当时的强国楚国，以免被攻打；蛇门则朝向敌对国越国。

选个好楼盘

《黄帝宅经》说：“宅以形势为身体，以泉水为血脉，以土地为皮肉，以草木为毛发，以舍屋为衣服，以门户为冠带。”这句话形象地喻明了住宅内外部环境审辨选择的主要内容。简单地说，就是对空间环境质量的评估，涉及住宅四周山冈、流水、池塘、道路、建筑物之间的关系，以及房屋内部的空间安排。

正对街道或胡同的房屋不吉

风水中“喜回旋忌直冲”，如果房屋的大门正对大路或胡同，则不吉。如果房屋的大门正对直冲而来的大路，那条路越长则凶险越大，车辆越多则祸患越多，风水上将这类居所称作“虎口屋”，也叫“穿心煞”。这种格局主家人横死，破财损丁。

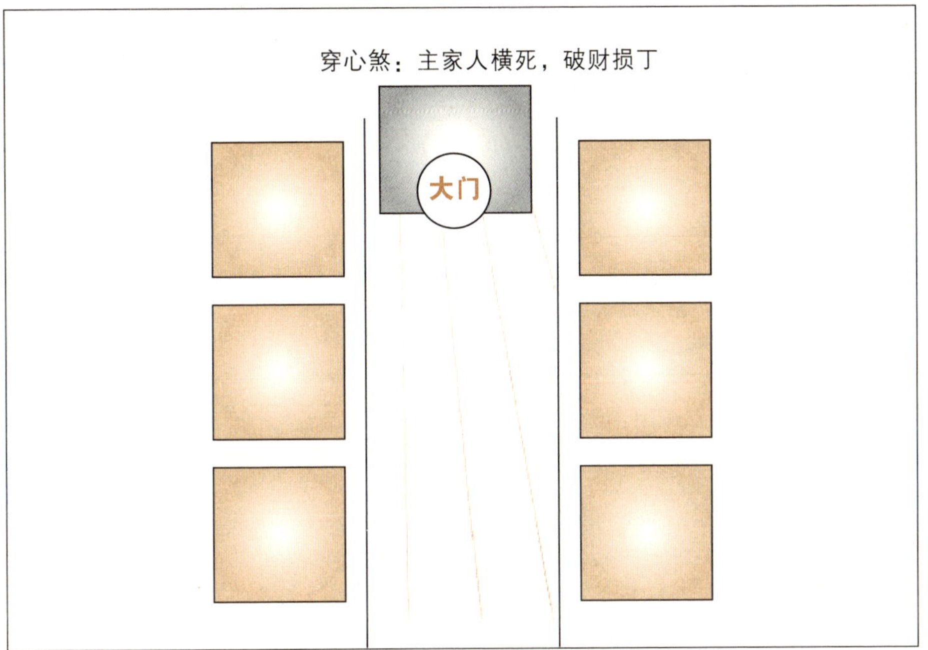

对外部环境的要求

（1）周围建筑的忌讳

正对大街、胡同或道路的房屋不要买。风水学“喜回旋忌直冲”，因为直冲的来势急剧，倘若居所首当其冲，则为患甚大！（正冲为箭，主伤人）。

楼前空地窄狭若一条线者不要买（状如一线，财富不入门）。

房屋不远处有高大建筑物的不要买（阻挡阳气，阴盛阳衰）。

临近庙宇、骨灰堂、坟场、寺院、古墓的不要买（阴气太盛）。

（2）楼盘形状的忌讳

“U”字楼不要买（U字楼形如亡字，常出人命案件）。

“口”字形的楼不要买（人在井中，不能发福发贵）。

“T”字形的楼不要买（不能藏风聚气，主贫寒）。

“工”字形的楼不要买（这种楼难出富贵，主贫）。

住宅形状与吉凶

风水学中对住宅的形状很关注，认为住宅的形状关系到宅主人的吉凶。所以在建筑和选择住宅时，不可不慎重。

住宅面南，左短右长为吉宅。主大吉大昌，家中钱财丰盛富足。

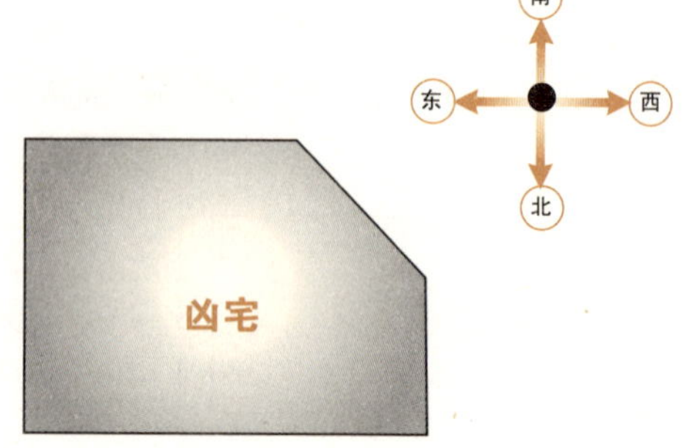

住宅面南，右短左长为凶宅。主钱财不旺，人丁不发。

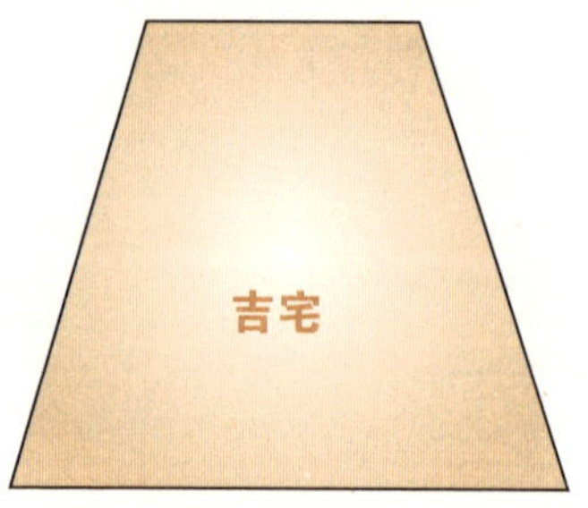

住宅前窄后宽为吉宅。主福贵平安，子孙兴旺，资财富有。

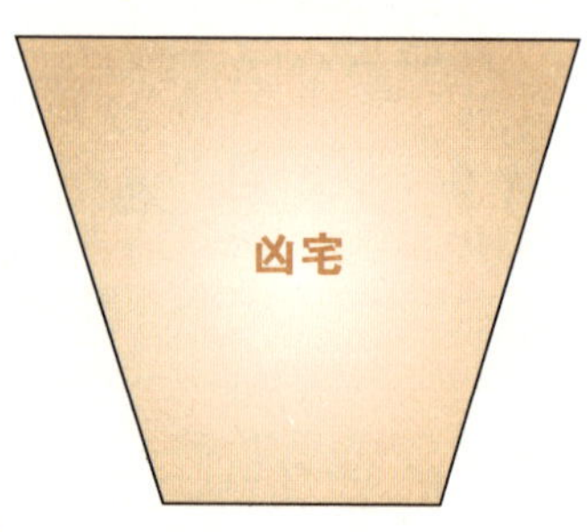

住宅前宽后窄为凶宅。主家人不得安宁，资产败尽，人口死。

住宅辰巳（东南）方向不足为吉宅。主家势显赫，大大吉昌。

住宅西北缺角，如果所缺之形状也属方正，为吉宅。

房屋的坐向必须与人的五行相应

风水学认为，房子的坐向应该与主人的生辰八字相合。根据出生时间的不同，分属不同五行，房子的坐向就是根据五行生克关系而来。

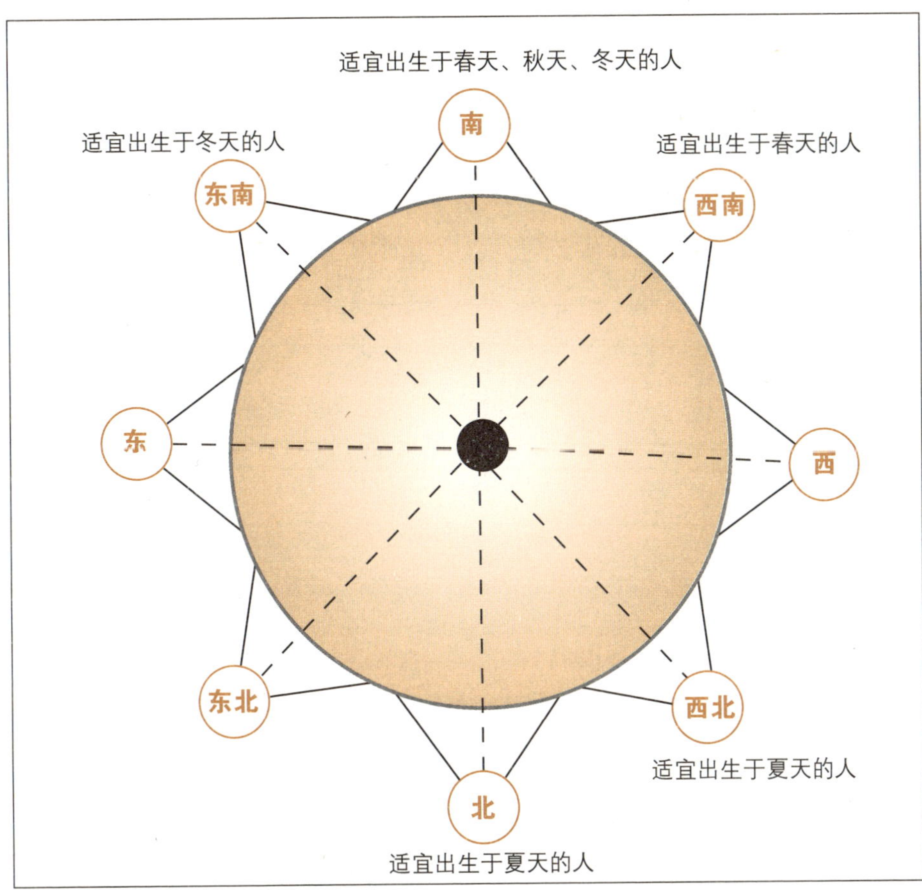

（3）坐向——当运

看阳宅风水之法，在乎坐向是否当运。经云：“向首一星灾祸柄。”看风水之主要法门在于：立向得旺气为旺，得衰气为衰。阳宅风水并非以大门为向，而是以楼局及自然环境为主向。

风水选择要以五行方位为依据。不同的人，他命中的好方位也是不同的，每个人都要根据自己的生辰八字选择适合自己的方位。

出生在春天的人，属木。木克土，利于火、金。所以，应该选择南方、西南方，房子建筑应该坐北朝南或坐东北朝向西南。

出生在夏天的人，属火。火克金，利于水。所以应该选择北方、西北方，房子建筑应该坐南朝北或坐东南朝向西北。

草木茂盛则地气旺盛

风水师认为，草木茂盛是地气旺盛的标志，旺盛的草木还能护荫地脉，所以在相宅时，特别注意观察周围的环境。这与我们现在提倡的绿化环境的观念不谋而合。

出生在秋天的人，属金。金克木，利于火。所以应该选择南方，房子建筑应该坐北朝南。

出生在冬天的人，属水。水克火，利于木。所以应该选择南方、东南方，房子建筑应该坐北朝南或坐西北朝向东南。

（4）绿化环境的要求

风水主张在住宅周围要有绿地和树木，且对树木也有特殊要求。《博山篇》中讲到：“草木繁盛则生气旺盛，能护荫地脉，斯为富贵堂局。”俗语云：“树木弯弯，清闲享福；桃株向门，荫庇后昆，高树般齐，早步云梯；竹木回环，家足衣禄，门前有槐，荣贵丰财。”人们还须注意宅居周围的道路交通状况。

内部空间的布置

（1）大门——要旺

卦门配合、吉星到门。所以，大门的设置要合位、合体。

（2）客厅窄狭的不要买

窄狭的客厅不利于聚财。

古太极图

风水学中讲究阴阳，认为阴阳相配万事万物才能调和，才能百事俱昌。一阴一阳配合才能归于太极。所以，室内的布局必须阴阳调和得当，符合八卦方位布局，才能创设出对宅主人有利的风水。

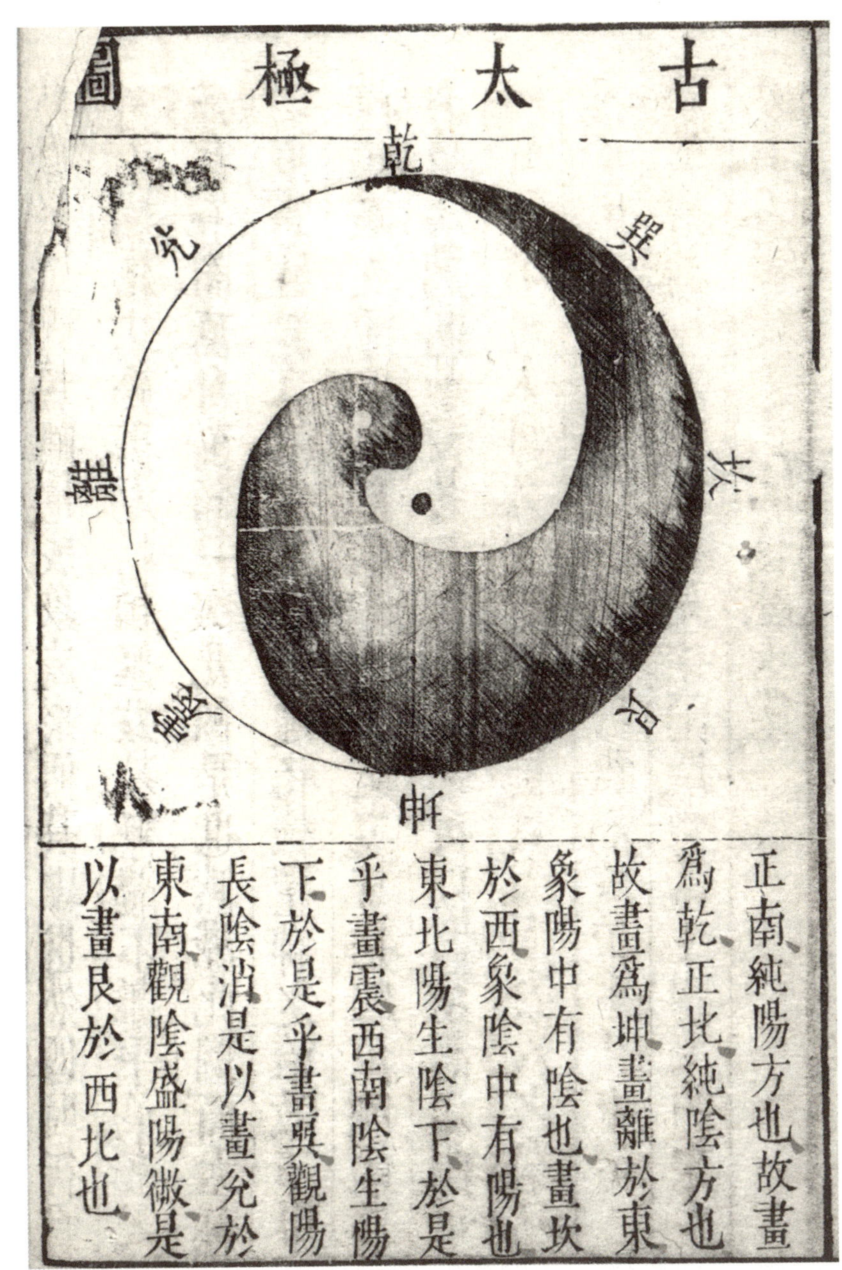

古太極圖

乾
巽
坎
艮
坤
震
離
兌

正南純陽方也故畫爲乾正北純陰方也故畫爲坤畫離於東象陽中有陰也畫坎於西象陰中有陽也東北陽生陰下於是乎畫震西南陰生陽下於是乎畫巽觀陽長陰消是以畫兌於東南觀陰盛陽微是以畫艮於西北也

（3）主房——配命

主房风水最重聚气。床的位置最好放在主房小太极的人丁吉位。同时，不要存在形煞。例如：房门冲楼梯、房门冲厕所或厨房、横梁压顶、房内阴湿、房灯下垂、吊柜下压、灯光太强等等。

（4）阴阳——相配

俗话说，孤阴不生，独阳不长，阴阳调合，百事俱昌。室内要阴阳得当，切忌一边阳气极盛，一边阴气极重，光线充足，阴阳协调才是最好的。另外，要注意动静平衡。属动态的有：室内电器、鱼缸、钟、门、通道、风水轮、摇摆饰品等。属静态的有：高大的家具、柜子、睡房等。

（5）水火——相冲射

主要指厨房的水喉与灶位不相冲射，厕所门不与厨房门相冲。西北角作厕所、灶房的不要买。

（6）人口少不要买太大的房子。房大人少叫宅克人，也叫“虚”，久居不吉利。

（7）房间买单不买双。《宅书》云：“三间吉，四间少，五间就有一间空。”

庭院的设计

丹经口诀里说：“阳宅须教择地形，背山面水称人心。山有来龙昂秀发，水须围抱作环形。”“明堂宽大斯为福，水口收藏积万金。关煞二方无障碍，光明正大旺门庭。”

庭院方位设计

庭院是住宅的外围部分。庭院中花草树木、假山流水的美妙搭配，可以使整个住宅看上去犹如人间仙境。在建造庭院的时候，不仅要注重美观的因素，而且还要符合风水之道，这样才能有利于宅主人的身心健康和宅气兴旺。

建造庭院的首要问题，就是为其选择一个最适当的方位。合适的方位能形成一个上佳的气场，对宅主人的人生、事业都有很大的帮助。反之，如果庭院建造在不合适的位置上，并且配有不合适的建筑设施等，则会形成一个整体异常的气场，给宅主的生活带来不协调。

（1）南方位的庭院。日光充足，使人心旷神怡，又可以做日光浴。不

乔家堡乔宅二号院 民居

庭院的设计，除了要追求美观以外，还必须保证宅内日照充足，通风好，即要保证宅内阳气充足。图中的宅院虽然看起来紧凑，但日照的影子并没有影响到宅内接受日照，在风水上属吉宅。

过，从景观上来说，不一定是良相。受到阳光照射的树木虽然很美，但阳光最好是从背面照射比较好。

（2）北方位的庭院。除非庭院很靠近房子，影子不会影响房子，才能享受绿油油的美丽庭院。倘若不是真正经专家设计出来的庭院，应该以树木的位置为主体来考虑，还要配合着土地的空白部位。

（3）中院。一般院子不宜设置中院。除了有较大的住宅外，中院一般在卫生方面不太好——气压不同的空气，会在中院产生极微的异常现象，并且和宅中的气候不配合。若有池塘、大树的话，这种差别更大。因此，对健康有极大的影响。古书上也有“中院有树木和积水的池塘都是大凶”的记载。

庭院整体设计注重平衡一致

（1）忌毗邻太近过于拥挤。凡是满足日照和通风两大要求的间距，就是合理的。它是随着纬度、地形、住宅高度和长度以及住宅坐向等因素变化而变通的。理想的要求是前后间距等于楼房高度，并肩间距等于楼房高度的一半。

（2）忌毗邻杂乱参差不齐。如果毗邻整齐划一，高矮相当，则呈现出建筑景观美。这种景观反射到人们的心理上便是平等互助，和睦相处，因此便于建立和睦的邻里关系。如果毗邻布局错乱，高矮参差不齐，则不仅不美而且会反映到人们的心理上相互歧视而造成隔阂。

（3）忌毗邻污染诸多不利。住宅近工业区有诸多不利，灰尘、废气、废水和噪音对住户的影响是极其明显的，尤其是对婴幼儿和老人。民宅布局，也强调左青龙、右白虎、前朱雀、后玄武。后山不能太高，忌坐山冲主。前山之形求吉，也不能高，高则欺主。主屋必须高于厢房，即奴不可欺主。单家独院时，其院落宜在东北或东南方位开门，忌在公路上直接开门。

青龙白虎

风水中所说的“左青龙右白虎”就是在住宅左右的小山和较为矮小的建筑物，与靠山一起对住宅形成环抱之势，以保护生气在住宅中更多地保留。但青龙、白虎不宜过于高大，也不宜离住宅太近，否则有欺主的事情发生。

住宅前池塘的设计

人们选宅时往往喜欢宅前能有绿树环抱中的池塘、喷水池、游泳池。因为绿色的池塘波光涟漪，云影摇曳，令人流连忘返。但传统风水学却认为在住宅周围开池塘，是为不吉。如若真的喜欢宅前有池塘、喷水池、游泳池，则也要在设计上苦下工夫：

池塘、喷水池要设计成形状圆满，圆心微微突起。

喷水池、游泳池、池塘要设计得四方水浅，并要向住宅建筑物微微倾斜内抱（圆方朝前）。如此设计才能藏风聚气，增加居住者的好运气。

不能将喷水池、游泳池、池塘设计成水深污沟型的。这样不仅对小孩很危险，而且水质不易清洁，容易积聚秽气，易患肺部的疾病。古书上对这种设计称为“深水痨病”。

住宅前若喷水池、游泳池、池塘外形有尖角，而这尖角如正对大门，因光的作用即水面反光会造成居住者的不健康。

喷水池、游泳池、池塘里面的水千万不能干枯，至少要八分满。

庭院植物风水

住宅前适当种些树木，可以藏风卧水，对家居运程非常有利。风水古籍上说：“宅基背后要圆高，后拥前平积富豪，四畔俱是栽竹木，绵绵富贵得坚牢。”意思是说，只要住宅地基选得合适，在周围四面栽种竹子和树木，便是大贵之运。但是，普通的民居若门前有太多的大树，遮蔽天日，就会滋生阴气；特别是郊野之中，民居稀少之处，更不宜在住宅四周种植大树，以免削弱住宅的阳气。

住宅周围的池塘

住宅前的池塘虽然能起到点缀美化的作用，但风水学中并不主张在住宅周围开池塘，否则则需要经过特殊的设计，方可化凶为吉。

竹居图

在传统文化中，竹子是富贵的象征。风水中也认为，在住宅周围栽植竹子，可以得富贵。不仅栽植竹子，住宅周围适当栽植其他植物也可以起到藏风卧水的效果，但是切记植物过于茂密和过于高大，以致宅内阳气不足。图中住宅前面树木，后面竹子，疏落有致，符合风水的格局。

大门不宜正对一棵大树，这会妨碍家居气流的流通；雷雨天气还会招引雷击，秋天大量落叶也会造成家居萧条之感。住宅外的大树以枝叶繁茂为吉，如果出现枯树或死树，应及时清除，不然就会出现煞气，破坏风水。

（1）庭院之中不宜栽种哪些植物？

庭院中的植物是否属于凶煞之物，主要从两方面来看：

一是看它是否会排放有害气体或液体，如：夜来香的浓郁香味对心脏病和高血压患者不利，夹竹桃的花香易使人昏睡，郁金香花有土碱，过多接触会使毛发脱落，等等。

二是看它的形体是否怪异丑恶，凡枝干不正或畸形的树木，通常不吉。风水谚语说："大树古怪，气痛名败"、"树屈驼背，丁财俱退"、"树似伏牛，蜗居病多"……但具有特殊美感的植物除外，如盆景、梅树等。

夜来香

夜来香为伞状花序，有清香气，夜间更甚，故有"夜来香"之名。夜来香因其清新的香气而受到人们的喜欢，但是夜来香浓郁的香味对心脏病和高血压患者不利。

夹竹桃

夹竹桃的叶片如柳似竹，红花灼灼，胜似桃花，有特殊香气。但是，夹竹桃全身都有剧毒，过多接触会使人出现恶心、呕吐、心律不齐等症状，即使只是闻它浓郁的香气，也会使人昏睡。

（2）庭院之中适宜栽种哪些植物？

风水学把一棵树归于吉祥之物，原因复杂，有时是从植物的特性，有时是从植物的寓意甚至谐音来判定。

通常来说，棕榈、橘树、竹子、椿树、槐树、桂树、梅树、榕树、枣树、石榴树、葡萄树、海棠树、灵芝草等植物，为增吉植物；桃树、柳树、银杏树、柏树、无患子、茱萸、葫芦、艾蒿等植物，有化煞驱邪作用。

郁金香

郁金香因其花大、色艳而备受人们的欢迎。但是，郁金香的花朵有毒碱，如果和它一起待上一两个小时，就会感觉头晕，严重的可导致中毒。过多接触郁金香还容易使人毛发脱落。

怪树不吉

树木长得畸形怪异，风水中认为不吉，庭院中切记栽种这类植物，否则，对家人的健康不利。

石榴可增吉

院中栽种石榴，可起到增吉的效果。

银杏可化煞

院中栽种银杏树，可起到化煞驱邪的效果。

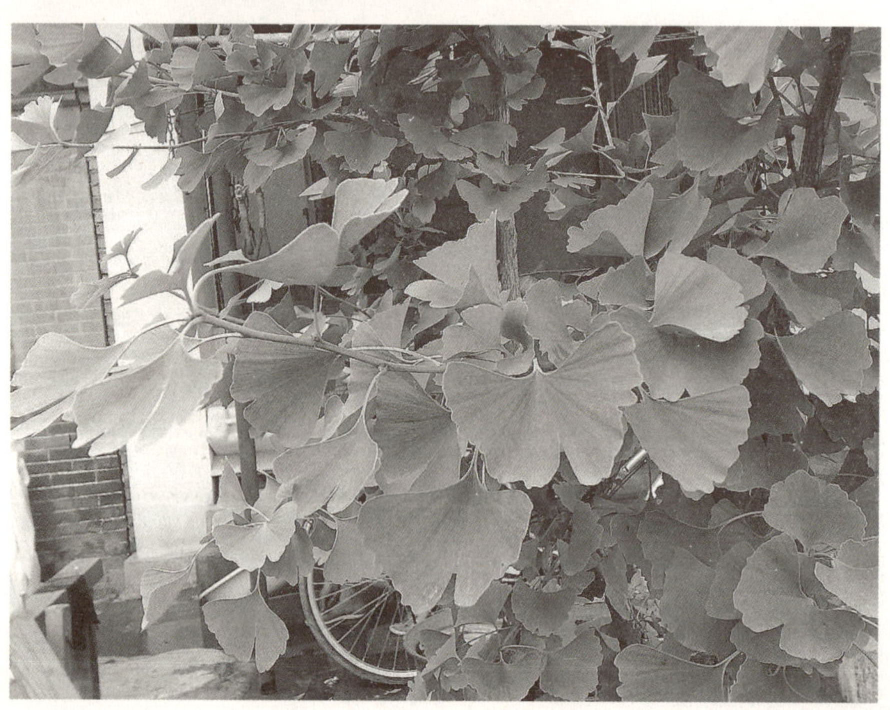

（3）庭院植物的栽种方位有何宜忌？

据古代风水学记载，“东植桃杨，南植梅枣，西栽桅榆，北栽吉杏”；“门前垂柳、非是吉祥”、“中门有槐、富蹦三世”，“宅后有榆、百鬼不近”，“门庭前喜种双枣，四畔有竹木青翠进财”，“住宅四角有森桑，祸起之时不可挡”，等等。

从科学角度看，桃树和杨树迎春较早，树冠小，栽在东方既迎春又不遮阳；梅树与枣树，对阳光需求较大，故宜种在南方；榆树是喜湿植物，当西晒不怕，栽在西为宜；杏树耐寒不耐涝，宜种在北方。

庭院铺石

庭院内不宜摆放过多的石头，在庭院中适当摆放一些庭石，对增进庭院的风雅有很大的帮助，但是庭院的石头数量、形状以及石缘，有时反而会给我们招来凶相。一旦庭石里混入一些奇异的怪石，如状像人或禽兽，那就会给我们的家庭带来灾难，也有的庭石附有很复杂的磁场，会对居住者引起精神上和生理上的影响。

铺小石块的庭园，还应配合庭院的宽度，如果在狭窄的庭院里，铺上很多的小石块，根据古代宅基学说，会招阴而衰微。在实际的生活中，如夏天炎热的季节里，石块会反射及保留相当的热量，在铺满石块的庭院中，离地面一公尺的温度甚至达到摄氏五十度左右，石块的容热量很大，一直到晚间还不容易得到凉快。而冬天，石块却把白天的暖气吸收了，使周围加大寒气。

青芝岫

此石又名“败家石”，相传为明代官员米万钟发现，欲运至园中，终因财力竭尽半途而废，后又为乾隆皇帝发现，运至今颐和园内。院内摆放奇石，历来为文人雅士所推崇，但是院内石头不能太过怪异，否则将给主人招来灾祸。

围墙风水

阳宅风水，讲究后有靠山，左右有砂，前有案山，可以藏风聚气。但是，满足这种自然环境的地方太少见了，而围墙则可以多少弥补这个缺憾，可以把四周的围墙当做砂。特别是四周空旷的住宅，围墙与篱笆不但可以起到安防的作用，还能在一定程度上阻挡各种煞气，减弱它对住宅的冲击力。

（1）忌围墙过高有碍美观。院子的围墙不能过高，太高的围墙在挡风防煞上固然效果特好，却会阻碍气的流通。尤其是前院的围墙，如果比大门高的话，就会妨碍进气，让住宅陷入滞气的困境。如果住宅的四面都是围墙，高度更不宜过高，否则会把住宅的气场与自然气场相隔离，整个院子如同监牢，毫无生机和活力。合适的围墙在1米～1.5米之间，从外部看来，围墙与住宅应是一体的。远眺可隐约看见房舍门窗，这样的景致才美。

（2）忌围墙近房缚手缚脚。在狭窄的地方盖房子，再在周围筑上围墙，自然房子与围墙之间的距离只有一点点，这种情形，会使人感到强烈的压迫感。

（3）围墙的墙壁上不可长藤缠绕，有的户主喜欢让墙壁上缠满藤叶，认为只有这样才有诗情画意，殊不知，这样一来会让宅内充满阴气。

植物太多会使宅内阴阳失调

植物属阴，院内适当栽植植物，可起到协调阴阳、美化住宅的效果，但如果院内植物太多，反而会使住宅内充满阴气。像图中这家，院内摆放了许多植物，门窗前也是长藤缠绕，虽然看起来绿意盎然、诗情画意，但却阻挡了阳气进入室内，院中和屋内都阴气太重，不利于主人家健康。

比尔·盖茨如何看风水？

微软公司的总裁比尔·盖茨，非常相信中国的风水学。据他说，他到中国时所居住的房子，都是经过风水师看过之后，才放心入住。而微软公司在世界各地开分公司时，也都要请风水师前来勘察住宅。

比尔·盖茨建造自家的豪宅时，更是请中国风水师为其指导。他的豪宅坐落在西雅图华盛顿湖的东岸，前面临水，后面倚山，形成招财纳库的绝妙风水。

房屋的整体设计

居住在不同住宅中的人，其一生中的运气会有很大不同。家居除了舒服，还讲究吉位和凶位，能做到趋吉避凶才是重点。家居中的每一个房间，每一个角落，在风水中都有特定的意义。

阴阳卦形与房屋整体布局

用阴阳卦形方位图求风水布局父方位。父方位象征的是一家之主，不可缺角，应布置成主卧室。少男到长男，少女到长女位可布置成次卧室、杂物间。风水学认为，物物皆有太极。一套房子的中心就是太极点。太极点务必安排成起居室、客厅或餐厅。太极点是运转八卦位的中心地点，气不可浊，应清新馨香。清气转动家中之正面能量，浊气则转动负面能量。

尖角与化煞

风水学最忌尖角。尖角锐利，具有颇大的杀伤力，对周围环境容易造成冲克损害，而屋内的尖角因距离甚近则杀伤力巨大。因此，在布置菱形房间时，一是要尽量把尖角削平；二是布置成几个互相呼应的区域。

化解办法用鱼缸化煞。在对正尖角冲射之处放以鱼缸这样就能赚祸为祥。作用有二：一是鱼缸是玻璃制造，玻璃与挡煞的八卦镜一样有反射作用。二是尖角是利器，属金，而鱼缸里有水，金生水后金的元气大伤，就是说可以化解尖角的锐气。

八卦分阴阳

八卦中的各个卦形分别代表家中不同的人。乾、坎、艮、震、四卦属阳卦。其中，乾为父，震为长男，坎为中男，艮为少男。震、坎、艮三卦中阴多阳少，表示阴从阳，故为阳卦。

坤、兑、离、巽四卦属阴卦。其中，坤为母，巽为长女，离为中女，兑为少女。兑、离、巽三卦中阳多阴少，表示阳从阴，故为阴卦。

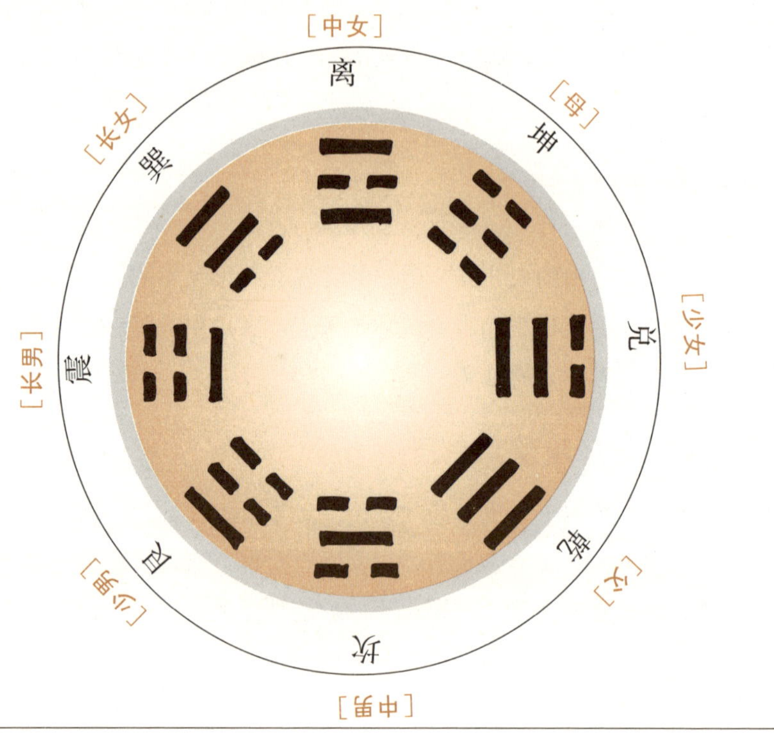

忌狭长形设计

忌客厅狭长难以设计。屋形以方正为佳，方形在五行中属土形，长方形属木形。这两种形状地气平和，有着平稳渐进的灵动力。同时，客厅狭长从设计和实用的角度来讲也很不合理，难以设计、浪费面积多。

忌睡房狭长孤清冷落。如果是狭长的睡房，应该想办法分割开来。但是切忌用镜子分割，尤其是镜子对着睡床那是大忌，千万不可。

忌住宅细长动线过长。正屋横向而过于狭长的话，家中易有人生病，乃是凶相。尤其是现代正流行公寓住宅，因此特别提醒大家这一点。从科学上讲这样的房间不利于采光，空气也不易流通，同时不易摆放家具，容易造成浪费。

用鱼缸化煞

鱼缸的玻璃壁可以像八角镜一样把煞气反射回去，鱼缸中的水也可以化解房屋中尖角的锐气。

风水中忌长条设计

现代公寓中长长的走廊在风水上是一种不好的格局。这种格局的房子采光和通风条件都不好，从而会产生不利于宅主人健康的气场。

房屋中部不宜设置厕所、楼梯

宅相的基本观点认为，家的正中央乃最重要的地方，应该设置为：主人的房间或是其他重要用途的房间。把楼梯设在房屋正中央等于把家从正中分割开，不仅损害家的一体感，也折损全家人的幸福。

房屋的中部不宜用作厕所。否则，便有如人的心脏堆积脏东西，凶多吉少。倘若厕所位于房屋后半部的中心，刚好与大门成直线，就很可能导致破财损丁。

其他凶煞之相

三道房门不能在一条轴线上。风水谓之“一箭穿心”，也叫“穿心煞”。

一间房不应开两道门。忌房间连房间。

住家不应设有后门（后阳台），前后门不能在 条轴线上。

穿心煞

三道门设计在一条轴线上，是风水学中的大忌，叫做一箭穿心，属于穿心煞。

搬迁吉日的选择

搬家俗称“乔迁之喜”，不能随意，最重要的是挑选吉日。搬迁吉日不仅要看日子本身的好坏，还要结合自身的命理。

首先参看“黄历”，凡记载“驿马、天马、德合、开日、成日、天赦、天愿、四相、时德、民日、月恩”适宜搬迁；如果记载“四废、五墓、四离、破日、平日、收日、闭日、四绝、往亡、归忌、天吏、大时、月厌、月刑、三煞”则不能搬迁。

另外，要看这一天是否与家人属相相冲，在不相冲的基础上找出当天的具体适宜时辰，必须是白天，夜间搬家不吉。

选择吉日良辰之要点简述如下：

（1）迁移（搬屋）的日子不可与家人的“生肖”及“日柱”（农历生日之“天干地支”）相冲，尤其忌与屋主之“日柱”相刑冲。（子午冲、丑未冲、寅申冲、卯酉冲、辰戌冲、巳亥冲。寅巳申刑、丑戌未刑，子卯刑、辰辰、午午、酉酉、亥亥自刑。）

相冲与相克

在后天八卦图中，八个卦都是两两相对的，如东方为震卦，震卦对应地支卯木、天干乙木，西方为兑金，兑卦对应地支酉金、天干辛金，由于东西相对、震兑相冲，所以震兑中的天干乙木与辛金、地支卯木与酉金也相对、相冲。实际上干支相冲就是一种克，但相冲的干支同时具有五行相克、方位相冲、同性相斥这三种对立的关系，所以干支相冲比干支相克的力量更大。冲虽然也是一种相克，但冲只是同性相冲、相克，而克则既有同性相克，也有异性相克，它分为天干四冲与地支六冲。

选择与生肖相合的日子和时辰

生肖	相合的日子或时辰
子鼠	合丑牛、申猴、辰龙
丑牛	合子鼠、巳蛇、酉鸡
寅虎	合亥猪、午马、戌狗
卯兔	合戌狗、亥猪、未羊
辰龙	合酉鸡、申猴、子鼠
巳蛇	合申猴、丑牛、酉鸡
午马	合未羊、戌狗、寅虎
未羊	合午马、亥猪、卯兔
申猴	合巳蛇、子鼠、辰龙
酉鸡	合辰龙、巳蛇、丑牛
戌狗	合卯兔、午马、寅虎
亥猪	合寅虎、卯兔、未羊

不选择与生肖相冲的日子

生肖	相冲的日子
子鼠	冲午马
丑牛	冲未羊
寅虎	冲申猴
卯兔	冲酉鸡
辰龙	冲戌狗
巳蛇	冲亥猪
午马	冲子鼠
未羊	冲丑牛
申猴	冲寅虎
酉鸡	冲卯兔
戌狗	冲辰龙
亥猪	冲巳蛇

（2）迁移（搬屋）尽量选用“水日”为佳，少用“火日”。

（3）新宅坐向：朝东者忌在巳、酉、丑（三合金）日子搬家；朝西者忌在亥、卯、未（三合木）日子搬屋；朝南者忌在申、子、辰（三合水）日子搬屋；朝北者忌在寅、午、戌（三合火）日子搬屋。

（4）屋主之“日柱”（农历生日之“天干地支”）为阳干（如甲、丙、戊、庚、壬）者，宜选“阴时”（如：丑、卯、巳、未、酉、亥时）搬屋为吉；为阴干（如：乙、丁、己、辛、癸）者，宜选阳时（如：子、寅、辰、午、申、戌时）搬屋为吉。

干支与五行的对应关系

天干地支与五行有着一一对应的关系，搬迁方向吉日的选择和忌日的避讳都是根据五行的生克关系而来。下表所示为天干地支与五行的对应关系。

天干与五行的对应		地支与五行的对应	
天干木	甲（阳木）、乙（阴木）	地支木	寅（阳木）、卯（阴木）
天干火	丙（阳火）、丁（阴火）	地支火	巳（阴火）、午（阳火）
天干土	戊（阳土）、己（阴土）	地支土	丑（阴土）、辰（阳土）、未（阴土）、戌（阳土）
天干金	庚（阳金）、辛（阴金）	地支金	申（阳金）、酉（阴金）
天干水	壬（阳水）、癸（阴水）	地支水	子（阳水）、亥（阴水）

搬迁的大凶日

如果在天罡四煞的日子，又犯了天干，就为大凶。寅、午、戌年所生之人，搬迁之日如果犯丑字的同时天干有甲、乙、庚、辛之一的话，就为大凶，不宜搬迁。申、子、辰年所生之人，搬迁之日如果犯未字的同时天干有甲、乙、庚、辛之一的话，就为大凶，不宜搬迁。巳、酉、丑年所生之人，搬迁之日如果犯辰字的同时天干有丙、丁、壬、癸之一的话，就为大凶，不宜搬迁。亥、卯、未年所生之人，搬迁之日如果犯戌字的同时天干有丙、丁、壬、癸之一的话，就为大凶，不宜搬迁。

（5）要注意“天罡四煞”：天罡四煞是对四种命格人不利的日期和时辰。屋主之“日柱”地支为申、子、辰命者，忌用未日未时；“日柱”地支为寅、午、戌命者，忌用丑日丑时；“日柱”地支为亥、卯、未命者，忌用戌日戌时；“日柱”地支为巳、酉、丑命者，忌用辰日辰时。

（6）迁移（搬屋）当天吉时的四柱八字（日课吉时），四柱见三柱“寅、午、戌”三字全，其“回头贡杀”在“丑”。所以，丑（牛）年生人不可用“寅、午、戌”三字全之“日课吉时”；四柱见三柱“巳、酉、丑”三字全，其“回头贡杀”在“辰”，所以，辰（龙）年生人不可用“巳、酉、丑”三字全之“日课吉时”；四柱见三柱“申、子、辰”三字全，其“回头贡杀”

避免选择犯太岁的日子和时辰

搬家不能选择岁破、月破、日破的日子或时辰。所谓岁破就是当年太岁对冲的日子，也就是我们所说的犯太岁的日子，月破就是当月对冲的日子，日破就是当日对冲的时辰。

岁破		月破		日破	
子鼠	破午马	正月	破申猴	子鼠	破午时
丑牛	破未羊	二月	破酉鸡	丑牛	破未时
寅虎	破申猴	三月	破戌狗	寅虎	破申时
卯兔	破酉鸡	四月	破亥猪	卯兔	破酉时
辰龙	破戌狗	五月	破子鼠	辰龙	破戌时
巳蛇	破亥猪	六月	破丑牛	巳蛇	破亥时
午马	破子鼠	七月	破寅虎	午马	破子时
未羊	破丑牛	八月	破卯兔	未羊	破丑时
申猴	破寅虎	九月	破辰龙	申猴	破寅时
酉鸡	破卯兔	十月	破巳蛇	酉鸡	破卯时
戌狗	破辰龙	十一	破午马	戌狗	破辰时
亥猪	破巳蛇	十二	破未羊	亥猪	破巳时

在“未”，所以，未（羊）年生人不可用“申、子、辰”三字全之“日课吉时”；四柱见三柱“亥、卯、未”三字全，其“回头贡杀”在“戌”，所以，戌（狗）年生人不可用“亥、卯、未”三字全之“日课吉时”。

搬迁的方向

搬迁的方向与吉日的选择是紧密相连的。若误在错误的日子搬迁到凶方位后，一般在数月内会出现凶灾、破财、疾病、工作事业运停滞等不吉现象。只有结合自身命理，依据搬迁的吉时和方向行事，才能为生活和事业增添幸运，使得生活平安、事业顺利！

搬迁的吉凶方向如下

时间	吉凶方位
2月4日～3月5日	东北，吉方位；正北，吉方位；西北，凶方位；正西，凶方位；西南，大凶方；正南，凶方位；东南，凶方位；正东，凶方位。
3月6日～4月4日	东北，凶方位；正北，大凶方；西北，吉方位；正西，吉方位；西南，凶方位；正南，大凶方；东南，凶方位；正东，凶方位。
4月5日～5月5日	东北，吉方位；正北，吉方位；西北，凶方位；正西，凶方位；西南，吉方位；正南，凶方位；东南，吉方位；正东，大凶方。
5月6日～6月5日	东北，凶方位；正北，吉方位；西北，大吉方；正西，大凶方；西南，大凶方；正南，大吉方；东南，吉方位；正东，吉方位。
6月6日～7月6日	东北，大凶方；正北，凶方位；西北，大凶方；正西，大凶方；西南，凶方位；正南，凶方位；东南，凶方位；正东，大凶方。
7月7日～8月7日	东北，凶方位；正北，大凶方；西北，大凶位；正西，吉方位；西南，吉方位；正南，凶方位；东南，凶方位；正东，吉方位。
8月8日～9月7日	东北，大吉方；正北，大凶方；西北，大凶方；正西，吉方位；西南，凶方位；正南，吉方位；东南，大凶方；正东，大吉方。
9月8日～10月7日	东北，大吉方；正北，吉方位；西北，大凶方；正西，大吉方；西南，凶方位；正南，凶方位；东南，大凶方；正东，凶方位。
10月8日～11月7日	东北，凶方位；正北，吉方位；西北，吉方位；正西，大凶方；西南，凶方位；正南，吉方位；东南，吉方位；正东，凶方位。
11月8日～12月6日	东北，大凶方；正北，吉方位；西北，大吉方；正西，凶方位；西南，凶方位；正南，凶方位；东南，大凶方；正东，凶方位。
12月7日～1月5日	东北，大凶方；正北，凶方位；西北，凶方位；正西，凶方位；西南，大凶方；西南，大凶方；东南，大吉方；正东，凶方位。
1月6日～2月3日	东北，凶方位；正北，凶方位；西北，大凶方；正西，大凶方；西南，凶方位；正南，大凶方；东南，吉方位；正东，大凶方。

说明：

（1）此表以阳历为准。

（2）方位移动：是以自己居住所在地为中心点移向的方向。

（3）若误搬迁到凶方位后， 一般在数月内会出现凶灾、破财、疾病、工作事业运停滞等不吉现象。

嵇康与风水学

嵇康（223～262），字叔夜，三国魏谯国（今安徽省宿县）人，“竹林七贤”之一。嵇康是当时有名的文学家、音乐家和思想家。他是曹魏宗室的女婿，任过中散大夫，因愤慨于司马氏篡政夺权，绝意仕途，弹瑟吟诗，隐居山林。

在哲学上，他认为“元气陶铄，众生禀焉”，肯定万物都是禀受元气而产生的，主张人应该回到自然中去。鲁迅认为他思想新颖，往往与古时旧说相背，能打破传统的偏见。著作有《嵇中散集》十卷。其中《难宅无吉凶摄生论》一文，在风水批评史上颇有名气。

第五章 家居的设计

居住在不同住宅中的人，其一生中的运气会有很大不同。家居除了舒服，还讲究吉位和凶位，能做到趋吉避凶才是重点。房主人是全家的重心，只要他旺，其他人也会受益。因此，要遵从阴阳调和、五行势顺的原则，客厅、厨房、餐厅、书房、主卧室、卫生间、阳台等的设计，必须对房主人形成吉势，才是好风水、好家居。

本章目录

客厅：布置好家中的“财位”

风水中称客厅的方位为“财位”，它关系到全家的财运、事业、名望等兴衰。所以，客厅布局及摆设不容忽视。

客厅中的财位

财位的最佳位置是在进门的对角线方位，但若空间并非方正的格局，则可以下列方式作为补偿。

（1）以延伸的长柜将格局完整化，避免柱子和凹处。若因客厅宽敞而隔一部分做卧房，则是最不理想的客厅。

（2）窗户要用内部钉夹板墙，财气才不致外漏。

（3）进门的对角处若有走道，则可放置屏风以形塑一个良好的财位。自大门望入，最忌直接看到厨房的炉台，此缺失可用屏风或高柜遮蔽。除此，入门处也应避免看到所有的房间门和后门，否则便有“前门进，后门出，无法积财”之虑。并且，走道应避免直向或横向贯通全室。

屏风的作用在于挡煞和化煞

在客厅的恰当位置摆放屏风，不仅可起到美化客厅的效果，而且还可以起到挡煞和化煞的效果。在屏风的材质选择方面，最好选择木质和竹质屏风，塑料和金属材质的效果则比较差，尤其是金属屏风，其本身的磁场就不稳定，而且也会干扰人体的磁场，最好不要选。此外，屏风的高度最好不要超过一般人站立时的高度，否则，不仅屏风的重心不稳，还会给人造成压迫感。

玄关

客厅玄关是从室外进入客厅的必经之路，也是风水上引气入室的必经之道。设置客厅玄关应注意：

（1）客厅玄关的间隔应以通透为主。以通透的磨砂玻璃和较厚重的木板为佳，木板色调宜较为明亮而不花哨。因为色调太深易有压抑感。

（2）客厅玄关的间隔不宜太高或太低，而要适中，一般以两米的高度最为适宜。太高，会隔断来自大门外的新鲜空气或生气；太低，在风水方面以及实用方面均不妥当。

（3）客厅玄关宜保持整洁清爽。客厅玄关处凌乱昏暗，整个居室都会显得挤迫压抑。

大门设置的重要性

大门，是玄关处的一个重要组成部分，它的设置至关重要。门的大小要适中，气易进不易出才有利于聚财。大门不要正对尖角的物品，大门外也不要有高大的树木或建筑物等遮挡。从视觉上来说，大门不仅起到了美化住宅的作用，而且不至于使人从外对客厅内的一切一览无余，起到了保护隐私的功用。

客厅采光的设计

客厅采光必须良好、灯光亦应采光，此举即为俗称“光厅暗房”之意。而灯具的选择，则以圆形为最佳，以取其“圆满”之意。

客厅中的梁柱

客厅应避免梁的阻碍，此类缺失可请设计师对其进行美化。方法有拱门的规划、天花板的延伸或用天棚的造型把天花板规置为两个区块等等。

客厅中颜色的选择

空间内各项软硬件的色系可以主人的生辰作为依据。春夏两季出生者，可配衬清雅的冷色系（如白色、浅蓝色），而秋冬两季出生者，则可配以较明亮的暖色调（如黄色、红色）。

客厅中家具的摆设

客厅沙发套数最忌一套半，或是一方一圆两组沙发的并用。

客厅的色彩

客厅色彩的设计，除了要考虑屋主人的生辰外，还要考虑房间的具体情况。如果客厅位于房子的中央，远离窗户，采光性就不是太好，容易给人造成压抑感。这时客厅的设计可以把颜色设计得明亮一些，以弥补这一不足。

盆景、鱼缸摆设有“接气”的功用，使室内更富生机。以繁茂的盆景衬上财位能使运势更佳。盆景花叶须圆且大，忌针叶类及杜鹃。尤以发财树、万年青之类的植物最佳。而开花类盆景则须慎记其开花期。而鱼种则以色彩绚丽，单数的数目为宜。

厨房：实现水火既济的祥和

水是财富的象征，厨房洗涤和烹调食物需要用掉大量的水，所以不利于财运的蓄积。但是，厨房又有压制凶方煞气的功能。所以将厨房安置在无关紧要或凶方，反而对居住者有利。

厨房的位置

厨房应位于住宅的后半部，尽量远离大门。厨房至少要有一面对着空旷处（如阳台、天井、后院等），切忌封闭，或在屋子中央。厨房切不可设在两个

厨房的位置

厨房的位置很重要，像这种一进大门就是厨房的格局，在风水上是禁忌的。但是，厨房在设计上让窗户面对空旷的场地，却是一种比较好的做法。

卧室之间，犯此忌，对居住两边卧室中的人都不利。风水先生通常会建议将厨房安置在家长本命卦的四个凶方，有助于压制凶方的煞气。炉火所产生的阳气可调和凶方的秽气，改善其风水。

炉口的朝向

炉口，原本指炉灶的材薪入口，现在除了农村，已经很少有用烧火的大灶了。所以，现在所说的炉口指煤气或瓦斯炉的进气口，位于点火开关的后方。炉灶的朝向如果和套宅大门的朝向正好相反的话是不吉利的。炉口应尽可能朝向男主人或女主人的生气方。如果因厨房设计上的限制，无法将炉口朝向家长的任何一个吉方，则设法将炉口朝向母亲的延年方，这可增进家庭关系的和谐。

炉口的朝向

炉灶所产生的熊熊火焰属于阳气，不仅可以调和厨房内的秽气，还可以增进家庭和谐。所以，炉口的朝向也就决定了家庭兴旺。正确的炉口朝向应该是男主人或女主人的生气方。

“阴阳五行”与厨具摆设

如果厨房的外面有水井或抽水马达等设备，请不要将炉灶背对这些设备放置。这些设备五行属水，炉灶五行属火，它们之间存在一个水火相克的问题。厨房中的炉灶不可与水太接近，炉灶和洗碗盆之间也要留一块缓冲地带，尤其要避免“两水夹一火”。比如，炉灶夹在洗碗盆和洗衣机之间，两水克一火，将造成虚耗大患，对家人的健康极其有害。

瓦斯炉不可正对厨房门。如果瓦斯炉对到厕所，厕所门一定要关上。瓦斯炉不要位于厨房的角落，以免使烹调者背对厨房入口。瓦斯炉若位于厨房的西北方，将会压制家长的运势。瓦斯炉若位于上一层楼的厕所的下方，是很不吉利的，最好变换瓦斯炉的位置。如果无法改位，可装设向上照射的照明灯，化

厨房中的水与火

微波炉属火，与洗碗池离得太近，会造成水火不相容，这种格局对家人健康非常不利，应将微波炉搬离洗碗池。

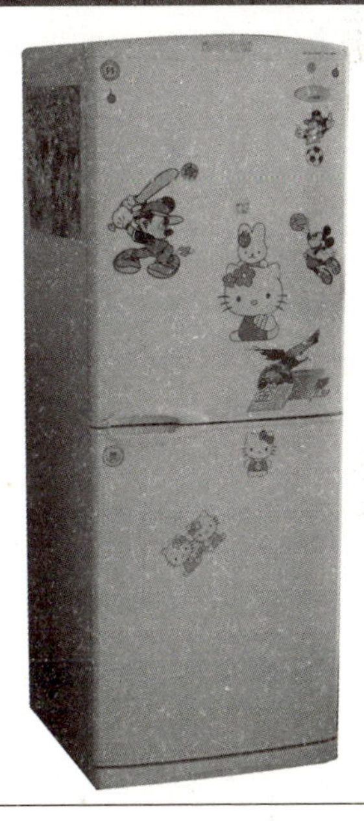

别让冰箱影响你的财运

冰箱属于家中的“粮仓”，是一个家庭财富的象征。里面空空如也，象征衣食无着。所以冰箱空了时，要随时将里面补满，只有家中粮仓殷实，才象征家中日子红红火火，家人衣食无忧。

解煞气。

厨房中的各种菜刀或水果刀不应悬挂在墙上，或插在刀架上，应该放入抽屉收好。厨房内也不应悬挂蒜头、洋葱、辣椒，因为这些东西会吸收阴气。

旺财旺运

为了招来财运，冰箱不可空空如也，米缸也要随时补满，象征家中衣食无忧。厨房悬挂镜子的禁忌是，镜子不能照到炉火。另一方面，若是在进餐区悬挂镜子，映照桌上的食物，则有加倍家中财富的意义。

宋代理学大师程颐对风水学的贡献

程颐（1033～1107），字正叔，河南洛阳人。北宋思想家，理学创立者之一。学者称伊川先生。

在哲学上，程颐与程颢以“理”为最高范畴，以“理”为世界本原。程颐认为，理是创造万事万物的根源，它在事物之中，又在事物之上。他认为，道即理，是形而上的，阴阳之气则是形而下的。离开阴阳就无道，但道不等于是阴阳，而是阴阳之所以然，“所以阴阳者，是道也”。他明确区分了形而上与形而下，以形而上之理为形而下之器存在的根据。他又从体用关系论证了理和事物的关系，认为理是“体”，而事物是“用”。

程颐承认事事物物都有其规律，天之所以高，地之所以深，万事万物之所以然，都有其理。他进一步认为，“一物之理即万物之理”，天地间只有一个理，这理是永恒长存的。这样，他就把事物的规律抽象化、绝对化，使之成为了独立的实体。程颐承认每一事物发展到一定限度，即向反面转化。他说：“物极必反，其理须如此。”他还提出物皆有对的思想，说：“天地之间皆有对，有阴则有阳，有善则有恶。”这反映了他的辩证法观点。

在程颐的著作中，最著名的要算是被人们称为《伊川易传》的《周易程氏传》。《周易》古经何以分篇是一个比较复杂的问题，程颐之《上下篇义》丰富了人们在此领域的识见，为研究古经提供了宝贵的思想资源。他于卦序极为重视，“卦之序皆有义理，有相反者，有相生者，爻变则义变也”，其《伊川易传》即从《周易集解》之旧例，以《序卦》分置六十四卦之首，更以阴阳消息之理说卦序。这部著作，不仅为我们今天研究古经提供了宝贵的思想资源，更是古代风水学发展史上的一部重要著作。

餐厅：营造简单洁净的就餐环境

家庭成员的能量大部分来自于进餐的食物，而餐厅是全家人吃饭的地方。人在吃饭时，最讲究情绪稳定，不受打扰。所以，餐厅影响着全家人的健康，餐厅风水关系到家庭的凝聚力、向心力和财运。餐厅的布置要重简单洁净，千万不能杂乱或摆设太多装饰品。

餐厅的位置

餐厅自身方向最好设在南方，如此一来，在充足的日照之下，家道将会日渐兴旺。若餐厅内设置冰箱，则方位以北为最佳，不可向南。

餐厅和厨房的位置最好设于邻近，避免距离过远，耗费过多的置餐时间；餐厅不宜设在厨房之中，因厨房中的油烟及热气较潮湿，人坐在其中无法愉快用餐；厨房地面要平坦且忌比宅内的房间高。

餐厅是一个饮食的地方，属阳性，十分讲求卫生，所以不宜被厕所门向着。从家居风水而论，厕所门为阴气弥漫聚集的地方，容易滋生二黑五黄的病气和死气，所以两者千万不可对着。否则，主人的肠胃容易产生毛病。假设碍于地方太细小，避无可避，可以在厕所之门楣（门上的横框）挂一套六帝钱或一个小罗盘来化解。

二黑五黄

"五黄"和"二黑"是堪舆名词，即所谓的"廉贞星"和"病符星"，这两颗星飞临的方位宜静不宜动。所以如果看到室外有地盘在北面、南面和西北面动土就要留意并想办法化解其不利影响，堪舆学认为动土所产生的有害气体五行属土，并称之为"五黄"和"二黑"。

餐厅的布置

餐厅是一家人补充能量之所，也是融洽一家人关系的地方。柔和的光线、温暖的色调、合适的墙壁挂图和餐厅摆设等，可以增进家人的食欲，融洽家人的关系。

大门不宜冲餐厅，这是因为不宜让外来之气直接冲到一家人吃饭的地方，而且现代城市里污染很严重，大门冲饭厅容易让食物受到污染。不过，碍于地方太狭小，大门真的冲饭厅可以使用以下化解方法：进食时不要打开大门、在大门上方挂化煞钱或在大门上方挂一个小罗盘。

餐桌的选择

餐桌是一家人共同吃饭之处，所以它的吉凶衰旺对家宅风水影响很大。

饭桌颜色应以选择有生命力的颜色为主，以便刺激食欲。但纯黑色与纯白色为不宜。饭桌形状多种多样，传统的中国饭桌大多以圆形为主，象征一家团圆。在风水学上来讲，三角形及有锐角的饭桌不宜选用，因为尖角具有杀伤力，对饮食健康有害。如果使用方形的餐桌，则应避免坐在桌角，以免被煞气冲到。

餐桌的形状

餐桌的形状以圆形和方形为佳。圆形的方桌从外看，像十五的满月，家人围坐时，更能体现团圆的氛围，利于人气的聚集和家庭成员之间关系的和睦。方形的餐桌四平八稳，有稳重、公平之意，再加上有四仙桌和八仙桌的说法，因此更加吉利。若家庭成员较多，可选择长方形或椭圆形餐桌。切记选择有尖角的餐桌。如三角形餐桌，就可能导致家人不和，健康受损；菱形餐桌，则容易导致钱财外泄。

餐桌不可正对大门，若真的无法避免，可利用屏风挡住，以避免视觉过于通透；餐厅天花板不宜有梁柱，恰似一把利刃架在头顶上，在人的心理上造成一种无形的压力，日久天长会导致家宅不宁，丁口受损。若建筑物的结构无法变动，则可在梁柱下悬葫芦等饰物，避免它直接压到餐桌。

餐桌的座位数对家运也有影响。理论上，六、八、九都是属阳的幸运数字。虽然家中的用餐人数都是固定的，不过在宴客时可据此决定该请几位客人。

◆书房：开启智慧的场所

书房是陶冶情操、修身养性的地方，是开启智慧、凝神静气的重要所在，最能体现居住者的品位、爱好和专长。因此，书房必须能够占据良好的位置，并且注意整体布局和物品摆放。

文昌位的选择

文昌位是天上二十八星宿之一，又称文曲星，专司天下读书人的功名利禄。文昌位即是文昌星飞临入宅的方位。书房或书桌设于文昌位，则对于读书考试、写作、筹划均会有所裨益。每套房子的文昌位由住宅的坐向来确定。

依照风水理论，文昌位依房子坐向决定，文昌位亦会依流年而变化，但大体格局如下：

（1）震宅坐东朝西西北位；（2）巽宅坐东南朝西北正南位；（3）离宅坐南朝北东南位；（4）坤宅坐西南朝西北正西位；（5）兑宅坐西朝东西南位；（6）乾宅坐西南朝东北正东位；（7）坎宅坐北朝南东北位；（8）艮宅坐东北朝西南正北位。

如果由于房子的先天结构问题，文昌位不能做书房，将书桌的位置放于书房的文昌位，也可以达到效果。如果正好文昌位在先天格局中是厨厕位，则须在此处多放置水种植物，以化解文昌受冲。书房的门向不能正对厨卫，否则会令文昌受水火冲击，并引入秽气导致精神不佳。

书桌的方向和位置

书桌前面应尽量有空间，面对的明堂要宽广。以门口为向，则外部就可成明堂。这样则前途宽敞，易于纳气入局。窗外不可正对旗杆或电线杆、烟囱

文昌位的找取

文昌位关系到一个人的学习、工作和事业的发展。文昌位的找取一般以房子的坐向而定。八宅方位根据后天八卦图而来，以房屋的坐向而定。震宅坐东朝西，巽宅坐东南朝西北，离宅坐南朝北，坤宅坐西南朝东北，兑宅坐西朝东，乾宅坐西北朝东南，坎宅坐北朝南。一套房子的文昌位就是由房屋的坐向而确定的。

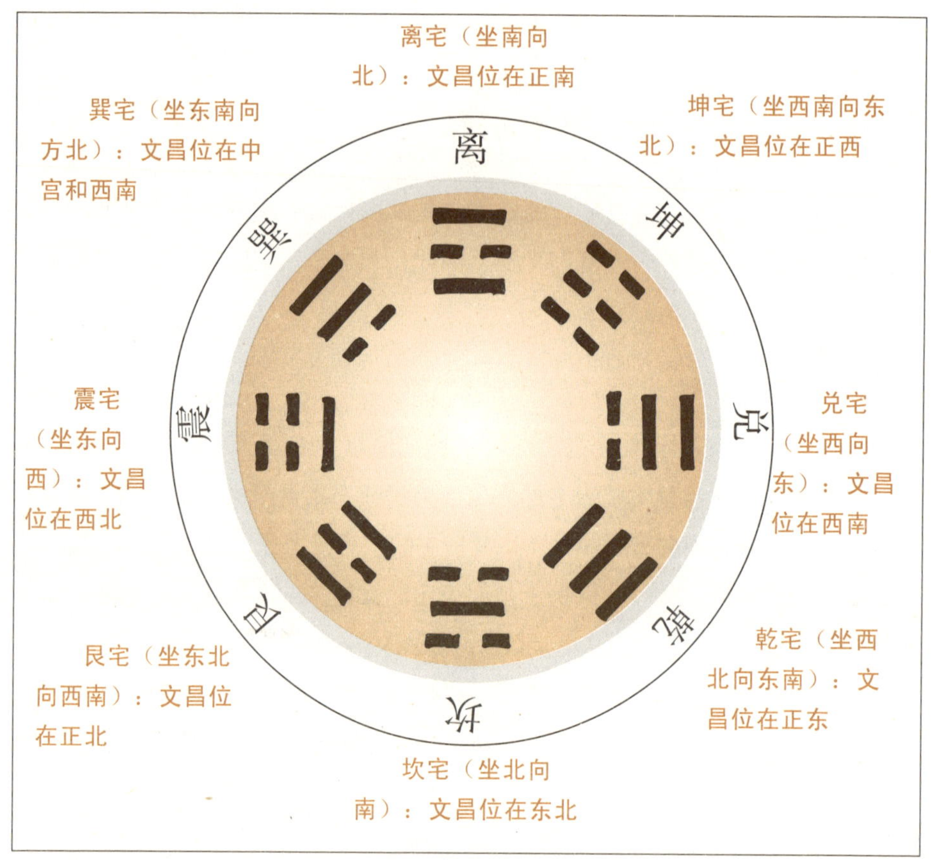

等，如果正好面对这些不利之物，可在书桌上放置一块稳稳当当的镇纸来化解。

书桌不能摆在房间正中位，因为这是前后左右无依无靠，主学业、事业都很难得到发展。书桌座位的背后最好能靠墙，这样就避免了背后无靠的现象发生。书房中的书桌摆放还要注意的是书桌不可面对主人房的卫生间或公共卫生间的墙壁，也不能背靠卫生间的墙壁。

座椅不要被横梁及类似横梁的物件，如空调器、吊灯等压在头上。如有这样的情形，则易于处处受制。

书桌的摆放

书桌最好靠墙摆放，且前面有广阔的空间。后面有墙靠，表示有靠山，利于学业、事业的发展；前面有广阔的空间，利于纳气，使人时刻保持精神饱满的状态。

书房植物

书房内摆放一些常绿水养或盆栽植物，不仅可以调节环境，还可以起到旺气、吸纳、观赏的作用。常绿植物看起来总是生机勃勃，使人精神振奋，专心于学习；绿色植物还可以吸纳周围环境中对人体有害的气体；在学习疲劳之余，还能起到赏心悦目的功用。

物品的摆放

书桌上的用品摆放也各有讲究，一定要有山高水低的格局。书桌两头的用品不能都摆放得高过于头，必须有高有低进行配置。具体来说，男性用者，左手青龙位宜高宜动，右手白虎位宜低宜静，而重要的有能量通过的物品如电话、传真机、电灯等均应放置左方，才较为有利。如是女性用者，则应加强右方白虎位，重要的物品可放置于右方。书房垃圾宜勤清除，避免污秽文昌。书桌宜保持整齐清洁，桌上乱心亦乱。

在书房的案头前方摆上富贵竹之类的水种植物，以单数如三、五、七枝为佳，生机盎然、赏心悦目，利于启迪智慧，能起智者乐水之效。

色彩和灯光

书房中的家具宜用深色，如栗色、深褐色、铁红色等端庄、凝练、厚重、质朴，有利于思考而不流于世俗花哨。

书房的灯光照明以日光灯和白炽灯交织布局为佳，可收动静自如之效。但是，不能用过于花哨的彩灯放置，容易令人眼花缭乱，产生疲惫感。并且，要避免用落地大灯直照后脑勺。

卧室：营造让人舒适的睡眠环境

人的一生有三分之一的时间是在卧室里度过的，卧室里的风水对整个家居来说也就十分重要了。

卧室的位置

卧室的房门不可对大门。房门对大门不符合卧房安静的条件，大门直冲房门容易影响健康和财运。

房门不可正对卫生间。卫生间是供人排泄的地方，容易产生秽气和湿气，所以正对房门会对卧房的空气产生影响，对人的身体健康有害。

房门不可正对厨房或和厨房相邻。厨房炉火煎炒、排出油烟，容易影响正对的房门，危害人体健康。厨房是生火之处，甚为燥热，所以也不宜与卧房相邻，尤其是睡床紧贴炉灶的墙。

浴厕不宜改成卧房。现代整栋大楼的浴厕都设在同一地方。如果将浴厕改为卧房，势必造成睡在楼上和楼下两层的浴厕当中，影响人的身心。

卧室的形状和采光

卧房形状适合方正，不适宜斜边或是多角形状。斜边容易造成视线上的错觉，多角容易造成压迫，因而增加人的精神负担，长期下来容易患病及发生意外。

卧房白天应明亮、晚间应昏暗。卧房应设有窗户，除了空气得以流通，白天更可以采光，使人精神畅快，而晚间窗户应备有窗帘，挡住户外夜光，使人容易入眠。

镜子的安放

房门不可对镜子。镜子有反射作用，在风水上可将煞气反射回去，所以可挡凶煞。但是镜子对着房门会将凶煞冲克照进卧房，招来不好的运势。

镜子与落地门窗不宜对床。镜子是用来反射煞气的，所以不可对床。尤其人们从睡梦中醒来，在意识不很清楚时，容易被映在镜子或落地窗里的自己所惊吓。

镜子的摆放

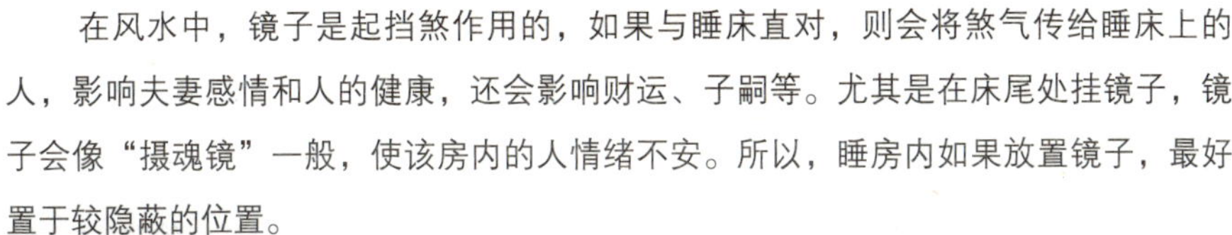

在风水中，镜子是起挡煞作用的，如果与睡床直对，则会将煞气传给睡床上的人，影响夫妻感情和人的健康，还会影响财运、子嗣等。尤其是在床尾处挂镜子，镜子会像“摄魂镜”一般，使该房内的人情绪不安。所以，睡房内如果放置镜子，最好置于较隐蔽的位置。

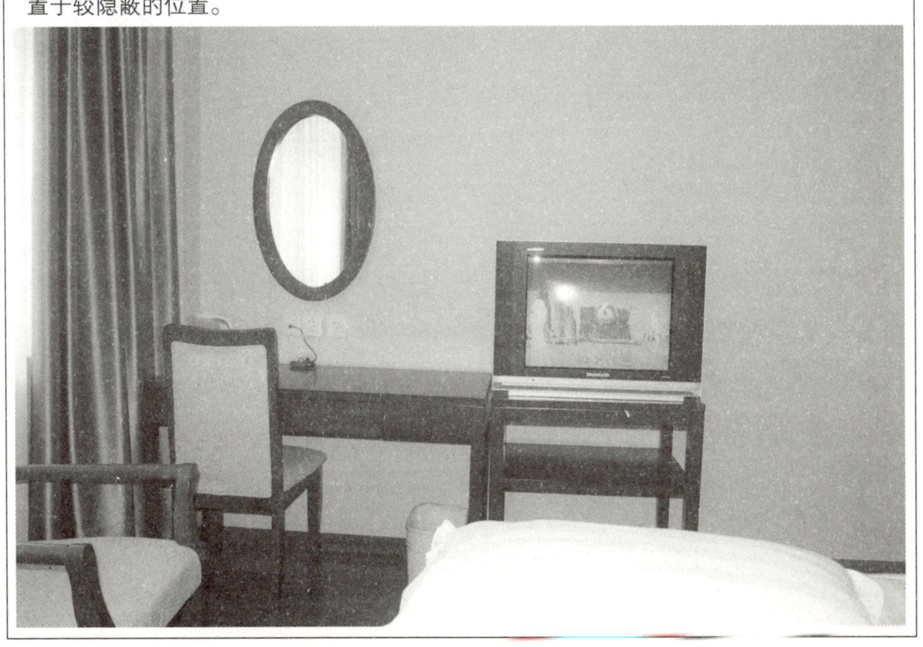

床头的位置

睡床或床头不宜对正房门。睡觉时最讲求安全、安静和稳定，房门对正睡床或床头，睡床上的人容易缺乏安全感，并且有损健康。

床头不可紧贴窗口。窗户为理气进出之所，所以床头贴近窗口容易犯冲。

床头不可在横梁下。天花板宜平坦，忌有横梁。横梁在心理上容易产生重体的感觉，尤其人睡在横梁之下会感受到莫大的压力，影响健康、事业。

床头忌讳不靠墙壁。人平躺时不容易看见头顶上，所以床头宜靠墙、避免露空，而减少安全感。

床应加高离开地面。床面应离开地面50公分左右，床底必须保持清洁，不宜堆积杂物。这样可以减少地面湿气渗透入床垫，从而促进人的身体健康。

床的摆放

睡床摆放时，要注意三点：床头要避开房门，因为床头直冲房门，会使睡床上的人缺乏安全感，也不利于保护隐私；床后应有靠，床后若空，称之为“太阳不着星”，留空是指没有靠山的意思，表示事业不稳；床靠墙一侧的墙壁上，如果挂镜框或风景画框，会给人造成压迫感，影响人的睡眠，另一方面，万一哪天镜框不小心掉下来，床上的人最先受害，所以床靠墙一侧的墙壁上不要挂镜框。

卫生间：空气流通最重要

现代的房屋设计，绝大部分是把厕所与浴室合而为一，所以，这里将这两者合并在一起讲述。

八宅、九星与吉凶

风水中将住宅分为八个部分：东方、南方、西方、北方、东北方、东南方、西南方、西北方。并且将这些方位划分为吉方和凶方，称为八宅。八宅与九星有着一一对应的关系。

②延年位，为武曲星，中吉。

①生气位，为贪狼星，大吉。

④伏位，为左辅星，小吉。

⑥六煞位，为文曲星，次凶。

③天医位，为巨门星，次吉。

⑦五鬼位，为廉贞星，大凶。

⑧绝命位，为破军星，至凶。

⑤祸害位，为禄存星，小凶。

卫生间的位置

在风水学中，根据先天八卦的组合把八个方位排一个次序分别为：生气位，为贪狼星；延年位，为武曲星；天医位，为巨门星；伏位，为左辅星；祸害位，为禄存星；六煞位，为文曲星；五鬼位，为廉贞星；绝命位，为破军星。卫生间本非洁净之地，所以不宜放在吉位如生气位等，而必须放在绝命位或五鬼位、祸害位、六煞位对其压制，取以毒攻毒之效则不凶反吉。

坐东向西宅 东宅[震]

东（伏位）	南（生气位）	西（绝命位）	北（天医位）
东南（延年位）	西南（祸害位）	西北（五鬼位）	东北（六煞位）

坐北向南宅 北宅[坎]

东（天医位）	南（延年位）	西（祸害位）	北（伏位）
东南（生气位）	西南（绝命位）	西北（六煞位）	东北（五鬼位）

坐西北向东南宅西 北宅[乾]

东（五鬼位）	南（绝命位）	西（生气位）	北（六煞位）
东南（祸害位）	西南（延年位）	西北（伏位）	东北（天医位）

坐东北向西南宅东 北宅[艮]

东（六煞位）	南（祸害位）	西（延年位）	北（五鬼位）
东南（绝命位）	西南（生气位）	西北（天医位）	东北（伏位）

坐东南向西北宅东 南宅[巽]

东（延年位）	南（天医位）	西（六煞位）	北（生气位）
东南（伏位）	西南（五鬼位）	西北（祸害位）	东北（绝命位）

坐南向北宅　南宅[离]

东（生气位）	南（伏位）	西（五鬼位）	北（延年位）
东南（天医位）	西南（六煞位）	西北（绝命位）	东北（祸害位）

坐西向东宅　西宅[兑]

东（绝命位）	南（五鬼位）	西（伏位）	北（祸害位）
东南（六煞位）	西南（天医位）	西北（生气位）	东北（延年位）

坐西南向东北宅西　南宅[坤]

东（祸害位）	南（六煞位）	西（天医位）	北（绝命位）
东南（五鬼位）	西南（伏位）	西北（延年位）	东北（生气位）

卫生间不宜在房屋的中心。风水口诀云“水火不留十字线”，意指厨、厕不可置于住宅的四正线和四隅线上，特别是住宅的中部。根据《洛书》方位，中央属土，而浴厕属水。如将属水的浴厕设在属土的中央位置，就会发生土克水的毛病。同时，房屋的中部是住宅的重心，恰如人的心脏，极为重要，中心受污，有碍观瞻，并且秽气极易对流到其他房间，居住其中天天吸入大量秽气，易得疾病。

卫生间的位置应尽可能隐蔽，不能直对大门，大门对着卫生间门，主财帛不聚。

卫生间不可设在走廊的尽头。这在风水上是大凶之兆，因为从卫生间溢出的湿气和秽气，会顺着走廊扩散到相邻的房间，自然不卫生。所以，卫生间应设在走廊两旁，且卫生间内最好有窗。

卫生间门与厨房门不可正对。卫生间与厨房一水一火，两门相对，是水火不容的败局。如果家中供有神位，则卫生间不可在神位后面，也不可以在神位的楼上的房间，以免亵渎神灵。

卫生间不可在房子的文昌位，会污秽文昌，并且卫生间门不可对着书桌。家中如有保险柜，则不可被卫生间门冲。

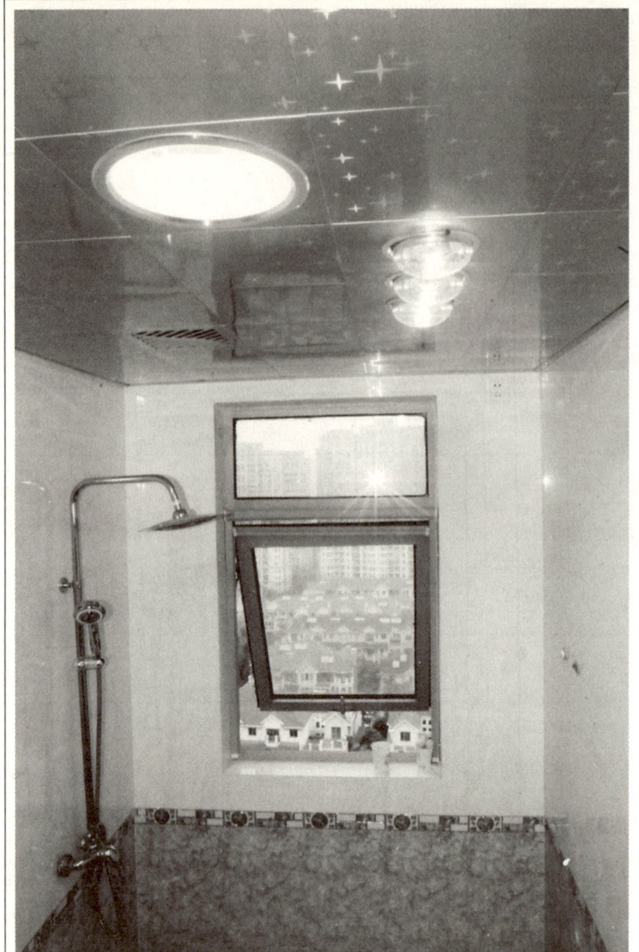

卫生间最好有窗

卫生间是产生污秽之地，尤其是现代许多人都将卫生间与浴室合而为一，污秽加潮湿是不言而喻的。但是如果卫生间设有窗户且经常开窗透气，就不至于使卫生间滋生对人体有害的细菌，也不至于洗澡时还要闻污秽的气味。

卫生间的通风

卫生间一定要保持干燥，注意除湿、通风。最好开有较高的窗户，令阳光充足，空气流通。若是密闭且通风不良，就会对家人不利。如果卫生间无窗，则一定要安装排气扇，将废气抽掉。在使用完毕之后，应保持浴室的门关上，特别是套房的浴室。

卫生间的颜色

由于卫生间是属水之地，所以卫生间的颜色也大有讲究，最好能够选择属金的白色及属水的黑色和蓝色，既能突出卫生间的高雅氛围，也能产生安宁静谧的感觉。而如果用上诸如大红色等刺眼的色彩，则易产生水火对攻的局面，令如厕者产生烦躁的心理，十分不妥。

马桶的方位

马桶不可在四正线和四隅线上。马桶不能与大门同向，因为财秽二气进退，这是一种典型的退财格局；也不要和卫生间门相向，即蹲在马桶上正好对着门，既不雅观且退财，马桶坐向最好是和卫生间门垂直或错开。马桶不可明冲床位、暗冲灶位。在方向上，最重要的一点是马桶不宜坐北朝南，避免形成水火对攻的局面。如果卫生间较大，则可将马桶安排在浴室门口处望不到的位置，隐于矮墙、屏风或布帘之后，当然还要确保从任何镜子上都看不见它。平时应该尽量把马桶盖闭合，特别是在冲洗的时候。

四正线和四隅线

风水中讲究“水火不留十字线”，即厨房和厕所不能设置在四正线和四隅线上。特别是住宅的中部，有如人的心脏，是不能受污的，厨房和厕所如果设置在这一位置，会对人的健康不利。

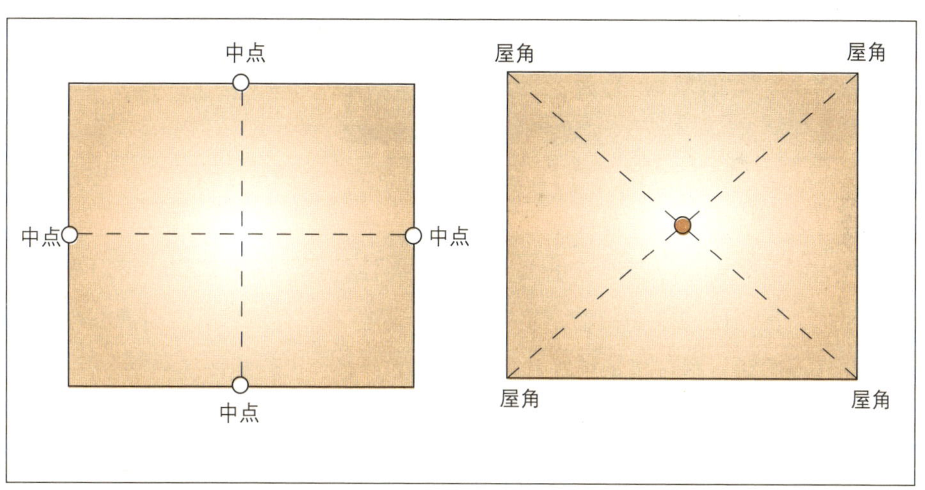

慈禧太后的马桶

据《紫禁城》杂志载：慈禧太后用的马桶，是檀香木刻制的，外雕一只大壁虎。壁虎的四爪着地，是为马桶底坐的四条腿。嘴略张开，以衔手纸。壁虎的尾巴卷起成为把手。壁虎的肚子正好成为容器，里面放置了大量香木的细末，干净且蓬松。慈禧排便时，便物下坠后，立即滚入香木屑里，被香木屑包起来，根本看不见脏物，当然更不会有什么恶臭味了。

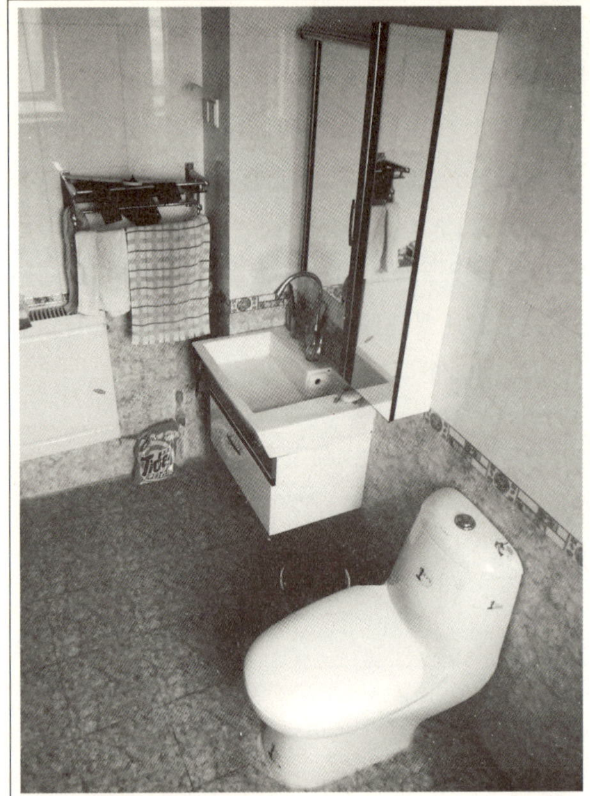

马桶的安放

卫生间的马桶既不可与卫生间的房门同向，也不可正对卫生间的房门，也不可与镜子正对。另外，马桶属水，不可坐北朝南，否则会与南方的火形成对攻的局势。

卫生间的植物

卫生间湿气大、冷暖温差也大，选择耐湿性的观赏绿色植物，可以吸纳污气。因此，适合使用蕨类植物、垂榕、黄金葛等。当然如果卫生间既宽敞又明亮且有空调的话，则可以培植观叶凤梨、竹芋、蕙兰等较艳丽的植物。

阳台：住宅的纳气之所

阳台饱吸宅外的阳光、空气及雨露，是住宅的纳气之处。而且住宅的大门和阳台最易有煞气，对家人及宅运不利，而阳台是化解屋外煞气的第一道防线。所以，对整座住宅的风水来说，阳台具有相当重要的作用。

阳台的方位

一般而言，阳台的方位以朝向东方或南方为佳。古语说“紫气东来”，所谓“紫气”就是祥瑞之气。祥瑞之气经过阳台进入住宅之内，一家人必定吉祥平安。而且日出东方，太阳一早就能照射进阳台，全宅显得既光亮又温暖，全家人也因而精神爽朗。至于阳台朝向南方，有道是“熏风南来”，“熏风”和暖宜人，令人陶醉，在风水学上也是极好的。

阳台若朝向北方，最大的缺点是冬季寒风入室，会影响人的情绪，再加上保暖若是设备不足，就极容易使人生病。阳台朝向西方则更为不妥，每日均受太阳西斜照晒，热气到夜晚仍未能消散，全家健康都会受到影响。

阳台方位的风水除了由对外的朝向决定外，还与阳台在住宅内的方位有关。

（1）阳台不要正对住宅大门。阳台如果正对住宅出入大门的位置，就形成了风水学上所谓的“穿心”。从实际生活上考虑，住宅大门与阳台相对，将不利于家庭的隐私。化解方法是：做一个玄关柜，以阻隔在大门和阳台之间；在大门入口处放置鱼缸，也可以用屏风取代；做阳台窗或种植盆栽及爬藤植物，将阳台阻隔；窗帘长时间拉上，也是一个可行的方法。

（2）阳台也不可正对厨房。在风水学上这也是一种“穿心”格局，会使得家中的团聚功能减弱。化解方法是：做花架，种植爬藤植物或放置盆栽，使其内外隔绝；做阳台窗，也是一种阻隔的方法；阳台落地门的窗帘可以尽量拉上；在阳台和厨房之间的动线上，以不影响家人行动为原则，放上柜子或屏风作为遮掩等。

朝南的阳台

阳台是住宅的纳气之所，而朝向东方或南方的阳台则最利于纳气，使住宅内保持光亮和温暖，对人的健康也是很有好处的。此外，阳台也是化解住宅之外煞气的第一道防线，对住宅风水具有重要作用。

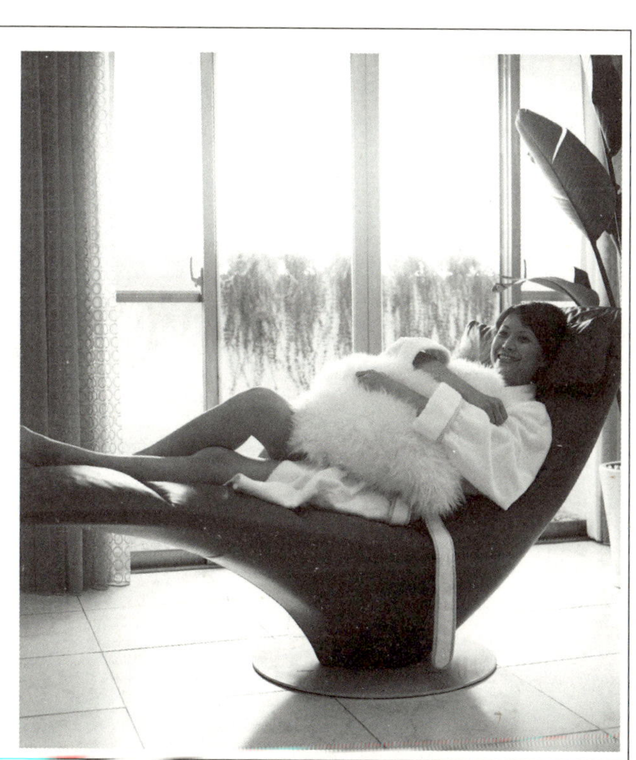

阳台的生旺及化煞植物

适宜种植在阳台的植物有很多，大致可分为生旺与化煞两类。

如果从阳台外望，附近山明水秀，又无任何形煞出现，便应该摆放那些可收生旺之效的植物。一般来说，风水上有生旺作用的阳台植物均高大而粗壮，叫愈厚大愈青绿则愈佳，例如万年青、金钱树、巴西铁树、橡胶树、棕竹以及发财树等等均是很典型的例子。

如果从阳台外望，四周环境恶劣，附近有尖角冲射，街道直冲、街道反弓、又或者面对寺庙、医院及坟场等等，便须摆放那些可以化煞的植物。化煞的植物与生旺的植物不同的是，其干茎、花、叶有刺，有刺便可冲顶外煞，令其退避三舍，可起保护家居的作用。这类化煞植物，包括仙人掌、玫瑰、杜鹃等。

带刺的植物

居住环境并非总是十分完美，有时难免会在窗外某一位置出现正对自家的煞气，如果不想办法化解，势必会给自己和家人带来伤害。带刺的植物不仅可以绿化环境，还是一种很好的化煞物呢！植物茎、花或叶上的刺会使冲向自家的煞气退避三舍，从而起到保护家运的效果。但是，如果家中没有煞气可化，最好不要摆放带刺的植物，否则会引起口舌之争。

阳台方位与植物

并不是所有的阳台都适合种植物。如果在东北方和西南方的阳台种植物，居住者的肠胃和运程将会受到影响。东北方阳台的植物还会影响子女的学业，而西南方阳台的植物，还会影响女主人的运程。

阳台适不适合种植绿色植物，跟所处的方位有很大关系。最适合种植物的是位于东南方的阳台，东南方为文昌位，文昌喜木。因此，这个方位的阳台可多种一些高大而粗壮、叶大而青、有生旺作用的植物。位于西南方与东北方的阳台就不太适合种植植物，否则会给家人的肠胃与运程带来不良影响。

阳台的吉祥饰物

现代的不少家庭除了在阳台摆放植物外，还有不少在阳台放置各类饰物，除了美化阳台外，也可达到生旺化煞的功效。这未尝不可，但一定要遵循利己而不伤人为原则。普遍来说，有以下几种温和的饰物对家居有益，但切记不可滥用。

（1）石狮：石狮自有阳刚之气，可用以镇宅，摆放石狮化煞镇宅，必须狮口向外。若是阳台面对气势压过本宅的建筑物，例如大型银行、办公大楼等，则可在阳台的两旁摆放一对石狮来化解。若阳台正对阴气较重的建筑物如庙宇、道观、医院、殡仪馆、坟场等等，以及大片阴森丛林，或形状丑恶的山冈，亦须以一对石狮来镇宅。

（2）铜龟：龟是极阴极柔之物，擅长以柔克刚，又是逢凶化吉的象征。用来化煞，符合了风水学“凶煞宜化不宜斗”的原则。摆放铜龟或石龟来化煞，两龟的头部必须相对。在以下这五种情况下，应用铜龟化煞：

①阳台面对天斩煞：所谓天斩煞，是指两幢高楼之间的一条狭窄空隙，因为仿如用刀从半空斩成两半，故此称为天斩煞。

②阳台面对街道直冲：倘若从阳台外望，看见前面有街道直冲，仿如猛虎迎面直扑而来，主家中破财，是风水中大凶的格局。

③阳台面对尖角冲射：中国的传统观念里，素来喜圆润，而对于尖角特别敏感，视为避忌之一；风水学亦有“尖角冲射主不吉”之说，因为这会导致家口不安，病痛频繁。直冲过来的尖角，愈尖便愈凶，愈近便愈险。

④阳台面对锯齿形建筑物：现在有些欧陆风格的住宅，为增加室内空间和采光纳风，多加有大型凸窗，所以外墙便容易形成很多尖角，看起来便似一排尖锐的锯齿。

⑤阳台面对反弓路：城市的街道有弯有直，倘若从阳台外望，看见屋前的街道弯曲，而弯角直冲向阳台，类似弓弩对家宅张开欲射，这就是“街道反弓”的格局，主凶，必须用铜龟来化解。

天斩煞的几种格局

天斩煞是风水中的一种形象说法，指的是两幢高大的建筑物之间形成的一条小巷，如果冲了它，身体和财运将会受到影响。目前，天斩煞的煞气已经部分被科学所解释：建筑物之间狭窄小巷会使风力从3级增大到8级。

天斩煞斩正

房屋正冲两座楼之间的空隙，主疾病丛生，血光之灾。宜用龙龟或石敢当化解。

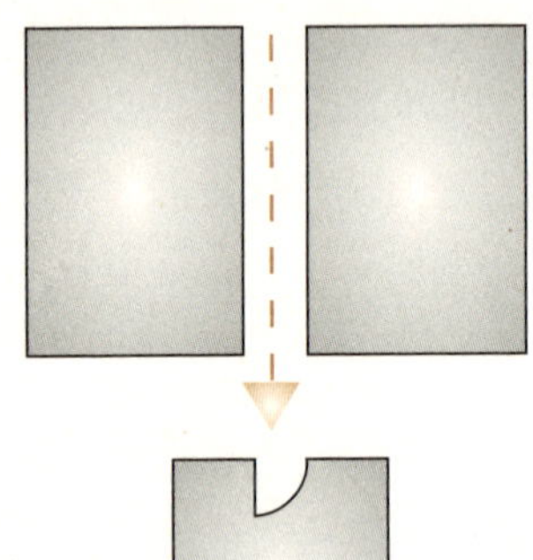

天斩煞斩背

两楼之间的空隙正冲住宅的背后，主家中多是非小人。

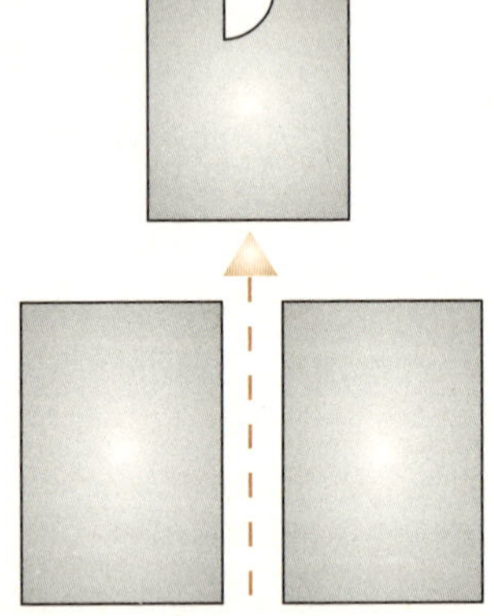

天斩煞斩肩

两楼之间的空隙正冲住宅的一侧，主家人易患肩膀痛之类的症状。宜用葫芦或凸镜化解。

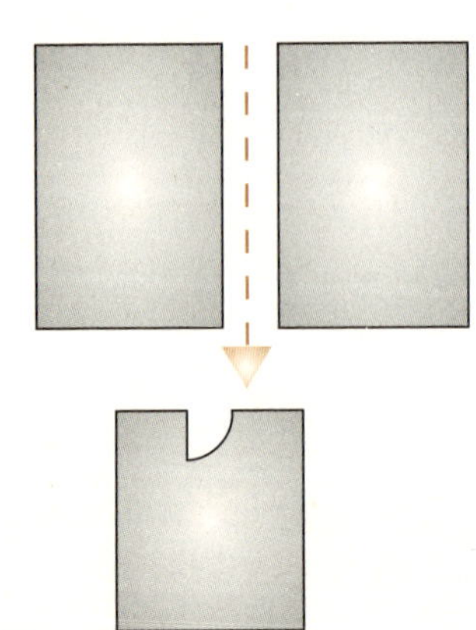

天斩煞斩肩

两楼之间的空隙正冲住宅的左侧或右侧，主家人工作非常辛苦。宜用龙龟、石敢当或葫芦化解。

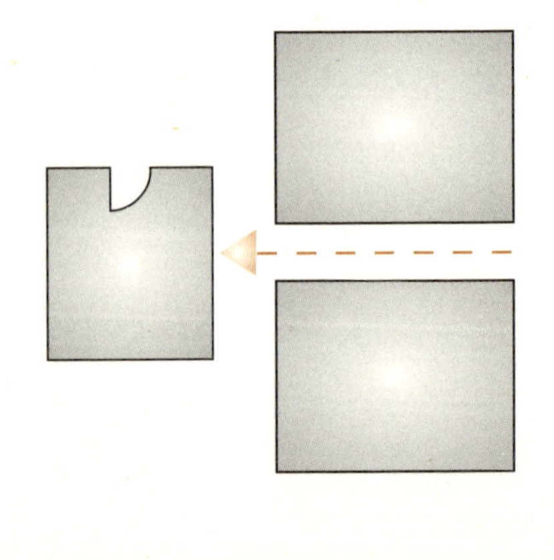

反弓煞

房屋前有弯曲的街道正对叫做反弓煞，又叫弯弓煞。这种道路就像一张张开的弯弓向住宅射来，住在这种房屋内的人容易出现财路不畅、家宅不宁、官司缠身等不好的局面。但是，与反弓煞相对的马路另一侧，则是一种好得不能再好的风水。在中国传统理念中叫做“玉带水”。

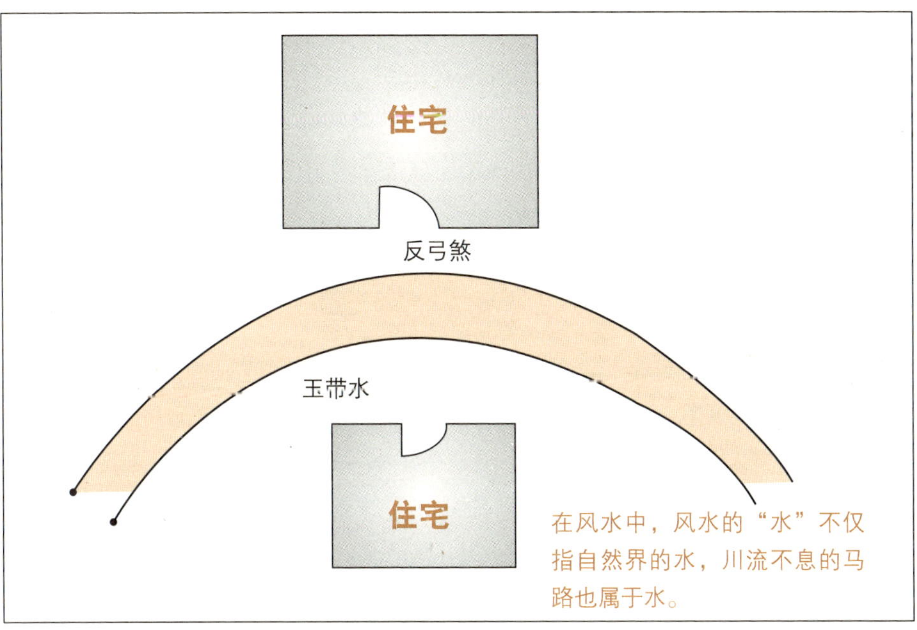

（3）石龟：石龟与铜龟虽然同是风水的化煞物，但各有不同的用处。倘若阳台面对属火的形煞包括高大的烟囱，红色的高楼大厦以及油库等诸如此类属火的建筑物，则宜用石龟化解。如果这些火煞位于火旺的南方，那便犹如火上加油，为了加强化煞的功效，可在两只石龟的中间放置一瓶清水。

（4）石龙：根据不同动物的特性，向海或向水的阳台，应该摆放一对石龙，头部必须向着前面的海或水，采“双龙出海”之义，但如果户主的生肖属狗，则不宜在阳台摆放石龙。因为辰戌相冲，但可用龙龟或麒麟来代替，因这两种瑞兽均喜水，既能够引财入室，而且与生肖属狗的人没有冲克。

（5）麒麟：麒麟与龙、凤及龟合称四灵，即是四种最有灵气的动物。麒麟被视为仁兽，因为它重礼而守信，古人认为麒麟的出现，是吉利降临的先兆。麒麟外形独特，共有四种特征：鹿头、龙身、牛尾、马蹄。中国自古有“麒麟送子”的说法，因此求生贵子心切的人家，往往会在向海阳台上摆放一对麒麟。

（6）石鹰：如果周围高楼林立，而本宅如鸡立鹤群，从阳台外望似是被重重包围而不见出路，这是风水上的困局。居住在其间的人便易屈居人下，仰人鼻息，很难脱颖而出。若想扭转形势，可在阳台的栏杆上摆放一只昂首向天、奋翅高飞的石鹰。鹰头必须向外，而双翼切勿下垂，因为这样才可收到预期功效。倘若户主的生肖属鸡，为避免犯冲，则不宜在阳台摆放石鹰。

少放杂物，保持开阔明亮

许多人喜欢在阳台堆放杂物、放洗衣机等，这样不仅会影响家居空间的美观、舒适，还会破坏家庭的运程。在阳台种植物和晾衣物注意都不要将光线遮挡。另外，阳台的排水口不能开在西南、正东、东南的财位上，会漏财，开在正西、东北的凶位上反而有利。

化煞龟

在风水中，乌龟和狮子等都具有化煞的效果。但是，用狮子化煞属于强行镇压，用乌龟则是以柔制刚进行化解，符合风水中“凶煞宜化不宜斗”的原则。但是，在不同方位摆放什么样的龟则是有讲究的：若是在屋内，或是东方和东南方，应用木龟；若是在屋外的栏杆上，应用石龟；若是在鱼缸中，或是北方，则用瓦龟，或养活龟；若是摆放在金属制品上，或是西方和西北方，则用铜龟。

室内植物的摆放

风水最原始的目的是在于加强人与自然世界的联系，而植物藉由产生生生不息的自然气氛，编造了这一座重要的联系桥梁。

有风水疗效的植物的特点

花卉，尤其是在盛开时期代表着幸运。当你在选购植物时，要特别注意叶的形状。有些种类的植物，特别是其叶子是尖状的——会产生毒素或煞气，即我们所称“不好的风水”。选择圆状、叶茎多汁的植物比较好，它们带有吸引“好兆头”的潜在能量。然而，如果植物、花卉奄奄一息，即象征着死亡与不幸，必须及时清理。

植物在风水中的功用

在风水领域里，植物还有其他方面的功用。欲在室内摆些植物以缓和尖锐、粗糙的家具时，则晚樱科植物是最理想的。晚樱科植物不像垂枝类植物会在风水中造成不利，因为它似灯笼的形状被认为代表着“好运”。一整篮代表各种阳气的植物，如天竺葵、山梗菜，更可在晦暗不明的角落增添一抹色彩。

倒挂金钟

倒挂金钟又名吊钟海棠，花大而美丽，下垂似吊钟，常被用作观赏和点缀。如果将其摆放在室内，如悬挂彩色灯笼般的花朵会使客厅增色不少，还会给整个家庭带来好运。

植物摆设

善用植物可以有效刺激风水。将植物摆设在房间或家里皆可活跃八卦里的八大人生欲求。将植物放置在东方，代表着拥有家庭与健康，在五行中属木行；将植物放置在东南方，代表着拥有财富与成功，在五行中属木行；将植物放置在南方，代表着拥有声誉与学识，在五行中属火行；将植物放置在北方，代表着拥有事业，在五行中属水行。

然而，因为木行会破坏中心，且与金行相克，所以应避免将植物放在西南、东北以及中间位置，当然，也要避免放到金行的方位——西方与西北方。

人生八大欲求与色彩搭配

人是一种有欲望的动物，这些欲望可以分为八大类：事业、声名、健康、子孙、贵人、文昌、桃花、财产运。根据五行生克关系，对住宅的各个方位进行设置时，可以选择对应的颜色来催旺人生的八大欲求。

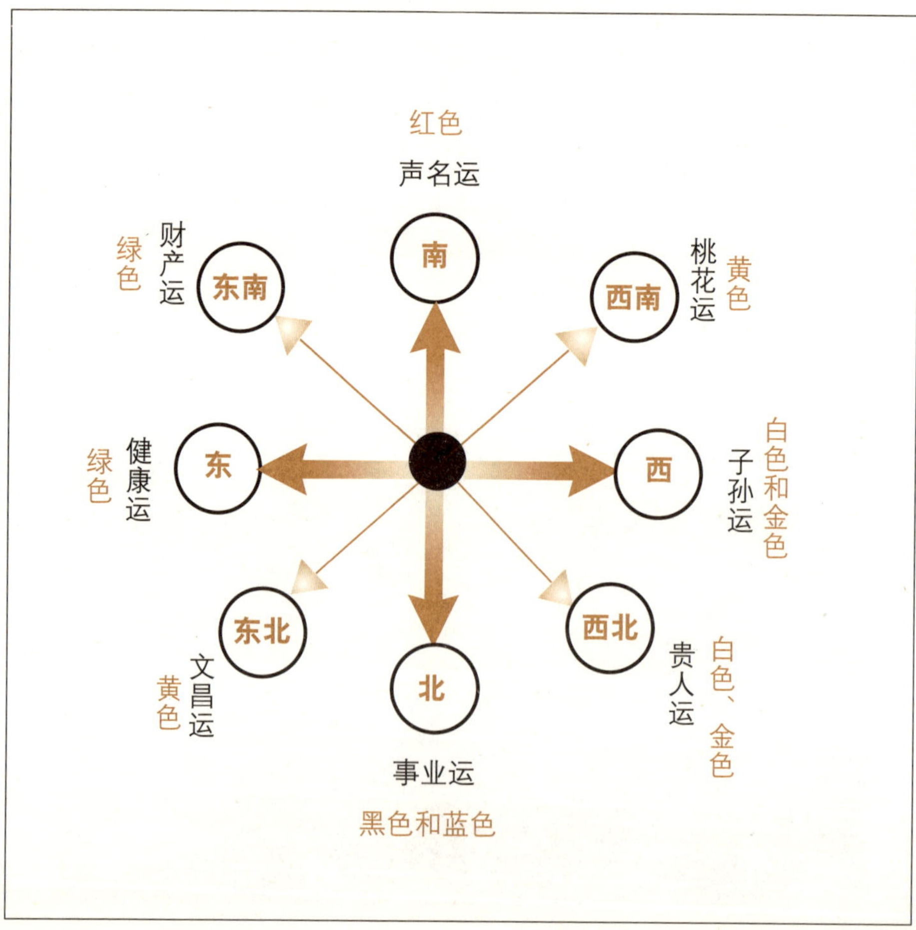

植物可以使用在室内各个房间内，最重要的是客厅与餐厅。厨房里不宜摆放植物，因为厨房里的五行很容易互相冲突。例如：木行易被电器用品与刀刃破坏，因为这些代表着金行，而木行与金行彼此相冲。卧房不宜摆过多的植物——过多的花草植物容易聚集阴气，并且植物于晚间吸收氧气、释放二氧化碳，容易影响人的身体健康。

幸运的颜色

一般有两种颜色被认为是一年中任何时候都是幸运的颜色——带有强烈阳气的红色与黄色。红色是最幸运的颜色，它的最佳摆置地是在南方，而黄色的最佳摆置地是在西南方与东北方。

门窗的设计决定室内空气的流通

门窗的设计可决定气的流通。祈求平安健康的住宅，空气光线需要充足，天花板太低则有压迫感。四处封闭无窗、空气不流通、光线幽暗、室内潮湿，虽然方位很好，也难以企求平安健康。

门窗不宜太多

门窗太多会产生太强的气流，太强的气流对人身之气不利。避免在同一排有三个或以上的门或窗，此种设计可使气流缓慢。如果气流太强，会使住宅被切成两半，以致家庭失和。气流太强对居住者的健康亦有妨害，并损及财运，使家庭内部问题层出不穷。

窗户宜朝外开

窗户最好能完全打开，宜向外开或向内开，不宜向上或向下斜开。向外开的窗户最佳，它可加强居住者的气和事业机会，因为可使大量的气进入室内，且开窗时可使室内浊气外流。反之，向内开的窗户，对气和事业都不好。当窗户打开时最好没有任何阻碍物妨害气的流通。

卧房窗户不宜太低

窗外冷风直吹不利生育。卧房通风的窗户或冷气机太低，尤忌与床同高而对着人体直吹，夫妇的主卧房更忌如此，否则同样易造成久婚不孕或产后失调等症状。

选择窗帘要讲究

选对合适的窗帘，不仅可以起到阻挡各方煞气的作用，还可以营造温馨的家庭氛围。

窗帘的布置

东边的窗户，要选择有柔和质感的百叶帘和垂直帘，可以通过淡雅的色调调和耀眼的光线，东南方向的窗户则要选择铝质的百叶帘；南边的窗户要选择水波帘。能挡住南方的火煞，有利于主人的工作事业和子女的学业；西边的窗户要选择人造纤维窗帘，如天丝纱、仿韩国纱等面料；北边的窗户适合用向上拉的罗马帘，能挡住北面的水煞。

窗前空旷、有水是吉利的

风水学上把屋子额前方叫明堂，所以站在窗户前向外看时能看到明堂一样的世界就是吉利的。比如窗前有水池、公园、球场、湖泊、海水等。要是窗前空旷，家人稳定平安，要是有水就是最吉利的，能带来财运。

当窗户的设置遇到不好的风水应该如何化解?

如果窗户对着前面两楼的缝隙：此种情况下，主住宅容易招致血光之灾。化解的方法是可以在窗口悬挂一面小的凸镜；或是用窗帘遮挡，同时减少开窗的次数。如果住宅所在楼是高层，而前方的空隙在低小处，则不受影响。

如果窗户对着反弓路：窗口对着反弓形的大路或水流，就有如被人用镰刀横割，形成“镰刀煞”，除了影响财运外，还会导致家人感情破裂。化煞的方法就是在这个位置放一只貔貅，以起到辟邪、挡煞、旺财的作用。

如果窗户对着尖角物体：尖角的物体有如刀剑，如果窗户对着尖角形状的物体，容易引来血光之灾。如果窗户上有玻璃的反光照射、或窗外有灯杜或电塔，则对居住者健康不利，或引起火灾。化解的方法是在窗外挂一把小剑，对着犯煞方向。

如果窗户对着山峰：在这种情况下，开窗就能看到山峰，主家人可能招致官灾是非、车祸、家庭人员伤亡等麻烦，所以必须找办法化煞。化解的方法是在窗外挂一面镜子，把煞气反射回去。

如果窗户对着医院、殡仪馆、坟场、庙宇、警察局、监狱、屠场、垃圾房、色情场所等：在这种情况下，对居住者的财运、事业、健康、情绪都很不利。化解的方法很简单，找一个生长成熟的葫芦，挂在窗外，一定要打开葫芦盖，以收怨煞及污秽之气。

能完全打开的窗户最好

窗户能完全打开，有利于房间内外气流的交换，尤其是向外开的窗户，更有利于气体的流通。房间内空气好，生活在房间内的人精神才会好，才会有助于事业和学业的进步。

第六章 商业兴旺的环境因素

富豪与风水扯不清的神秘关系，也是造成风水盛行的原因之一。向富之心，人皆有之。如何运用风水术选择事业发展的吉地，店铺的朝向和公司整体布局，是创业者必须要考虑的一个重要因素。风水中的很多原则，都考虑到了顾客和员工的心理感受。因此，风水对商业兴旺有着很强的指导意义。

本章目录

选址：要取繁华避偏僻

选择经商的店址，民间俗称“选码头”。“码头”位置的好坏，对经营的生意好坏，有很大的影响。在日本、香港、新加坡等地，富豪商家的店铺位置都是按风水家的意见设置的，所以财运都很好。

取繁华避偏僻

按照风水的说法，有人就有生气，人愈多生气就愈旺，乘生气就能带来生意的兴隆。从经济学的角度说，繁华地段就是商品交易最活跃最频繁的地方，自然生意越做越红火。

取开阔避狭窄

屋前开阔，就能接纳八方生气，这与经商中的“广纳四方来客”相契合。商店的经营要使有顾客上门，门面的显露和引人注目是最基本的。店铺正前方要求不能有任何遮挡物，比如围墙、电线杆、广告牌和过大的树木等。对于店面狭窄或者受遮挡的店铺，要努力去拆除店前的遮挡物，使店面显露出来。如果无法改变，就把店牌加大高悬，使较远的地方能看到。

繁华的街道

开店第一步就是要选址，选择一个好的地段就相当于生意成功了一半。好的地段要求人气旺盛，有人气才有生气。川流不息的车辆，拥挤的行人，在这种街道旁开店，必定会带来好的收益。

取南向避东北

风水在选择阳宅的基址时，力求坐北朝南，其目的是为了避免夏季的暴晒和冬季的寒风。经商最好的也还是坐北朝南，即取南向。如果是迫不得已，商店非要选在朝东西方和西北方的地址不可，就要化煞。夏季，可在店前撑遮阳伞、挂遮阳帘等，以避免烈日暴晒。在冬季，则需要给商店挂保暖门帘，在店内安装暖气设备，造就一个适宜人们进行正常的经营活动的环境。

店铺宜宽敞

商店的门做得过小，按风水的说法就是缩小了屋宅的气口，不利于纳气，使气的流入减少减慢，从而减少屋内的生气，增加死气。对于经商活动来说，作为出入通道的门做得过小，就会使顾客出入不便，还会造成人流拥挤。

遇到弯路时的选址

弯曲的道路因为车流和人流速度缓慢，更有利于人气和财气的聚集。在这样的路段经营事业，会对财运产生非常好的帮助。但是，弯曲道路的内侧，即“内弓水”，店铺可以很好地吸收道路所带来的能量，更容易汇聚人气，属于旺财的格局；而道路的外侧，即“外弓水”，则有着破坏力量，不利于生气的聚集。

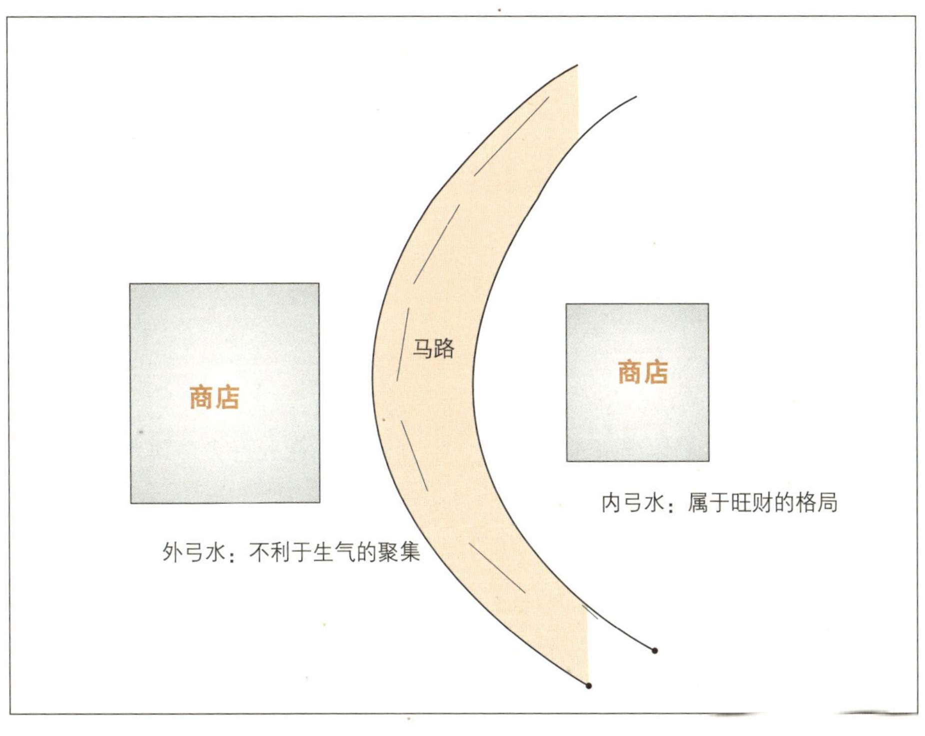

秦始皇为什么特别迷恋骊山这块风水宝地?

墓地的选择，在古人眼里是一件厚泽子孙的大事。对于秦始皇这样希望将家国基业传于万世的封建帝王来说，墓地的位置自然更加重要。他之所以选择安葬在骊山之麓，北魏时期的郦道元是这样解释的：“秦始皇大兴厚葬，营建冢圹于骊戎之山，一名蓝田，其阴多金，其阳多美玉，始皇贪其美名，因而葬焉。”

这一观点受到学界多数学者的肯定。但这只是其一，还有其二，便是受“依山造陵”之传统观念的影响。早在春秋战国时期，就已兴起了“依山造陵”的观念。其后，人们在选择墓地时又特别强调依山傍水的地理环境。“立冢安坟，须藉来山去水。”如此方才是人们眼中的风水宝地。而秦始皇陵南面背山，东西两侧和北面三面环水，正是“依山傍水”以造陵的典范。

门外避不祥之物

风水所说的不吉祥的建筑，主要是指一些类如烟囱、厕所、牛栏、马厩、殡仪馆、医院等。这些建筑，或是黑烟滚滚，或是臭气熏天，或是哭号，或是病吟。由不吉祥的建筑带来的这些气流，风水视之为凶气。另外，在我国的大多数城镇，繁华的地段往往都是集中在T字形和Y字形的路口处。如果选择在此开店，就会受到来自大道的煞气冲击。在这样的情况下，风水上可用围帐或花草来“制煞”。

楼层：选择要考虑五行与生克

楼宇的五行，对公司主要领导人之命中五行和商业业态的五行有相生和相助作用的为吉，有相克作用的为不吉。

十二生肖与五行

生肖年份的天干地支决定其五行。生肖属鼠，在五行方面属水。生肖属牛，在五行方面属土。生肖属虎，在五行方面属木。生肖属兔，在五行方面属木。生肖属龙，在五行方面属土。生肖属蛇，在五行方面属火。生肖属马，在五行方面属火。生肖属羊，在五行方面属土。生肖属猴，在五行方面属金。生肖属鸡，在五行方面属金。生肖属狗，在五行方面属土。生肖属猪，在五行方面属水。

楼层与五行

一楼和六楼属于北方，属水。故楼宇的第一层和第六层属水，尾数是一或六的楼层，亦是属水，如十一楼、二十一楼、三十一楼等等。

二楼和七楼属于南方，属火。故楼宇的第二层和第七层属火，尾数是二或七的楼层，亦是属火，如十二楼、二十二楼、三十二楼等等。

三楼和八楼属于东方，属木。故楼宇的第三层和第八层属木，尾数是三或八的楼层，亦是属木，如十三楼、二十三楼、三十三楼等等。

四楼和九楼属于西方，属金。故楼宇的第四层和第九层属金，尾数是四或九的楼层，亦是属金，如十四楼、二十四楼、三十四楼等等。

五楼和十楼属于中央，属土。故楼宇的第五层和第十层属土，尾数是五或十的楼层，亦是属土，如十五楼、二十五楼、三十五楼等等。

例如：某人生肖属猪，五行属水，在一楼或六楼，则水可助其主命水，为吉；在四楼或九楼，则金生其主命水，为吉；在五楼或十楼，则土克其主命水，为凶；在三楼或八楼，则木泄其主命水，为凶；在二楼或七楼，则火被其主命水克制，也为吉。

楼层的五行属性

古代建筑多为平房，所以风水中没有关于楼层五行属性的记录，现在许多堪舆学家用先天数或八宅飞星等来定位楼层的五行属性，取得了一定的成就。并将楼层的五行属性与业主的生肖五行对应来判断生克关系，相生则为吉，相克则为凶。

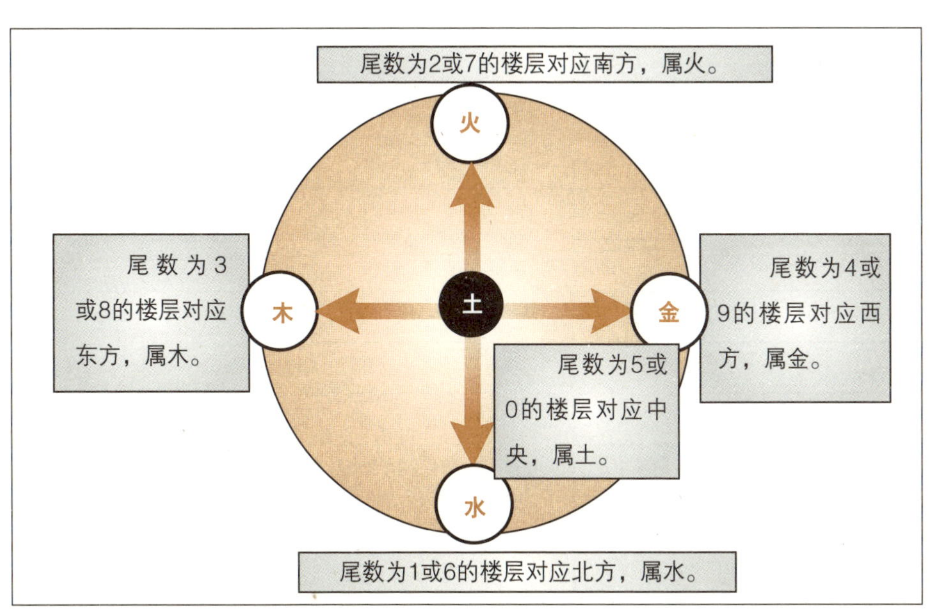

六十花甲纳音表

六十花甲纳音表是把六十年内出生的人分别用金木水火土代表五种命，每种命又细分成六种即共30种命，周而复始。五行命属的划分常根据五行生克关系，用来测算财运、合算婚姻等。

年号	年命	年号	年命
甲子（1924，1984，2044）	海中金	戊子（1948，2008，2068）	霹雷火
乙丑（1925，1985，2045）		己丑（1949，2009，2069）	
丙寅（1926，1986，2046）	炉中火	庚寅（1950，2010，2070）	松柏木
丁卯（1927，1987，2047）		辛卯（1951，2011，2071）	
戊辰（1928，1988，2048）	大林木	壬辰（1952，2012，2072）	长流水
己巳（1929，1989，2049）		癸巳（1953，2013，2073）	
庚午（1930，1990，2050）	路旁土	甲午（1954，2014，2074）	沙中金
辛未（1931，1991，2051）		乙未（1955，2015，2075）	
壬申（1932，1992，2052）	剑锋金	丙申（1956，2016，2076）	山下火
癸酉（1933，1993，2053）		丁酉（1957，2017，2077）	
甲戌（1934，1994，2054）	山头火	戊戌（1958，2018，2078）	平地木
乙亥（1935，1995，2055）		己亥（1959，2019，2079）	
丙子（1936，1996，2056）	涧下水	庚子（1960，2020，2080）	壁上土
丁丑（1937，1997，2057）		辛丑（1961，2021，2081）	
戊寅（1938，1998，2058）	城墙土	壬寅（1962，2022，2082）	金泊金
己卯（1939，1999，2059）		癸卯（1963，2023，2083）	
庚辰（1940，2000，2060）	白腊金	甲辰（1964，2024，2084）	佛灯火
辛巳（1941，2001，2061）		乙巳（1965，2025，2085）	
壬午（1942，2002，2062）	杨柳木	丙午（1966，2026，2086）	天河水
癸未（1943，2003，2063）		丁未（1967，2027，2087）	
甲申（1944，2004，2064）	泉中水	戊申（1968，2028，2088）	大驿土
乙酉（1945，2005，2065）		己酉（1969，2029，2089）	
丙戌（1946，2006，2066）	屋上土	庚戌（1970，2030，2090）	钗钏金
丁亥（1947，2007，2067）		辛亥（1971，2031，2091）	

年号	年命	年号	年命
壬子（1972，2032，2092）	桑松木	戊午（1978，2038，2098）	天上火
癸丑（1973，2033，2093）		己未（1979，2039，2099）	
甲寅（1974，2034，2094）	大溪水	庚申（1980，2040，2100）	石榴木
乙卯（1975，2035，2095）		辛酉（1981，2041，2101）	
丙辰（1976，2036，2096）	沙中土	壬戌（1982，2042，2012）	大海水
丁巳（1977，2037，2097）		癸亥（1983，2045，2013）	

商业业态与五行

楼层有五行属性，商业业态也有五行属性。性格相投，两者才旺。比如一层五行属水，经营属木、水性质的商业业态比较顺利，如餐饮、服装等等。

朝向：最佳方位要考虑行业的五行属性

商店的朝向是商家所十分慎重的事情，在强烈的求吉避凶心情的趋使下，就常有人去请风水师来占卜定夺。

业态五行与店门朝向

不同的行业也可以与五行对应，根据这种行业属性和五行相生相克的关系，单位大门的朝向也是有讲究的。

行业的五行属性和适宜的大门方位

单位名称	五行属性	大门适宜方位
商行、公司、商店	土	朝南或朝西
律师事务所、医疗中心	木	朝北或朝东
船业公司、账务公司、保险公司	水	朝西北或朝东南
银行、建筑公司、进出口公司	金	朝北或朝东
批发店、酒馆	火	朝北或朝东南

选址与店门朝向

商店的门向跟商店的选址有很大的关系。如果商店的选址为坐南朝北，或是坐西朝东，而且顾客也聚集在房屋所坐朝的方向，那么商店的门就只有朝北、朝东无疑了。这就犯了商店门不宜朝北、不宜朝东的忌讳，可运用阴阳五行相生相克的原理来处理。

如果是经营旅馆业的，在夏季里，除了在旅馆门前搭遮阳篷外，还可以在旅馆的前厅摆置一个大的金鱼缸，摆上若干盆景。金鱼缸属水，盆景属木，都可以起到减弱室内热气的作用。

经营者属相与商铺朝向

关于商铺的朝向宜忌，风水先生常常以商铺经营者的属相来确定。这种以经营者属相来确定商铺朝向宜忌的做法虽不切实际，但也不妨参考，以求得心理安慰。

店铺经营者的属相与朝向宜忌

属相	忌	宜
鼠	坐南（未山）向北方	坐东向西方，坐北向南方，坐西向东方
牛	坐东（辰山）向西方	坐北向南方，坐西向东方，坐南向北方
虎	坐北（丑山）向南方，坐西（中山）向东方	坐东向西方，坐南向北方，坐北向东方
兔	坐西（酉山、山）向东方	坐北向南方，坐南向北方，坐东向西方。
龙	坐南（未山）向北方	坐西向东方（除坐西戌方），坐北向南方，坐东向西方
蛇	坐西（辰山）向东方	坐南向北方，坐北向南方
马	坐北（丑方、子山）向南方	坐东向西方，坐西向东方，坐南向北方
羊	坐西（戎山）向东方	坐北向南方，坐南向北方，坐东向西方
猴	坐南（未山）向北方	坐北向南方，坐东向西方，坐西向东方
鸡	坐东（辰山）向西方	坐北向南方，坐南向北方，坐西向东方
狗	坐北（丑山）向南方	坐南向北方，坐西向东方，坐东向西方
猪	坐西（戎山）向东方	坐北向南方，坐东向西方，坐南向北方

大门：气口大了才能吸纳财气

生活中常说“门庭若市”和“门可罗雀”，透射出一定的风水意义。前者表示生意兴隆，后者表示生意萧条，都使用了“门”这个字。

大门的方位

一般而言，大门均开在一栋房子的正中间。但风水上讲“左青龙，右白虎”，所以大门最好开在左边，即人站在屋内对着大门方向的左方。这就是风水学上的龙边，表示生气勃勃、交易热络。

不同单位适宜的正门朝向

单位名称	适宜的正门朝向
律师事务所、医疗中心	北或东
船业公司、财物公司、保险公司	西北或东南
银行、建筑公司、进出口公司	北或东
批发店、酒店	北或东南

大门的装修设计

大门宜大，现在办公大楼的大门都很大且有中庭；小商店的大门也不宜太小，希望行人容易进来，所以也要大一点才好。不过大门正面的外观，不可呈现凹凸太多的设计和装饰，会显得低俗，在风水学上不是好的表现。大门要采用厚实材料，不可用三夹板钉成空心大门。门框若有歪曲要立即更换，否则会影响财运。

老板八字与大门方位

大门要配合当年“大利”的流年方位设置，然后再配合主人的八字，找出最佳的门位。例如，安装房门当年是大利南北，则理想的方法当然是南北向。再看主人的八字是否缺火或缺水，因南方属火，门向南可引火气，可以补主人的不足。若是缺水，则北方属水，门向宜开在北面，可引水气。

大门的风水禁忌

最忌路冲大门。风水上称“直路空亡”，指大门正对一条大路表退财。大门不可面对着岔路。风水术说这是“剪刀路”，交叉的气场会影响主人的决策和判断。大门在正常情况下应面对横过的路。

大门不可面对着死巷，因为死巷气流不顺畅，会聚积浊气，对健康有不良影响，且在事业上象征没有出路。

大门不要对着附近的烟囱，每天进出大门就看到废气，心理上就会不舒服。大门不可对着寺庙、教堂等宗教建筑，因对方属清气，会影响自己商店的生意和寺庙的清静。

如果自己的大门和对面楼房的大门正对着，但比对方小，会有被吃掉的说法。此时，只要在自己的大门前架上一个帆布雨篷，伸向人行道即可改观。

大门不可对着附近其他房屋的屋角。古代称“隔角煞”，看起来像一片直刀划过来，大凶。若无法移动，可以稍改一下大门的角度，让它偏个十度八度，避开隔角煞。

大门外面也不可正对着两栋大楼间的狭小巷弄空间。古代称“天斩煞”，好像一把刀从天上劈下来，财运不亨通。

商店的大门

在风水上，大门是气口，气口不可太窄，也不可太小。太窄的气口，会使人有压迫感，难以吸纳财气和生气。气口越宽大越吉祥，那些著名的店铺在设计大门时就格外注重这一点。大门本来就够大，上面又加了向外延伸的雨棚，无形中使商店的气口又加大了。

如何摆放饮水机可以招财？

风水学认为，水主财，因此饮水机的摆放也关系着财运。很多人喜欢把饮水机放在门口，但门口灰尘细菌较多，不利于健康；另外，大门直对饮水机会造成冲煞，不利财运。因此，适宜放饮水机的地方主要有：

（1）放在大门入口的对角线处，这里是住宅的财位，以水聚财，非常合适。

（2）从八宅风水的角度来说，饮水机放于西南方，有助于女性财运；放于东方，对男性有帮助；放于东南方，有助于全家财运。

（3）放在大门的平移位置上，即大门旁边。由于不会形成冲煞，对运势不会产生坏影响；好处在于饮水的方便快捷。

门厅：受建筑物坐向的影响

从风水学中的九宫八卦角度来看，办公室正前方的明堂位，属于离位，而在八卦中离卦正好象征着事业。因此可以说，明堂（门厅）位置直接关系到公司的成败。

（1）坐北朝南，大厅应深沉不露。坐北朝南的建筑物在五行上叫做水宅。水利于深沉以涵养大鱼、藏风聚气。因此，大厅的布置，应该予人以深沉不露的感觉。

（2）坐东北朝西南，大厅应宽大厚实。坐东北朝西南的建筑物在五行上叫做土宅。土的性质利于厚实宽广，以滋生万物。因此，大厅的布置，应该予以宽大厚实的感觉，而蕴涵载生万物的根源，以利于负责人在稳健中茁壮发展的意义。

（3）坐东朝西，大厅应深长。坐东朝西的建筑物在五行上叫做木宅。木的性质利于深长，具有使负责人朝气蓬勃、干劲十足的意味。

（4）坐东南朝西北，大厅应宽浅适中。坐东南朝西北的建筑物在五行上也属木宅。但因冬天风从北面而来，大厅的设计须宽浅适中，而不可顺木之性。

（5）坐南朝北，大厅应厚重坚实。坐南朝北的建筑物在五行上叫做火宅。大厅的布置，应该采用深色系列，有庄严持重的感觉。

（6）坐西南朝东北，大厅应宽广而忌狭窄。坐西南朝东北的建筑物在五行上叫做土宅。因此大厅的布置，应该予以宽广厚实的感觉，如狭隘拥挤，则事业后继无力。色调以深黄色为佳。

（7）坐西朝东，若非女性掌权，则大厅不宜太过明亮。坐西朝东的建筑物在五行上叫做金宅。如大厅太过明亮，则有伤室内阳气，影响男性的财运及健康。

（8）坐西北朝东南，大厅应灯火辉煌。坐西北朝东南的建筑物在五行上叫做金宅。金的性质利于明亮。大厅的设计应灯火通明，才有利于思考力的提高。

门厅的设计

门厅是用来吸纳旺气的，也是一个公司迎来送往的重要部位，如同一位热情的主人伸出双手，热忱地迎接来者。所以，门厅风水的好坏，影响着整个公司的磁场，进而影响到公司的财运。

办公区：布局要紧凑有致

办公空间，是由办公、会议、走廊三个区域来构成内部空间使用功能的，应该从有利于办公组织以及采光通风等角度来考虑办公区域的规划。

布局要紧凑有致

有些公司的面积很大，但是却没有充分利用，空闲的部分很多。这些空闲的方位代表着客户群的位置，时间长了，公司的产品或者服务会得不到认可，业绩会下降，门庭也会渐渐变得冷清。

选择办公室一定要根据自己公司的规模来选择，合理安排内部结构，不能

办公布局

办公布局的好坏，不仅影响到整个公司的事业运势，而且与每位员工的妻、财、子、禄等都有着密切关系，影响着每位员工个人事业的成败与工作的顺遂。办公室的大小要根据公司规模来选择，不能太大也不能太小。紧凑而有致的办公布局才会为公司和员工的发展带来好运气。

会客室的设置

会客室是公司接待来宾的主要活动场所，良好的会客环境会使宾主会谈融洽，关系到公司的发展运势。会客室最好位于公司靠近大门的位置，这样便于吸纳足够的气。平时会客室要保持整洁、光照充足，不可有积聚秽气的死角。

出现大而空的布局，不仅浪费了空间，还会带来很多隐患。风水学上看，布局紧凑有致的空间才是最合理的，才能带来好运，公司才能得到进一步发展。

龙虎位与房间分配

在分配房间的原则上，应配合龙边和虎边，也就是将写字楼内部，分成左右两边。属龙的半边宜设董事长办公室、业务部、财务部等，其他部门就设在虎边。

会客室

很多公司都有会客室，一般应该设在公司门口附近，在风水上，这个地方被称为内名堂，如果位置错了，会直接影响到公司的人气、财源。如果在设计时，能把会客室门的位置和朝向设在旺财位，这样就能汇聚财气，财源自然滚滚来。

会客室的桌椅安排也是有一定讲究的，原则上椅子要面对门口摆放，最忌讳背对着门口，如果能够靠着墙放是最好的，这样表示有靠山，坐起来也很稳，也有欢迎客人的意思。

办公室：要考虑人的不同职位

办公室风水，不仅会影响员工的事业发展和潜力的发挥，也会影响公司上下人员的沟通和人际关系，进而影响到公司整体的业绩和声誉。因此，办公室风水需要公司上下一致行动，从整体布局和设计、各人的办公室来着手改善。

开放式办公室的风水设计

开放式写字楼里所有的人都在同一个大空间里工作，或者只有高层管理人员有私人的办公室。在开放式的办公室要遵循以下原则：

（1）一大间办公室，在光线、通风、监督、沟通方面，比采用同样大小的若干办公室效果要好很多。

（2）采用直线对称的布置，避免不对称、弯曲成角度的排列。工作流程应成直线，避免倒退、交叉与不必要的文书移动。

（3）将通常有许多外宾来访的部门，置于入口处。若不可能时，可以规定来客须知，使来客不干扰其他部门。

（4）使全体职员的座位面对同一方向，不可面对面。

（5）应把常用的设备与档案置于使用者附近，切勿将所有的档案，置于死墙之处。

不同职位人员的办公室

（1）董事长或老板

董事长或老板是一个公司的核心，也是企业成败的关键。董事长或老板的

开放式办公室

开放式办公室便于员工之间交流，有利于激发员工之间的创造力。但是开放式办公室也存在一定弊端，它会将员工的隐私全部暴露，使其丧失自我、工作效能降低，对员工的身心健康产生负面影响。所以，对开放式办公室必须精心规划，在保证员工适当隐私的前提下，起到融洽员工关系、提高员工工作效率的目的。

办公室应该位于公司的最后方，这样，易于指挥调度员工。最好在西北方向，西北是“乾”卦之位，乾卦取象为主事者，可以增加董事长或老板的威严。

董事长或老板办公室的大小要适当，太大，容易散气，会致使业务衰退；太小又有碍业务拓展，企业很难做大。很多公司的老板或者主管的办公室设计得都很宽敞，有的为了个人方便，还会在办公室中设有卫生间。这些做法是不好的。办公室中有卫生间会造成空气潮湿污浊，也会影响身心，继而会影响到公司发展。另外也会给员工造成神秘感，让员工胡乱猜测，造成人心惶惶。很多公司是夫妻搭档，但是老板和老板娘最好不要单独在一个办公室，否则容易造成员工和老板不同心，上下不团结。

至于办公室的房门，最好开在座位的左前方，也可根据董事长本人的吉位设定，或者在旺气位也可，只要设置恰当，公司自然就会宏图大展。

（2）财务经理

财务经理掌管着公司的一切财务事宜，资金的进出都要经过财务经理的审核，是公司中举足轻重的职位，因此位置也要慎重选择。

根据风水学，财务经理一般要坐在财位上，八卦九宫把巨门星飞临之处定为财位，如在坐北朝南的坎宅中财位在西南方和正北方。

财务经理的位置切记不要和厕所、仓库相邻，更不能正对着大门或者楼梯口，会影响到公司的财务状况。

老板的办公室

老板是一个公司的核心，自然，老板办公室的布局也就关系到整个公司事业的兴旺和发展。办公室要宽敞，但不要太大，采光要好。沙发、挂画、饰品等要有气势，不至于让外来客人俯视。沙发的摆放最好成U字形，形口朝向老板办公桌，形成一种向心力和凝聚力。

暗财位的找取

风水中的财位有象征性财位和实质性财位两种，前者为明财位，后者为暗财位。找准暗财位并恰当布局，无论是家庭还是公司，都会财源滚滚。

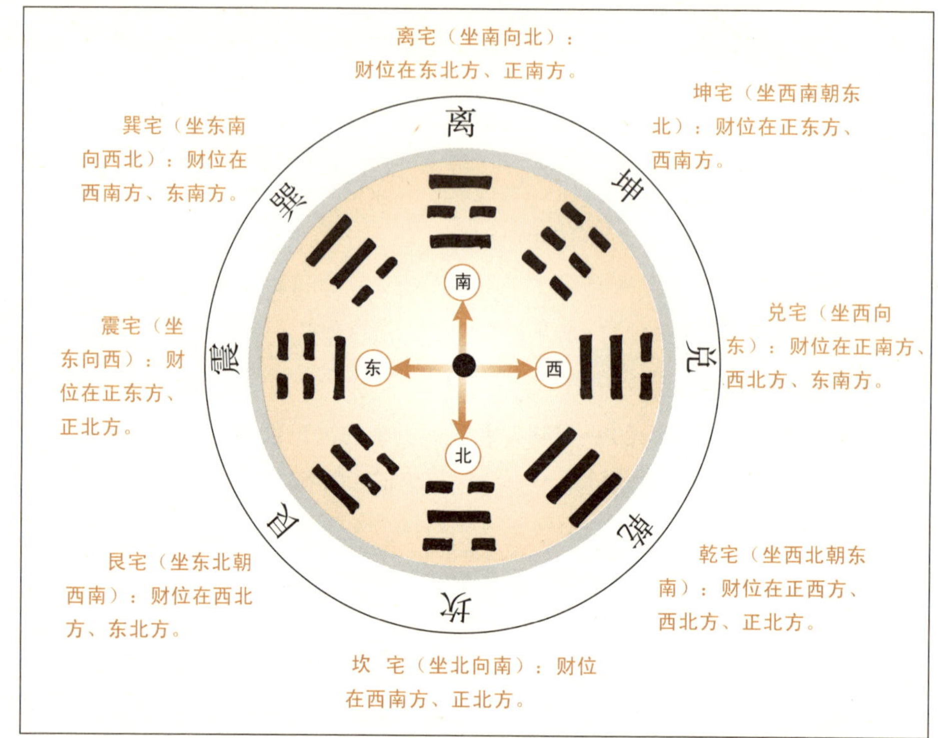

（3）企划经理

企划经理的工作是为公司开发新产品、新作品，大多数是脑力劳动，办公室的位置安排在文昌位上。

风水学上，依据八卦九宫方位的安排，加上屋子的坐向，都可以算出文昌位。不同的宅子，文昌位的方位有所不同，但是都离不开木和水。文昌位主管的是智慧，对名誉、形象等也有一定影响。在这个位置上久坐，可以提升自身的才智。因而，企划经理的座位在此，有利于策划出更好的企划案。

家庭办公室的理想位置

现在有很多家庭办公室，宜工作，宜休息，成为了很多都市人的首选。那么家庭办公室的理想位置在哪里呢？

家庭办公室最好位于住宅中央的东、东南、南和西北方向。在事业初期，适合在东部或东南部，有利于事业开拓。在事业发展期，适合在南部，有利于事业发展。在事业飞跃期，适合在西北部，有利于事业巩固。

另外，在家庭办公，切记要将办公室和卧室彻底分开，不要混淆。否则，不利于事业发展。

窗户的禁宜

（1）办公桌后不靠窗

办公桌的摆放要考虑到与窗的关系。办公桌摆在窗前，自己则背窗而坐，光线从身后照进来，眼睛舒服，办事方便。从风水观点来说，后有“空门”，一切生意徒劳无功。负责人的办公桌要有“靠山”，才是大吉大利，生意兴隆。座位的后面有墙壁屏障，有“靠山”的位置才能坐得安稳，也容易得到贵人相助。座位后面墙上，不适宜悬挂玻璃。办公桌的左边宜有窗，这样可以一边欣赏美景、一边工作，又可以有充足的光线。

（2）不坐靠走道的窗边

窗是办公室的又一个进气口，会纳入生气或煞气。窗外有行人走道的窗，会纳入来来往往的杂气和声煞，干扰自己的工作。因此，写字台要尽量离窗户稍远一些，同时也要经常用窗帘遮住窗口。

（3）窗外不能冲大楼的墙角

如果在窗外正好能够看见其他大楼尖锐的墙角，向自己冲射过来，这就是所谓的角煞，则无形中会受到煞气的干扰，造成能量的流失。

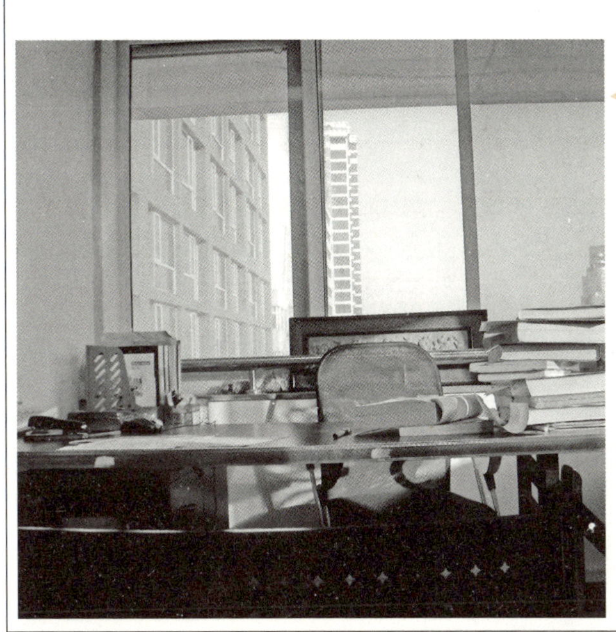

座位后有“靠山”才吉利

古代讲究好风水要有山环水抱，具体到办公室，则要求座位后要有墙壁（山）可靠，而且座位要尽量靠着墙壁。如此，事业发展将会一帆风顺。如果座位后为一面大窗，人背窗而坐，在风水上就是一种不吉的格局。

会议室：要有利于团队互动

会议室是每一个公司整体互动的场所，也有很多公司同时将会议室作为样品展示的空间，所以，会议室的设置至关重要。

会议室在办公区的方位

从大格局来看，宜把会议室设在公司的前面部分。从外面来公司开会或谈判的人，不需经过公司内部就能进到会议室。这样，公司的机密不会轻易流失，也不易干扰到在办公的工作人员，与会人员也能有个很好的空间进行沟通。

会议桌的选择

会议室中最主要的摆设就是会议桌，会议桌一般选用圆形或者椭圆形，这样容易达成共识，人员关系和谐，团队精神更加突出，也更能加强领导的权威。如果是方桌子，可以将尖利的桌角打磨处理，同样能提高工作效率。U形会议桌也是不错的选择，有利于沟通，在顶端的会议主持人能轻易地引起大家的注意。椅子的摆设方式也能够鼓励合作、促进亲密关系，更能加强领导体系及权威。不过，有些不是谈判性质的会议也可使用方桌或长桌。

会议室的布置

会议室的布置直接影响到会议的氛围，而会议室的布置又以桌椅的布置最为重要。会议室根据不同的功用可以设置不同的形状：①教室形：椅子前面有桌子，方便与会者做记录；②U字形：将与会者的桌子与主席台桌子垂直相连在两旁；③方形或圆形：将主席台与与会者的桌子连在一起，中间留空隙，椅子只安排在桌子外侧。

通道：设置要畅通无阻碍

办公室的通道犹如人体的血脉，不可阻塞，不可毫无规律曲曲折折，不可犯冲。我们要像养护血脉一样，对通道加以设计和定期清理，以使公司财气旺盛、通行无碍。

办公室通路不宜闭塞

办公室的通路正如同人的血脉一般，宜通畅无碍。然而有些办公室却出于方便性或疏漏粗心，将一些不该摆进办公室的东西塞得水泄不通，阻碍了整个通道。这样往往会给员工带来运势窘困、财源阻塞、沟通不良、行事无绩效等种种毛病，严重影响公司事业的发展。

总经理、董事长的办公室一般都是设在公司靠后的方位。所以，进入办公室的路线一定要顺畅。从大门到房间不要有杂物阻碍，也不要绕道而行或弯弯曲曲。否则，会使财气难以进入，致使业务困难重重。

楼梯不能面向大门而设，不可设在室内中央，不宜太暗

对楼梯而言是泄气，对大门而言是犯冲。如果大门直对楼梯，楼梯直对二楼的通道，这样的写字楼绝不可用。楼梯和柱子一样，也不宜设在室内中央处。楼梯、通道不宜太暗。有梯台的楼梯转弯处，应设置采光通风的窗子以驱除邪气。

座位不可正对通道

座位正对通道，在风水上叫做“冲煞”。坐在此座位的人会有很多是非麻烦，很容易成为众矢之的，在公司的位置也不会稳固。化解的办法是将办公桌和座椅移开，或者将办公桌换为弧形的。如果两者都办不到，就在桌前放置一盆植物或纸板做屏风来减低犯冲的影响力。

◆装修：要体现公司的独特文化

写字楼的装修一定要体现公司独特的文化，以此向客户和员工展示公司的理念。另外，还要结合办公室的五行属性，依据五行相生相克的原理进行装修，以使办公室生气更旺，趋吉避凶。

装修风格的选择

写字楼的装修一定要体现公司独特的文化，以此向客户和员工展示公司的理念。因此，装修最重要的是风格的选择。根据行业不同及面对客户需要建立的印象不同，可选择以下几种流行的风格：

（1）稳重型

老牌的大型集团公司喜欢选择这种风格的装修，让客户和生意伙伴建立信心。从装修特点上来看，是较少选择大的色差，造型上比较保守，方方正正，选材考究，强调气质的高贵和尊严。

（2）现代型

普遍适用于中小企业。造型流畅，大量运用线条，喜欢用植物装点各个角落。通过光和影的应用效果，在较小的空间内制造变化，在线条和光影变幻之间找到对心灵的冲击。

（3）跳跃型

不拘一格，大量使用几何图案作为设计元素，明亮度和对比强烈，大量使用新式装修材料。适用于新兴的电脑资讯业、媒体行业。

（4）创意型

适合艺术、工艺品、品牌公司。造型简洁，用料简单，强调原创的特征，尽量不重复，在造型上具有唯一性。

（5）简洁型

简单进行装修和装饰，强调实用性，较少装饰和个性。一般适用于小型公司和办事处。

五行与办公室布局

（1）土宅：坐东北朝西南

在风水学上，“土宅”就是指坐东北朝西南的建筑物。土宅的办公室，布局不能太狭窄局促，要符合土的特征，布局要宽大厚实，大气，有容纳万物的

气势。这种布局也有利于公司的稳定发展，茁壮成长。如果布局不恰当，狭窄局促，时间长了，会阻碍运气的延绵，公司的发展也会出现后继无力的现象，公司很难发展壮大。

（2）水宅：坐北朝南

在风水学中，把坐北朝南的建筑物称作“水宅”。水的性质比较深沉，有藏风聚气的作用。位于水宅的办公室，布局一定要深藏不露，给人琢磨不透的感觉，这样有利于公司的发展，尤其有利于经营不动产的公司。如果公司布局浅显，一目了然，不利于聚财，公司也就不会有好的发展。

（3）木宅：坐东朝西

在风水学上，把坐东朝西的建筑物叫做“木宅”。木的性质宜深长、方正。位于木宅的办公室，布局要方正大气，要有高和深的感觉，给人深远的纵向感。在这种布局中办公，效率会很高，对公司发展很有利。如果办公室布局不符合木宅的本性，在此办公的人会感到身心不舒服，精神状态不好，对工作也提不起精神，时间久了，自然就影响到工作的开展，不利于事业的发展。

商店的装修

商店装修的风格要依据所从事的行业而定。对于商场来说，装修要把握几点：①功能性原则：每个区域、每个楼层的设置要有满足不同顾客群体口味的商品组合，以增加顾客逛商场的兴致；②档次统一原则：以此突出楼层区域商品组合的丰富性，使顾客一旦进入商场就有逛下去的兴趣；③通道畅通原则：四通八达的通道布局会使顾客在选购商品时更加高效、快捷。

办公布局

办公布局要根据五行的特点来设计，火宅的房子要用深色系来装饰，给人以庄重平和的印象，使人置身其中不至于有心浮气躁之感。

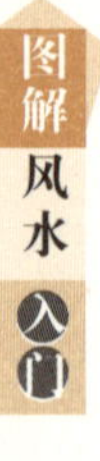

（4）金宅：坐西北朝东南

在风水学上，金宅是指坐西北朝东南的宅子。金的性质是明亮的，忌讳黑暗灰黄的光线。位于金宅的办公室布局时，一定要注意灯光的设计，办公室里要保持灯火通明，光线充足，要给人明朗豁然的感觉。如果办公室光线不充足，整日昏暗，会让人思考力下降，很难成大气候。

（5）火宅：坐南朝北

在风水学上，火宅是指坐南朝北的宅子，火的性质是升腾、温热。位于火宅的办公室在布置时，适合采用深色系的颜色来装饰，要给人强烈的视觉效应，同时也要保持庄重的感觉，要让人置身其中有安稳平和的心态。如果装饰的颜色过于浅，在此办公的人很容易心浮气躁，也容易招惹官司或者小人。

物品的摆放：关系到公司的财运

办公桌上的物品摆放也是需要特别注意的。办公桌是工作的平台，物品摆放不能凌乱。一个凌乱的环境会带来一个乱糟糟的心情，同样也会扰乱自己的思绪，做事情的耐力也会逐渐减低，导致事业很不容易成功。我们可结合自身命理，选择一些风水吉祥物或植物来进行职场开运。

催财物品

宜在向星当旺、生气之星方位；如八运的八白、九紫方位布催财设施，如鱼缸、饮水机、风水轮、风水球、通道口等，以启动财星，达到旺财目的。山星的当旺和近旺生气星位置宜放置文件柜、高大物件、高大树木等，并以静为佳，以求平安健康。在失运劫财星位安放较高物品，对劫财之星收山，也可旺财。在失运丁星位留出通道或摆放水、空调等动态物品以出煞，可使公司人丁兴旺顾客盈门。

九星与九宫

风水学认为，九星掌管着天地的运行。九星指的是北斗的贪狼（天枢）星、巨门（天璇）星、禄存（天玑）星、文曲（天权）星、廉贞（玉衡）星、武曲（开阳）星、破军（摇光）星、左辅（洞明）星、右弼（隐光）星。

并认为，天之九星与地面上由洛书变化而来的九宫相配：贪狼为一白水，巨门为二黑土，禄存为三碧木，文曲为四绿木，廉贞为五黄土，武曲为六白金，破军为七赤金，左辅为八白土，右弼为九紫火。

办公风水吉祥物

西方及西北方五行属金：摆放属土、金的物品可以增加财运，如瓷制品、玉石制品、钢麒麟、五帝古钱等。

东方、东南方五行属木：摆放属水及木的物品，可以增加财运，如摆放植物、金鱼缸等。

北方五行属水：摆放属金及属水的物品可以增加财运，如用五帝古钱、风水轮等。

南方五行属火：摆放属木及属火的物品可以增强财运，如摆放植物，发出红光的灯或发出紫色光射线的镭射灯。

西南方及东北方五行属土：摆放属火及属土的物品可以增加财运，如摆放镭射灯、瓷制品或玉石制品。

植物风水品种

办公室内植物摆设应充分发挥人与植物相生之要素，达到人与植物的和谐。住宅内部各部位摆放植物的品种如下：

吉祥聚财型：发财树、富贵竹、龙血树、宽叶榕、蓬莱松、罗汉松、七叶莲、散尾葵、棕竹、君子兰、球兰、仙客来、柑橘、虎尾兰等，这些植物在办公风水中有吉祥如意、聚财发福的功效。

宁静温和型：百合、吊兰、玫瑰、马蹄莲、晚香王、郁金香等，有宁静致远、心平气和之功效。

壮旺文昌型：文竹、菖蒲、富贵竹、香雪兰、风尾竹、山竹花等，这些植物可加强人的思维能力，宁神通窍，能够壮旺文昌。

健康清爽型：玫瑰、素馨、康乃馨、米兰、秋海棠、山茶等，整洁清爽，能够促进身体健康，属于办公空间的健康使者。

化煞驱邪型：金刺般若、玉麒麟、子孙球、龙骨、盆栽葫芦等具有强大的驱邪力量，能够对外煞进行生克制化，属于办公空间的平安守护神。

另外，还有几类植物不宜摆放在室内，如夹竹桃、含羞草、紫荆花、月季、天竺葵、郁金香、黄花杜鹃、接骨木、夜来香等。它们要么产生毒素，要么香气过于浓烈，会对人体产生刺激或使人中毒。

散尾葵

散尾葵的枝条呈张开状，枝叶细长而略下垂，姿态潇洒自如，不仅在风水上是吉祥聚财植物，也是最受欢迎的室内植物之一。散尾葵羽状的叶面可以散发出一定的湿气，被誉为“最有效的加湿器”，它绿色的棕榈叶对二甲苯和甲醛有十分有效的净化作用。但要经常给植物喷水，以保持叶面的气孔张开。

“泰山石敢当”从何而来？

在一块小石碑上刻上“石敢当”或“泰山石敢当”，立于桥道要冲或砌在房屋墙壁上，以抵挡道路冲煞，这样的习俗，在中国民间非常流行。

“石敢当”的文字出处，最早见于西汉史游的《急就章》中：“师猛虎，石敢当，所不侵，龙未央。”据说，石敢当是汉时的勇士，生平逢凶化吉，御侮防危。也有传说，石敢当前加泰山，其用意是借泰山之力以增威势。泰山的“泰”字，古为“太”，即“大”，太山就是大山，大山可以压妖镇邪，这是古人的观点。

所以，后人凡在桥路冲煞之处，必然以石刻上其名字，用以避邪厌殃，保卫居民。

风水镇物石敢当

石敢当是风水中的镇物，常被立于街巷之中，特别是丁字路口等路冲处被称为凶位的位置，上书“石敢当”或“泰山石敢当”，达到辟邪化煞的功用。

第七章 成就事业的外在影响

勤奋和上进心是成就事业的内因。但是，你是不是很刻苦，却依然得不到提升？这就要寻求外在的风水开运之道了。我们每个人生活在既定的环境中，家居也好，办公室也罢，都是我们每日每夜离不开的地方。居住者的十二支出生星和九星出生星方位不能受污或有缺。根据居住者的五行选择和布置房间，摆放植物，调理饮食，是寻求“天地人”合一的生活方式，有利于事业发展。

本章目录

居住环境影响人的事业

在竞争激烈的现代社会，家庭好比是一个充电的地方，是松一口气的休息场所。所以，居住环境对事业的影响非常重要。

家居整体设计

家居风水的吉凶之相，与居住者的十二支出生星、九星出生星等相关。判断房子的吉凶时，考虑的关键点依次是厕所、通道、厨房、门户，还有房子的缺与突等。居住者的十二支出生星和九星出生星方位，是吉方位。在这些方位，不能有厕所、通道、厨房、门户和缺。否则，就会经不起人际关系的争斗，在工作中被同事超越。

九星方位分布图

九星方位关乎家居的吉凶，除房屋中央外的区域以45°为单位划分为八个区域，分别对应九星。具体对应关系如图所示：

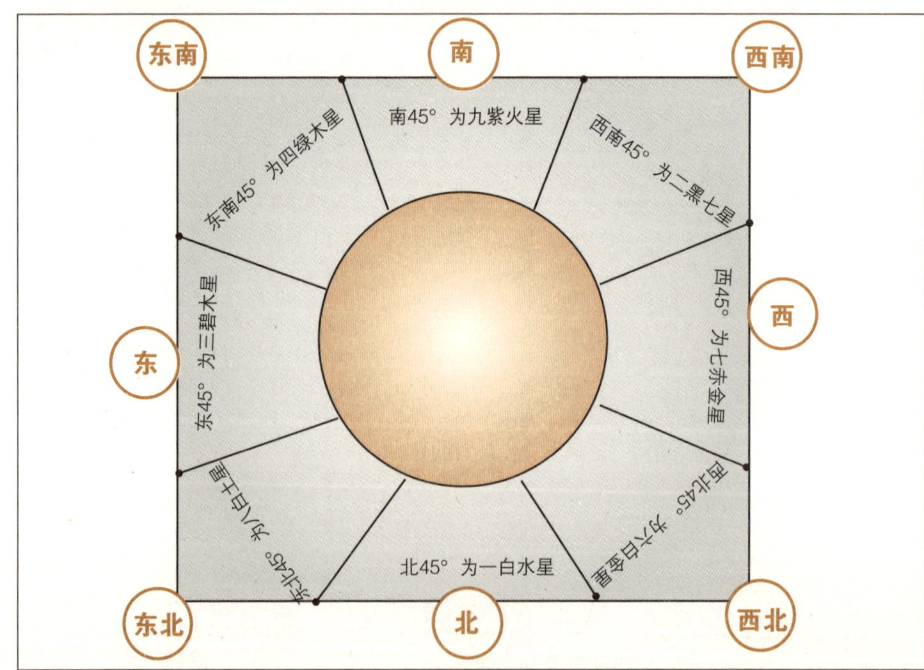

九星方位具体来说，北45度的范围为一白水星、东北45度的范围为八白土星、东45度为三碧木星、东南45度为四绿木星、南45度为九紫火星、西南45度为二黑七星、西45度为七赤金星、西北45度为六白金星，五黄土星为中心。

北、南方位若有厕所、净化槽、车库、厨房、浴室等为凶相。北方位有头脑敏锐的作用，不可被不洁之物污染。北方位宜安排书房、接待室、餐厅等，南方位安排起居室、卧室等。东方位有发展、荣耀的意味，可安排起居室、餐厅、卧室、书房等。在这三个方位造突，则可变成大吉相，象征开拓顾客、获得优秀的部下，进而获得升迁。

吉相之门的方位是东、东南、南、西北；凶相是北、东北、西南；即使门基本在吉相的方位，若在房间主人的十二支或九星的出生星方位，也是凶相。西北方位的门一般是吉相，但具有双年、亥年、六白金星等出生星的人则为凶相。

大门的方位与设计

门是一座住宅的气口，大门的朝向与设计好坏，直接关系到这个家庭的兴衰，家庭成员事业的走向也与大门的设计有关。好的大门设计会助推这个家族的兴旺，不好的设计会使这个家族麻烦不断。所以，好的风水师，看宅必先看门。

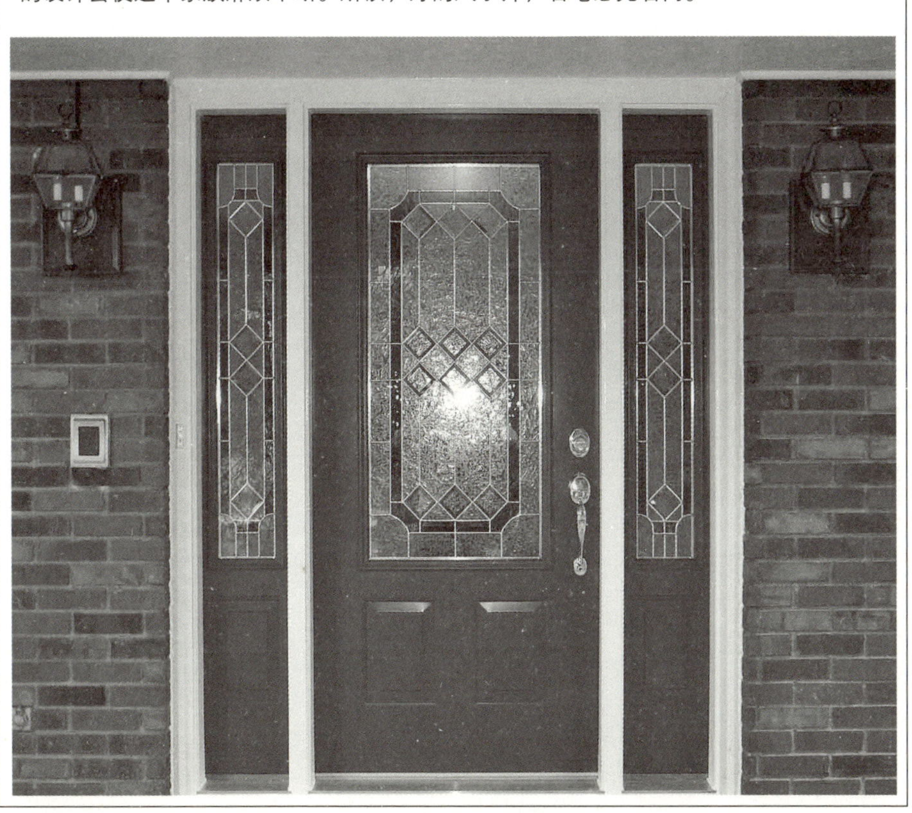

客厅摆设

客厅的北方、东南、正南和西北方代表代表事业运、财运、声望运和贵人运。在这些方向摆设相应的物品，有助于事业发展。

正北方代表事业运，五行属水。金能生水，在这个方位放置属水和金的物品，对居住者的事业运都有帮助。属水的物品包括鱼缸、山水画、水车等。金属物品可以是饰品，也可以是空调、冰箱、暖气片等。

客厅的东南方代表财运，五行属木。在这个方位摆设属木的物品可有招财效果，其中以圆叶的绿色植物效果最好。由于水在风水中代表财，此处也很适合放鱼缸。

正南方代表名声运，五行属火。此方位可以放置红色的木制饰物，或者悬挂风凰、火鹤或日出的画。如果想给家庭带来更好的名声，还可以在此装设照明灯。

用客厅催旺人生八大运

人生有八大欲求，称为八运，分别对应客厅的八个方位。想达成自己的哪一欲求，就要想法催旺对应的方位。

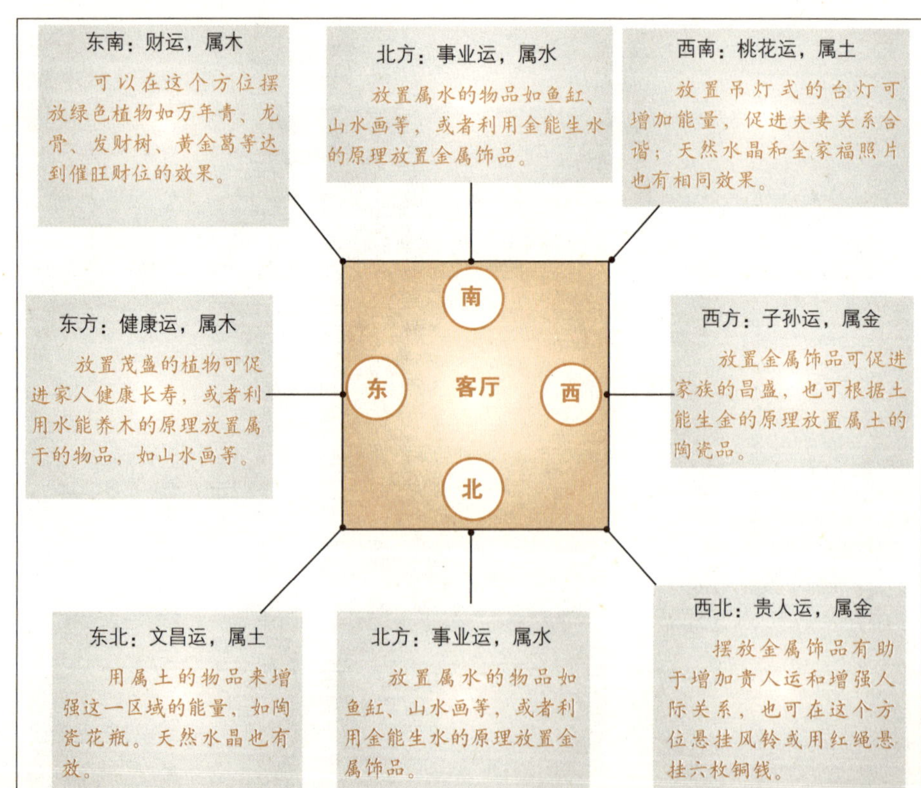

西北方代表贵人运，五行属金。摆放金属底座加白色圆形灯罩的台灯、红绳串六个古钱都有助于增加贵人运和人际关系。黄色一向被用来代表财富，而西方则被认为是主导事业及财运的方位，若放上黄色的家具饰物如黄水晶或其他黄色物品也可，可带来旺盛的财气，令事业飞“黄”腾达。

卧室方位

通常情况下，一所住宅的主卧室位置最好在西南方或西北方。自古以来，西北即被认为祭神的位置。所以，由“神→主→主人”的关系来看，这个方位也可以称为“主人的位置”。卧室在这个方位，可以让主人处事成熟，担当责任，在生活与工作中能够赢得他人的尊重。

北边的卧室利于自由职业者，以学者、作家、技术人员比较合适，此外，经营酒吧或俱乐部也不错。西北的卧室利于管理职位者，年轻人长久浸泡在西北的热量中，不久即会有业绩出现，而且有担任高位的可能。东北的卧室利于服务业的人，东北是黎明前最暗的方位，卧室在这个方位的人，喜欢照顾他人。东边的卧室利于年轻不断进取者，东南卧室的人易取得外界的帮助，南边的卧室易取得灵感，西南卧室可以加强一个人的耐心，西边卧室适合于缓解压力，加强睡眠。

办公环境影响人的事业

办公环境的天时、地利、人和，对一个人的事业发展有着重要影响。一个人须具有绝佳的决断力和精准的判断能力，才能抢得先机，赢得事业发展的空

中华宰相村的风水布局

裴柏村，位于山西省南部的闻喜县，现在也只有居民八百多人。村子虽小，名声远扬。据说，古地图宗师裴秀、风水宗师郭璞、风水名家杨筠松的师父邱延翰等人，都是出自这个山村，可以说这个村与风水非常有缘。

在中国的古代历中，这个村庄曾出过宰相59人、将军59人、进士36人、状元6人，皇后皇妃5人，三品以上官员上千人。唐代名相裴度，就出自这里。所以裴柏村被世人称为“宰相村”，又称为“中华名人第一村”。

村庄的龙脉发自北岳恒山，乾方来龙，坐子向午，前有官星高耸，背靠太行山来龙，面向黄河环腰水，是“九凤朝阳”的风水格局。

间。办公环境要注意以下风水规则。

办公室房门

房门不要正对大门。如果正对大门，会被人来人往的气场冲到，容易分心。

房门如果正对冲老板或会议室的门，会造成彼此的不信任，容易彼此产生歧见。

不能直冲厕所门。厕所内有秽气，办公室面冲厕所门久了，会吸入过多的秽气，容易造成脑中容氧量降低，思考能力下降，运势施展不开。

座位

“背墙而坐贵人相助。”风水学上认为背有靠山，代表有贵人相助，所以在办公室里最理想的座位，便是背墙而坐。如果背后有影印机或饮水机等，同事经常开开合合影印机，会造成很多不必要的滋扰，无形中会减低贵人扶助的能力。想化解的话，最好在座椅后加添屏风，加强效力。如果情况不许可，则可改用以下化解方法——在椅背向外的一面，贴上黄色卡纸，喻作“山”起阻隔作用（黄色为土，代表山）。

座位要靠墙

好的座位应该是有“山”靠，具体到办公室，则要求座椅要尽量靠墙坐，或者摆放在高大的文件柜前面，以形成背后有“靠山”的格局，背后有了靠，不仅人的心理会产生踏实和安稳的感觉，还会形成自己的办公区域被生气包围的格局，气旺则运旺，事业怎能不步步高升！

旺位的物品摆设

按照旺位“男右女左”在办公桌头摆放物品。女性应在办公左上角摆放红色丝带或粉晶，加强人缘运。同事间和睦相处，工作起来自然得心应手，而且亦较易得到上司的信任。男性可在办公右上角摆放水晶，有助催旺事业运。

按生肖摆放催旺物。生肖亦是影响事业运的重要因素之一。十二生肖可根据其五行而分为四大组别，在办公室摆放有利的东西，可助长事业运。属水的生肖包括鼠、猪，应摆放金属物品，发挥“金生水”的功效。属火的有蛇、马，摆放属木的东西有助催旺火，所以绿色的东西，如花或小盆栽都是不错的选择。而虎、兔属木，由于“水生木”，应摆放黑色的东西、水或水种植物。猴、鸡则属金，因“土旺金”，故应摆放黄色、咖啡色、杏色的东西或土种植物。放相合的生肖饰物也可以提高事业运，其中规则为：鼠牛、虎猪、兔狗、龙鸡、蛇猴、马羊是有利的组合，即属鼠的人放牛状饰物，依此类推。

如果想去外地发展事业或经常出差的人，可利用本身生肖的驿马位来助旺自己的运气。而摆放在驿马位的物品，最有效的方法便是放一只正在奔跑的骏马。虎、马、狗在西南方放木制的马；蛇、鸡、牛在西北方放玉石造的马；猴、鼠、龙在东北方放金属造的马；猪、兔、羊在东南方放白水晶做的马。

十二生肖

催旺事业的物品的摆放也可以根据生肖而定，凡与自己生肖五行相合或相生的物品，则适宜摆放，相克的物品则禁止摆放。如下图所示，马和羊就是一对有利的组合：

防小人

“明枪易躲，暗箭难防”，职场最怕小人。玄学上代表是非小人的“三碧星”属木，可在“三碧星”飞临的方位挂一张以红色为主要颜色的海报，或在办公台上放些红色的饰物，如放三个红色利是封或将椅子换成红色或铺上红色的椅垫，又或在地上铺一张红色的地毯。目的是以“木生火，泄去木气”的原理驱走小人，化解是非。

座位影响人的事业

座位周围的环境形成一个人的气场，影响人的心情和工作效率，长此以往，一定会对事业发展造成或好或坏的影响。因此，座位的安排也是办公风水中不可忽视的细节之一。

座位不正对大门或背门而坐

大门的气场对流最为旺盛。除前台外，如果座位正好对着大门，就会受到气场的影响。座位正好对着大门，可以将座位往旁边挪开；若不能移动，可以在座位前用屏风或资料柜来遮挡。

人如果背着门口而坐，坐后没有依靠，还有人来人往的杂气冲击。长期如此，会导致人思绪混乱。化解方法是调整办公桌的摆放位置，或者选择一张有高靠背的椅子来阻挡杂气。

座位前方要开阔，不可正对厕所门、柱子、门或路

办公桌前方正面要开阔，不可逼仄，这样在公司前途才开阔。如果是面对墙壁，前途也会像被墙阻挡一般，运气无法展开。

座位长期在厕所门附近，或正对着厕所门的人，会因吸了过多的秽气而生病。如不能避免，可以在厕所和座位间加装一道屏风或大型阔叶植物，多少可以挡掉一点秽气，而且厕所门也必须随时关上。座位的正面有柱子，就如同受到当头棒喝，必然在工作上容易出大错。办公桌冲到门或路，影响身体健康，容易有意外灾害，工作及升迁会有很大的障碍。

座位上方无压梁或吊灯，四周无大电器、水龙头

长期坐在横梁或吊灯的下方，也会受到下压的气场所干扰，让人在工作上

产生压力，受到上司的责难、小人的中伤，甚至会颈椎疼痛，阻碍事业发展。不过，座位上的光线如果太弱，会造成阴气重的现象，久了会让人怠惰消极。

计算机、复印机、传真机和冷气机等大型电器，在使用的过程中会产生强大的电磁波。这对人的身体健康和思维都有很大的影响，应该尽量避免靠得太近。有水流出来的地方，就会影响气场。长期坐在水龙头旁边的人，会有神经系统失调或运势反复的现象。

长坐在计算机旁要多喝水

计算机在使用过程中会产生大量的电磁波，会对长坐计算机旁的人身体和思维形成干扰。要降低这种干扰，除了要扩大与计算机的距离、在计算机旁摆放植物外，还必须多喝水，通过加速身体新陈代谢来降低电磁波对人体的伤害。

◆ 植物影响人的事业

简单来说，植物风水就是将植物区分成金、木、水、火、土五大类，依据个人的风水状况、居家环境与办公环境，栽植适当的植物。

植物五行

“金”，属于黄色系的花卉，并必须搭配金属花器与配件，其中以发财树、万两金、金钱树、水仙、黄橘最好。

“木”，绿色植物皆属之，而且要选择种子植物，喻“发”之意。如绿宝石小盆栽、竹柏（日本茉草）等。

“水”，用水栽培的植物为代表，如开运竹、万年青等，搭配使用蓝色或透明玻璃的花器。

“火”，会开花或是会结果的植物。选用红色花以及花器，如火鹤花、胡蝶兰、凤仙花都非常适合。

“土”，室内耐阴的植栽。应使用黑色花器或镶有宝石的花器，如绿宝石、仙人掌都可栽种。

五行植物

植物也有阴阳，各种植物根据生长环境和特点分别与五行中的木、火、土、金、水对应。根据这一点，可以选择在家中不同方位种植何种植物。

土：对应土栽耐阴植物

水：对应水养植物

木：对应绿色种子植物

火：对应开花或结果的植物

金：对应黄色花卉

植物化煞

座位前方或后方有大型电器时，可用大型阔叶类盆栽挡在中间。你的座位正前方或旁边刚好有厕所，可在座位和厕所之间放一些阔叶类大型盆栽。一来它可吸掉来自厕所的秽气，二来可挡掉不好的磁场。不过，这株植物最好是几个月就换一次或者让它到外面换气，起洁净之效。

不管你是一般职员还是高级主管，座位如果正面对着老板的房间，最好使用大型阔叶盆栽挡在中间，不适宜使用屏风。否则，你和老板的关系会被屏风完全隔离。

座位正前方正面对某人时，是“人对人冲”。最好在两人之间放着小盆栽或一些文书档案之类的东西，绝不能再摆尖锐或金属类的东西。否则，和对方的冲煞力会更强。

座位刚好被走廊冲到，可以放一大型阔叶类盆栽在桌前，挡掉来自走道的煞气。不过，盆栽的高度不能太高，也不能太低——差不多人坐着时，可以挡到前方视线则可。

龙骨

龙骨的外形很独特，干茎挺拔向上生长，形似直立的龙脊骨，充满力量，对外来煞气有强劲的抵挡作用，且有镇宅作用。

适合白领办公室摆设的风水植物

万年青、铁树、薄荷、龙舌兰、月季、玫瑰、桂花、雏菊等植物，具有吸收空气中有害物质、杀菌除尘的作用，是办公室的常用植物。

百合：是多年生草本植物，因为由数十个瓣片紧密抱合，有“百片合成”之意，象征团结。其花色洁白、晶莹剔透、芳香幽雅，具有清热解毒、润肺宁心等特效，能够提振精神，是办公风水植物的上乘之选。

吊兰：又名鸭跖草，能够吸收空气中的有毒物质。在新装修的办公室或是空调房里摆一盆吊兰，在24小时之内，它便会神奇般地将室内的一氧化碳和其他挥发性气体吸收个精光，并将这些气体输送到根部，经土壤里的微生物分解后成为无害物质，作为养料吸收。

芦荟：大部分植物都是在白天吸收二氧化碳释放气氧气，在夜间则相反。但芦荟、龙舌兰、虎尾兰、红景天和吊兰等却是一直吸收二氧化碳释放氧气的，并且还能够吸收甲醛等有害物质。更可喜的是，这些植物都非常容易成活。

肉桂：也叫平安树，它自身能够释放出一种清新的气体，让人精神愉悦。如果想尽快驱除办公室内刺鼻的污染味道的话，可以用灯光照射平安树。平安树一经光的照射，光合作用就会随之加强，此刻释放出来的氧气比无光照射的条件下还要多几倍。

百合

百合为多年生草本植物，花色多为乳白色，喇叭形，外表高雅纯洁，有“云裳仙子”之称。在风水上，百合还有吸收空气中有害物质、杀菌除尘的作用。

蒲松龄故居的风水格局

蒲松龄故居位于山东淄川地区，前面孝妇河与般水交汇后，匆匆北下入海，形成南高北低的地势。在风水学的“形法”中，属凶格。“前高后低，长幼昏迷；后低前高，一生奔逃”。昏迷，是指固执和痴迷；奔逃，是指奔波劳碌，背井离乡。从大门进入庄园，有一条曲径，可以防止泄水散气。可惜，曲径在蒲松龄的门前形成了“反弓水”之煞。

蒲家世代读书，但却大多怀才不遇，与仕途无缘。祖父蒲生，默默无闻；父亲蒲般，知识渊博，却只是私塾先生。蒲松龄更是屡试不第，与八股之文无缘。三十岁时，他南游谋生。此后又多次参加科考，均不中。直到四十岁，才结束漂泊，在家乡安定下来。

饮食影响人的事业

《黄帝内经》认为“天地一体、五脏一体”，人与天地对应。人体不安，都因肝、心、脾、肺、肾失调而导致。食物的阴阳属性，影响人身体的健康，也能影响事业发展的运势。

食物的五行属性

一个人要考虑自己命理的五行属性，根据“五行相生相克”的原理进行饮食，以达到助运开运的效果。

属木性的食物——木代表肝、胆，颜色为绿色，月份为农历二月。选择食物时可选：木耳、猪肝、猪手、鸡肝、绿豆、核桃、开心果、莲藕、柚子、甘蔗、梨、苹果、橙子、人参、紫菜、茶叶、韭菜、牙孜、芥菜等。

属火性的食物——火代表心脏、眼睛，颜色为红色，月份为农历五月。选择食物时可选：辣椒、红豆、番茄、荔枝、鸡心、乳鸽、蛇、羊肉、猪心、猪血、鸡血、胡椒、胡萝卜、生姜、大蒜、榴莲等。

属土性的食物——土代表脾脏，颜色为黄色。选择食物时可选：凉粉、蛋黄、核桃、松子、橙、南瓜和胡萝卜等黄色食品。

属金性的食物——金代表肺，颜色为白色，月份为农历八月。选择食物时可选：猪肺、鸡胸、白萝卜等。

属水性的食物——水代表肾、泌尿系统、膀胱，颜色为黑、蓝、灰色。月份农历为十一月。选择食物时可选：牛奶、果汁、西瓜、苦瓜、冬瓜、黄瓜、豆腐、豆浆、黑豆、蜂蜜、丝瓜、鱼类、海类、猪脑、猪腰、海带、海蜇、海参、黑木耳等。

出生月份与饮食调理

出生在正月的人（寅月）食物调理：正月出生的人，气候仍有冬季的余寒，冰凝冻合，最宜火性食物为佳。平时可多食羊肉、辣牛肉、辣酱炒猪心、麻辣火锅、红豆粥、红枣水、西红柿煎鲳鱼、乳鸽、野生动物等。但雨水后出生至惊蛰前生的人，宜吃肠类食物、萝卜、苦瓜、鸡胸肉、果仁、豆腐、西瓜、冬瓜、云耳、金针等。

月份与五行的旺衰

一年十二个月，分别对应着五行的旺衰，出生在不同月份的人，各有代表的五行属性。不同的食物也分别对应五行。养生就是根据五行的旺衰来选择适合的食物。

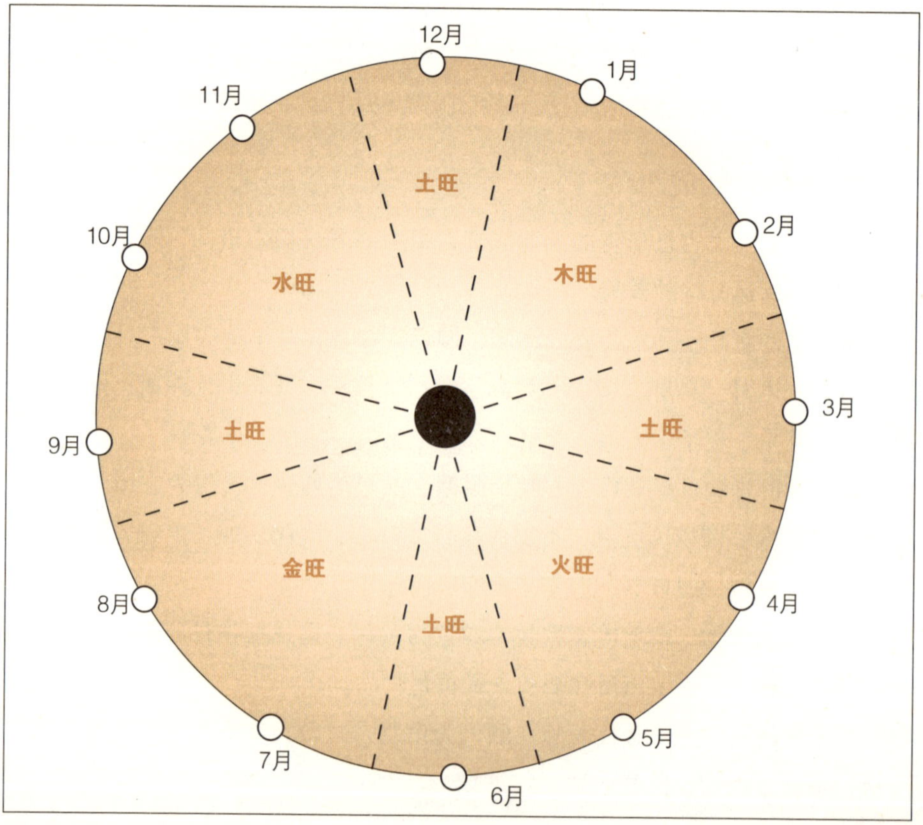

12月
1月
2月
3月
4月
5月
6月
7月
8月
9月
10月
11月
土旺
木旺
土旺
火旺
土旺
金旺
土旺
水旺

出生在二月的人（卯月）食物调理：农历二月为木旺的节令，宜吃金性食物。如：鸡汤、鸡蛋炒米饭、鸡精、白萝卜、白果、冬瓜、葫芦瓜、乳鸽等。

出生在三月的人（辰月）食物调理：宜食水性及火性食物。如：牛奶、果汁、西瓜、苦瓜、冬瓜、黄瓜、豆腐、豆浆、黑豆、蜂蜜、丝瓜、鱼类、海类、辣椒、红豆、番茄、荔枝、鸡心、蛇、乳鸽、羊肉、猪心、胡萝卜、酒、烟等。

出生在四月的人（巳月）食物调理：宜吃黑豆豉排骨、鱼类、瓜类等。

出生在五月的人（午月）食物调理：蒸鱼、猪腰粥、猪大肠、水果、生菜、黑芝麻、云耳、金针、黑豆、菇类、葫芦瓜等。

出生在六月的人（未月）食物调理：牛肉、鱼肉、肌肉、豆腐、疏果、菇类等。

出生在七月的人（申月）食物调理：红枣茶、红豆粥、辣椒、猪心等与火有关的食物。

出生在八月的人（酉月）食物调理：兔肉、绿豆、花生、栗子、粟米、番茄、甘蔗、猪肝、菇类等。

出生在九月的人（戌月）食物调理：猪肝、猪腰、猪手、粉丝、疏果、豆角、花生等。

出生在十月的人（亥月）食物调理：羊肉、蛇肉、辣椒、姜花、洋葱、花生等。

出生在十一月的人（子月）食物调理：辣椒、姜花、猪心、猪血、鸡心、乳鸽、胡萝卜、红豆粥等。

出生在腊月的人（丑月）食物调理：羊肉、辣椒、番茄、胡萝卜、牛肉茶、红豆粥、猪肝等。

第八章　学业有成

《新白娘子传奇》中的许仕林，是文昌星下凡，后来高中状元。其实，每个人都有自己的文昌位，可以从出生时间和住宅方位来找文昌星飞临的方位。在选择儿童房、书房和进行装修布置时，要时刻谨记生旺文昌的原则，不可使文昌位受污受冲。书桌和座位的摆放，也会影响孩子的学习心理。父母精心准备文昌菜食，亦可提高孩子的记忆力。

本章目录

卧室的选择和布置

孩子的学业与其所处的环境有非常大的关系。孩子的房间是孩子最常待的地方，房间的选择和布置必然影响孩子的学业。父母要特别注意选择适合孩子成长的卧室，在布局上考虑对孩子心理和学习的影响。

儿童房的方位

望子成龙，望女成凤，是每一位父母的心愿。所以，父母无不用心地给孩子设置最利于孩子成长的儿童房。房间的方位对孩子的健康、学习、性格都很重要，而且男孩和女孩需要的房间方位也不同。男孩应选择东面、北面和东南面；女孩则应住在东南面、西面和南面。

利用五行选择儿童房的方位更准确，但目的要明确，分为健康角度和学习角度两方面。从健康角度来说，选择与房屋大门方位相生的房间。例如大门在东，儿童房选择南面或东南面会比较有宜，因为东木可生南火，同样道理，大门在北，选择居东，则会令水生木。相反，大门在南，居北房或大门在北而居南房，水火相克，则容易导致眼疾近视，但可通过摆放一些植物，利用水生木、木生火来化解。如果从学习的角度来考虑，需要能生大门五行的方位房间做儿童房。例如大门在西，属金，东北的土能生西金，因此应选住东北房。

儿童房的布局

儿童正处于身体和智力发育的关键时期，而儿童房又是孩子学习和生活的重要地方，所以环境和布置至关重要。儿童房要有足够的空间，装潢不可过于复杂，且远离厨房和厕所，以免被油烟、污秽之气干扰。

儿童房方位的选择

根据八卦与所象征的各种事物，各卦分别对应家中的某一成员，而八卦又对应八个方位。由此可推出，家中男孩或女孩应选择的房间位置。

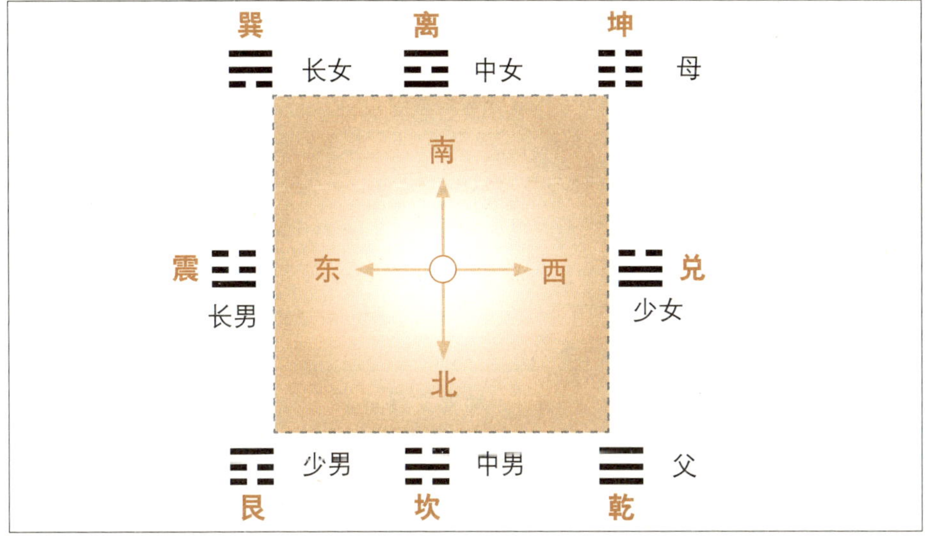

布局禁忌

儿童正处在一个决定性的成长期，想象力、创造力、独立性处于一种学习的饥饿状态，对新事物有着极大的兴趣，从颜色来说，天顶和四壁要明亮浅淡，结合孩子的喜用颜色，比如喜水木，可用浅绿和浅蓝为主色。可以在壁上挂一块白板或软木塞板，让孩子有一处可随性涂鸦、自由张贴的小天地。

孩子的床位和书桌不宜在梁下；改建后的房子，床位不能在阳台上，也不能在阳台下面；孩子的床位和书桌的位置，不能是楼上楼下的灶台位置，也不可在厕所位的上下；孩子的卧室门不能与厕所门相对。这些位置均会影响孩子的文昌学运。

文昌位的确定

文昌位是开启智慧的方位，所以要布置得明亮整洁，安静稳定，还可以摆放一些有利的装饰品。孩子在睡觉和学习时，可以面向或头朝向文昌位，这样可以提高孩子的学习成绩。如果房间小，无法利用文昌位，可以让孩子的床头朝向东方或东南方。因为东方或东南方五行属木，有利于幼苗的成长。

“文昌”，顾名思义是以文章博取功名。文昌星所指的方位便是自己的文昌位。一般说来，有利于儿童学业的方位有两个概念：一个是从儿童出生时间上找文昌星所指的方位；另一个是在住宅单元内找文昌位落在何处。出生时间（年、月、日、时）里有文昌星者，谓之“命带文昌”，主天资聪明，好学上进，追求新知，举止斯文。文昌星生旺得力者，特别利于读书，学业有成。文昌星不是每个人都有，也有不带文昌星的，只要金水木火土五行平衡周流，畅通无阻，一样有读书的天赋，有较高的学历。

文昌位的查法

先把出生年、月、日、时换算成天干地支，再从年干和日干上查四柱的地支，地支见者便是文昌星，文昌星所指的方位便是文昌位。下表所示是从出生年干上查文昌位所在。

出生年份	地支文昌星	方位
1980、1990、2000 年出生	地支亥是文昌星	方位在西北偏北
1981、1991、2001 年出生	地支子是文昌星	方位在正北
1982、1992、2002 年出生	地支寅是文昌星	方位在东北偏东
1983、1993、2003 年出生	地支卯是文昌星	方位在正东
1984、1994、2004 年出生	地支巳是文昌星	方位在东南偏南
1985、1995、2005 年出生	地支午是文昌星	方位在正南
1986、1996、2006 年出生	地支申是文昌星	方位在西南偏西
1987、1997、2007 年出生	地支酉是文昌星	方位在正西
1988、1998、2008 年出生	地支申是文昌星	方位在西南偏西
1989、1999、2009 年出生	地支酉是文昌星	方位在正西
文昌星查法口诀：甲干见巳，乙干见午，丙干见申，丁干见酉，戊干见申，己干见酉，庚干见亥，辛干见子，壬干见寅，癸干见卯。		

书房的选择

孩子在学习知识和阅读文学作品的过程中，需要一个安静舒适的环境。聪明的父母会学习和利用风水学中多年积累下来的常识，来布置孩子的书房，为孩子打造一个有利于学习和成长的空间。

书房的位置

书房最好是离干扰远的房间，使人可以平静地看书、学习、思考。如果家里的空间小，至少使书房的门不对着大门、卫生间门和厨房门。原因应该不讲自明，厕所的秽气和厨房的浊气会流入书房，会让读书的人思绪混乱，无法集中，从风水理论来说，会引起水火冲煞。

不规则的房间不适宜做书房。书房应该让人感觉轻松，才能更好地投入工作和学习。不规则的房间违背“中庸”之道，还会产生煞气，这样就容易给人造成心理压力。

书房太大不利于聚气，在大书房里看书，精神也难以集中。如果书房较大，可以摆放一两盆绿色植物，消除空荡感，增加书房的生气。如果足够宽敞，还可以在书房添置一些健身器材，闲暇之余锻炼一下身体，劳逸结合，有利身体健康。

另外，书房的窗外正前方不能有冲煞之物，以自然风光为最佳。

书房的环境

读书是一个凝神聚气的过程，即人的意念和思维集中，才学习得进去。所以书房要营造一种安静宁和的环境，才有利于身心的放松和集中，才容易使人思路清晰，记忆力增强。

书房的窗户

窗户朝向正东、正南方向，有太阳直射，房间采光纳气效果好，孩子的心情明朗，对孩子的智慧开启是有益处的。从风水学的角度看，正东方向属于青龙之位，能旺文昌；而正南方，符合风水学中的坐北朝南之说，窗户朝向南，阳光充足，营造专心学习的好环境。

窗户的大小应该与房间的整体相协调，大小要适中。如果太大，从风水学上看就是难聚内气，虚而不实，不利于精神集中，自然会对孩子的学习产生不利的影响；如果窗户太小，光线就会不足，孩子会感觉心理压抑，也是不利于学习的。

六十四卦之“豫卦”

《豫卦》是一阳爻和五阴爻相应，意思为柔弱者顺从刚强者，刚强者能使自己的意愿得以推行，即顺着自然规律而动是《豫卦》。蒋介石的名字即由此卦而来。

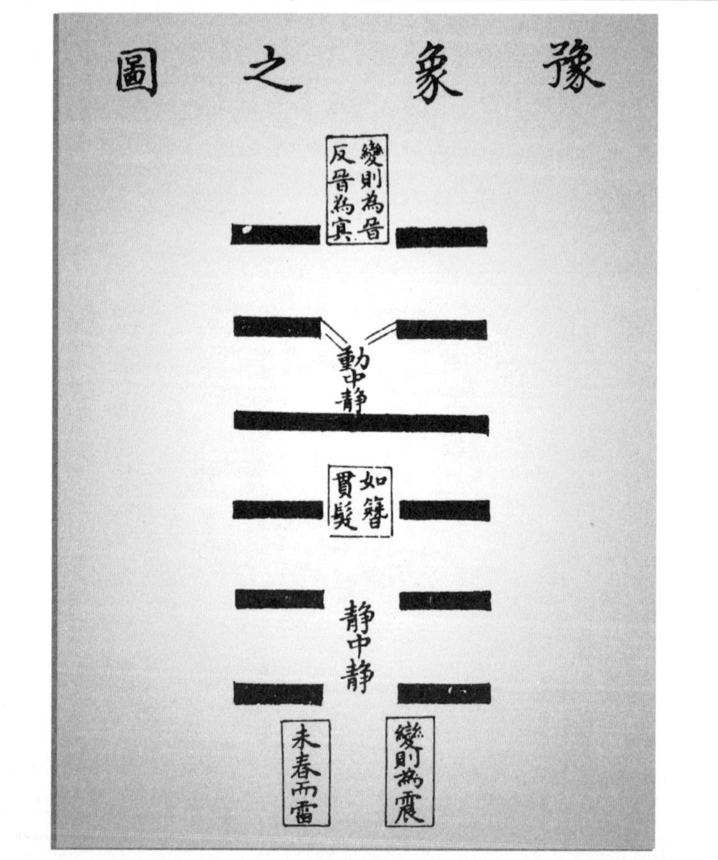

蒋介石名字的来历

蒋介石，这个名字取自《周易》。《周易》六十四卦中，有一卦叫“豫”卦。其卦辞为：“利建候，行师。”即有利于建功封候和行军打仗之事。根据《彖传》“一刚应五柔而志于上行，顺理而运动”。

豫卦的六二爻辞说:“介于石，不终日，贞吉。”在《彖传》中解说:“不终日，贞吉。以中正也。”意思是：心志与操守，坚如磐石；不终日沉迷于享乐。是为吉。因能居中得正。

蒋介石的名字就是取自这一卦的意境，再配上六二爻辞，因此，他取名介石，字中正。

书房的布置

书房是学习之重地，也是开启人智慧的地方。那么如何布置好书房，获得更好的风水来助益学业呢?

墙壁

书房需要一个安静的环境，才有利于房主身心的愉悦，更容易吸收学识。所以，墙面材料最好采用有隔音或吸音功能的。而有隔音或吸音功能的墙面材料一般用壁纸或柔性板材比较好。

地面

保持安静是书房最大的特色，所以就算是地面，最好也需要用有隔音或吸音效果的木质地板、地毯。它的用料和用于墙壁的相近，两个地方的用料最好都有隔音或吸音效果。但是，地毯不要太厚太软、要以薄软为佳，厚软容易使人产生懒散的感觉。

灯光

书房灯光的强弱在对人的影响方面是很重要的。柔和明亮的灯光宜于视力，而强烈的灯光或彩光则会扰乱视线，会引起房主精神不定，思想分散，不宜使用。一般来说，不建议在书房内用那些发出强烈的灯光或彩光的灯，最好选用一些比较柔和明亮的灯。

色彩

书房的整体色彩调配，要以文雅明亮的颜色为佳，以浅色为主。一般不要用那些过于黑暗阴冷又或过于强烈沉重的颜色。如果太深重的颜色会影响到学者精神有压抑感，不利于学习进展。从命理上来说，书房颜色还要根椐学习者的命理喜忌五行颜色来定，如果命理喜神为金水五行，可以选择白色和浅黄色等。

书房窗户

书房窗户的大小应与书房整体形状相协调。窗户大小要适中，如果是飘窗可以改动一下。落地窗难聚气，使人精神思想不集中，人也会容易疲劳。窗户太小，光线不足也容易产生压抑感，令人心里感觉不够舒展也不利于学习。

书橱书柜

书橱书柜宜用木质材料为佳。木主生发之意，木质书橱有助于增加阳气，木又带有柔性，使人心境平和，有利于学习。书柜里书的摆放也要注意忌鬼邪

书房的色彩

书房是人们阅读、学习和写作的重要场所，所以书房的环境布置很重要，书房的色彩设计就是一个重要方面。在书房的色彩设计上，使用冷色调有助于人的心境平和、气血通畅，色彩要选择中性色，同时避免强烈刺激。

书柜中书的摆放

个人藏书不必像图书馆摆放得那么严格，根据个人的习惯，以容易找到和方便拿取为主。一般情况下，工具书一定要放在手边容易拿到的地方，丛书尤其是成规模的书一定要放在一起，学术书与文学书要分开放。

书和凶杀书。鬼邪书阴沉多煞气，不利于精神和身体健康；凶杀书恐怖，不利于神经系统，易使人做噩梦。

物品摆放

在书房书桌后坐定，自己目光所及之处，有明堂有水为佳。也就是书桌前的空地要宽敞，不要有阻挡视力的物体。水主智，智慧显发之意。可以在书房内明堂摆放水缸养鱼、竹子也可以，数量上以单数为好。

在家里的文昌位，摆放什么样子的东西可以对孩子的学习起到帮助呢？摆放文昌用品，最好放在书桌上。摆放时间则要根据个人的命数来定，要在有利于孩子或者读书的人的日子放。

（1）文昌塔

把它放在文昌星的位置可以提高孩子反应能力，让孩子思维敏捷，也利于孩子写作。最好放天然水晶的文昌塔。

（2）文昌笔

文昌笔就是毛笔四支，毛笔代表文昌，四支代表四绿，也能增强学习效率。这个可以买个笔架一放即可以。

文昌笔的组成

书房摆放文昌笔有助旺孩子学业的效果，文昌笔一般由四支组成：第一支笔象征聪明智慧和身体健康，第二支笔象征事业成功和荣华富贵，第三支笔象征名誉成功和事事顺利，第四支笔象征考试顺利和状元及第。

其他禁忌

（1）书柜不可太高压床——主身体虚弱。

（2）书柜不可压迫书桌——主心神不定、劳心头昏。

（3）书房灯光不可太强——主容易疲劳。

（4）书房电器类不可太多——主头痛、心神不专。

（5）书房墙面不可乱贴偶像——主精神错乱、噩梦、疑心病。

书桌的摆放

书房的布置中，书桌的摆放是重要的一项。风水学认为，书桌或书房位于文昌方位，便可助成学业。

放置书桌的原则

放置书桌，在“室内格局风水法”上要依照以下几个原则：

（1）书桌要向门口，外为明堂。这样摆放，主人头脑清醒。但切不可被门冲，否则容易使人精神涣散，心神疲劳，无法专心于学习。一般情况下，书桌宜偏对着门。

（2）座位宜背后有靠。背后坐，以墙为靠山，古称乐山。这种摆法，主得贵人眷顾：上学儿童，得老师宠爱；上班人士，得上司赏识与提携。最好不要背靠卫生间的墙，和背靠厨房的墙。绝对不可以靠门或窗。因门窗是空位主虚，无依无靠会使学者感到心情不稳定，思想不集中。

（3）不宜背门。此缺靠山之格：上学者，得不到老师的宠爱；上班的人士，较难得到上司的赏识与提携。

（4）不宜放中宫位。此为四方无靠、孤立无援之格，人气不聚，容易造成思维疲劳，不容易集中精神。无论学业还是事业都不会太好。

（5）要避开横梁压顶。现代居室一般没有横梁了，但是要注意书桌不要摆放在吊灯或者吸顶灯之下，会导致学业难以开展，运程受阻。

为孩子选择木质书桌

市场上的书桌样式多种多样，但家长在为孩子选择书桌的时候，以木质书桌最佳。因为木主生发之意，又带有柔性，助于增加阳气，很适合朝气蓬勃的学生，而且木质书桌不会对人体产生有害物质，是一种比较环保的选择。

儿童房书桌的摆放

书桌不能放在阳台和落地窗旁边。孩子都有爱玩的心理，如果抬头就能看到窗外的风景，很难控制自己再专心学习，如果窗外经常有其他小朋友玩，更不利于孩子学习。所以，应尽量把书桌放在靠室内的地方，如果光线暗，可以用护眼的台灯。如果无法避免，就用窗帘来遮挡。

书桌的样式多种多样，现在有很多书桌为了节省空间，设计的下面是书桌，上面是多格的书架，既美观，拿书又方便。其实，这样的书桌并不好。最有利于孩子学习的书桌是不带书架的样式，因为书桌上摆放过多书，会让孩子心生压迫感。

电脑的摆放

现代学习，电脑已成为或缺的学习工具之一。但是，电脑产生的电子辐射对人体非常不利。在摆放时需注意，不能把电脑摆放在有阳光直射的地方，空调的散热口下和暖气片的附近不宜摆设电脑。

另外，电脑五行属火，并非每个孩子都适合。如果五行忌火的孩子，在书桌上放电脑，可能会出现容易疲倦或精神不济的现象。如果不想移动电脑，可在电脑旁边放一杯清水加以调剂。通常来说，生于立夏到立秋之间的孩子五行忌火。

电脑的摆放

在现代社会，电脑已经成为人们重要的学习工具，但是，对电脑的摆放也有很多讲究。在风水中，电脑属火，不能放在属水的北方，也不能摆放在忌火的孩子的书桌上，以免对其精神和身体产生影响。

学习用具的选择

如今的学习用具，色彩和形态各异，千变万化。孩子通常喜欢带有各种卡通漫画人物或动物图案的学习用具。父母们千万要把好关，为孩子选择安全环保、有利文昌的学习用具。

学习用具的颜色

如今学习用具，色彩和形态各异，千变万化。孩子学习用具的颜色，要以浅绿色的为主。因为绿色属木，能起到旺文昌的作用。

学习用具的形状和图案

学习用具的形状和图案，要依人的不同性格和属相进行选择，具体来说，有如下禁忌：

（1）大象形状。风水学上认为，大象可以加强坐方之力量，可以化解背后无靠山之煞气，有吸财、聚财之功效。大象喜水，故而在孩子的书桌前放一杯清水配合使用，效果更佳。

（2）龙形。龙，自古就是中华民族的象征，代表炎黄子孙的精神，是神圣而崇高的，代表着富贵吉祥，还是权威的象征。在风水学上龙有化煞生旺之效。但是，龙与小孩子相克，尤其是属狗的小孩。

（3）虎形。风水学上讲到，虎、马和狗叫做刑，即三者相刑。所以，属相是马和狗的孩子使用虎形或带有虎图案的学习用具，会对身体健康不利，财运不顺，甚至会有血光之灾。属虎的人也不宜使用。

（4）马在风水上被认为是生旺的祥物。孩子属相为“鼠”，最好不要使用马形或带有马图案的学习用具。

（5）属牛的人不宜使用羊形或带有羊图案的学习用具。因牛是丑，羊是未，丑未相冲。

（6）属兔的人不宜使用公鸡形或带有公鸡图案的学习用具。在五行上鸡和兔是相冲的。

（7）风水学上，猪的外表象征着圆满、财富，具有财富的灵动力。但是，猪不可频繁移动，否则会有漏财。所以，最好不要使用猪形或带有猪图案的学习用具。尤其是生肖是蛇的孩子。因蛇是巳，猪是亥，巳亥是相冲的。

（8）猴子天性聪敏好动，与人最为接近，因此风水未把它列为吉兽。但它也其独特的作用：如果家中的小孩天生内向，比较害羞和怕生，可选用猴形或带有猴子图案的学习用具，对孩子个性可能有帮助。但若小孩本身活泼好动，则不宜使用。

属相与学习用具

现在的学习用具五花八门，除了颜色的变化，还出现了各种形状，这其中就有很多动物的形状。但是，在为孩子选择学习用具时，要考虑所选的形状是否有利于激发孩子较弱的性格，还要考虑学习用具的形状是否与孩子的属相相合。

座位影响人的学习动力

孩子在学习时，坐向也非常重要。座位后面有靠山，能使孩子专心读书。靠山可以是一道墙、一块板，不能背向着门；座位前也不要直接对着窗户，窗外的景物或者噪音会影响到孩子的学习。座位要摆放在孩子的五行属性上，这样能增强文昌运，对孩子的学业有利。

风水学上讲究要把座位放在文昌星位上。不可以摆放在门口处，假如你正在思考问题，外面有人走动会打断你的思考；座位不能摆放在横梁下方，横梁压顶必然会使你感觉到压力，这样考试中容易紧张，出现发挥不好的现象；座位的前方不能有镜子，会降低学习效率，记忆力也会下降。此外，座位尽量不要紧贴着厨房或者厕所的墙壁，脏污的气味可能会降低运气，考试中会出现你没有复习到的，反复练习的则一个也不会出现。

孩子学习时的座位

孩子在学习时后面有墙或其他东西靠，表示有靠山，能使他专心于学习，会有利于他学业的进步。孩子的座位不适宜摆放在窗前，以免他在学习时分心。

食物影响人的智力

食物的摄取，不仅影响孩子的身体健康，还会对孩子的记忆力、精力和睡眠等产生影响。要提高孩子的智力，一定要多吃补脑的食物。另外，有时间的家长，还可以根据孩子的八字配制“文昌菜食”，为孩子提供更适合的能量。

补脑提智的食物

（1）动物的头——补脑佳品

立夏至立秋前出生的孩子应多吃鱼头。多吃鱼汤、鱼羹，孩子必定聪明。立冬至立春前出生的孩子多吃鸽头，可增强孩子的记忆力。

做这两个头的时候，要把头骨尽力去掉，加点盐及胡椒粉去其腥味。吃头食脑要配合大盘新鲜蔬菜一块吃，降低胆固醇。鸡头、鸭头、猪脑同样是补脑佳品。除此以外，猪肝、猪肚、猪心，这些猪的内脏也是很好的补脑食品。

（2）蛋糕+核桃=补脑极品

每天早晨上学前，早餐可吃一块蛋糕和一个核桃。孩子长期坚持这个习惯的话，就会成绩出众，有望成为知识广博的人才。

（3）多吃辣椒——补充维生素C

喜欢吃辣的人一般都很聪明，而且经常有好运。同时辣椒可治感冒，尤其是冬天出生的人，多食辣椒可减轻疲倦。

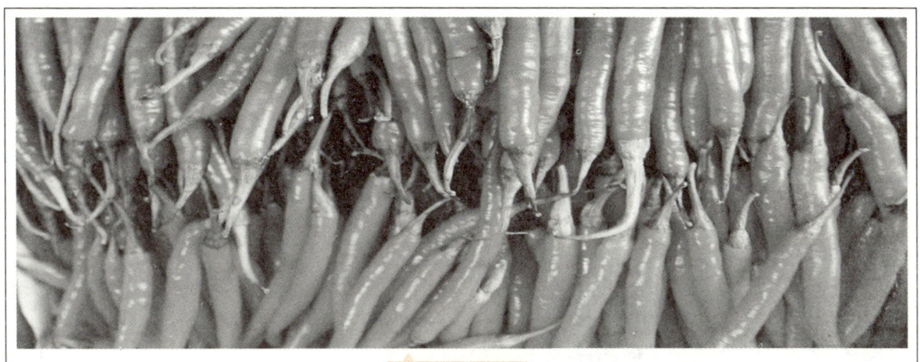

辣椒

辣椒具有极高的营养价值和保健价值。除了含有丰富的胡萝卜素外，还含有大量的维生素 A 和维生素 C，可以预防癌症及慢性病，还可治疗感冒、咳嗽、鼻窦炎、支气管炎，可淡化血液，预防心脏病发作和中风，还具有增强智力等功效。

（4）智商超群的食品——胡萝卜

每周饮用两次胡萝卜汁，既增强抵抗力，又使维生素 C 丰富，还不感冒，更能使人分外聪明。

胡萝卜

胡萝卜含有丰富的维生素 A 原，还含有较多的钙、磷、铁等矿物质，有增强免疫力、治疗夜盲症、保护呼吸道和促进儿童生长等功能，所以历来受到人们的欢迎。

（5）食绿豆补木、食红豆补火强脾胃、食黑豆补水强肾脏

欠木的孩子头发常脱或出毛病。肾，其华在发，其充在骨，开窍于耳。多吃绿豆可补木。

从中医的角度讲，红豆有解渴、止汗除烦的功能。适当吃生花生，可补脾胃功能。生在农历三、六、九、十二月的人不可吃或尽量少吃花生。

需水的人要多吃黑豆，它含有人体所需的蛋白质，帮助人体合成氨基酸和维他命 B 群，使人的肾功能免疫力加强，血管畅通。

八字与文昌菜食

每个孩子都有自己的学习文昌位，文昌菜食，也是很有趣的事。

（1）火旺的八字宜选择助金水文昌食物

凡出生在每年夏天（立夏至立秋）及秋天三伏的孩子都属于八字太热的人。

他们的表现经常是多愁善感、昏昏沉沉，尤其是生在早上九点至下午三点的孩子更为明显。他们需要的食物是金性和水性的。

文昌食物之一：海带

八字凉的孩子，选择的食物要性凉，文昌食物为金性和水性的食物，以达到增加身体能量、醒脑的目的。代表食物为绿豆芽、海带等。

文昌菜食有：生鱼片、三文鱼、牛肉、肥牛火锅、海带、海草、海苔。每周喝豆浆或吃豆腐三次或中午吃蒸鱼（忌吃死鱼，活鱼的长度一筷子长，这鱼的能量大、活力大）、吃芽菜都是助文昌的好食物。早晨喝水一杯或晨起洗冷水浴都是助文昌与开发智力的好方法。

（2）八字太凉的宜选择木火文昌食物

凡出生在冬天（立秋至翌年立春）的孩子都属于八字太凉的人。如果生在晚上九点至凌晨三点的孩子，更是凉性八字。他们的表现无野心、无功力、无奋斗心、经常感到疲倦，尤其是下午三点后精力更下降。所以对需要火的孩子除在衣着上可以穿红衣服、用红枕头袋外，从饮食调理上进行弥补是十分重要的。他们所需要的是木性和火性的文昌食物。

文昌菜食有：动物大脑，如：鱼头、鸡头、猪脑等，风水上讲究以形补形，且脑部五行属火，从科学意义上讲，可补充胆固醇。也可多吃羊肉，羊肉属火，可去寒气；动物内脏，如猪心、猪肝等属火食物，以心补心；鸡蛋黄，营养价值高且属火；核桃，营养价值高且像脑部，以形补形。其他如：辣椒、胡萝卜等，也非常适宜。

文昌食物之一：鸡蛋

八字热的孩子，选择的食物要性温，文昌食物为木性和火性的食物，以去除体内的寒气，达到补脑补心的目的。代表食物为核桃、鸡蛋黄等。

第九章 甜蜜的婚姻

爱情与婚姻不仅是甜蜜生活的一部分，也是促进事业成功的保证。爱情没有好坏之分，只有合适与否。爱情不仅是男女双方斗智斗勇的角逐之战，更是爱情气场“斗法”的结果。使用一些风水小手段，可以提高个人魅力、增进双方的感情。注意结婚时间的选择和新婚房间的布置，是开启幸福婚姻之门的第一把钥匙。选择合适的食物，不仅暖胃，更暖心。

本章目录

谁是你的最佳恋人

不管是在对的地方遇到错的人，还是在错的时间遇到对的人，恋爱都不会有圆满的结局。那么，究竟谁是你的最佳恋人呢？

属相不要相冲

属相在中国的传统文化中占有很重要的位置，来源于十二地支。其根据是地支五行的刑冲合害原理。合婚喜六合，最忌的是六冲和六害。民俗中有断头婚之说，就是指婚姻不能白头到老。民俗说“从来白马怕青牛，羊鼠相逢一旦休。蛇见猛虎如刀断，猪遇猿猴不到头。龙逢兔儿云端去，金鸡见犬泪交流。”可见合婚时属相的重要性非同一般。同时六冲也不好，具体的六冲是鼠和马冲，牛和羊冲，虎和猴冲，兔和鸡冲，龙和狗冲，蛇和猪冲。没有结婚的可以参考，如果是已经结婚的人遇到了这种情况，可以进行化解。

属相之间的相冲

属相相冲依据的是十二地支的阴阳关系，十二地支的关系有相冲、相合、相刑、相害。需要说明的是，属相相冲并不代表八字的相冲。

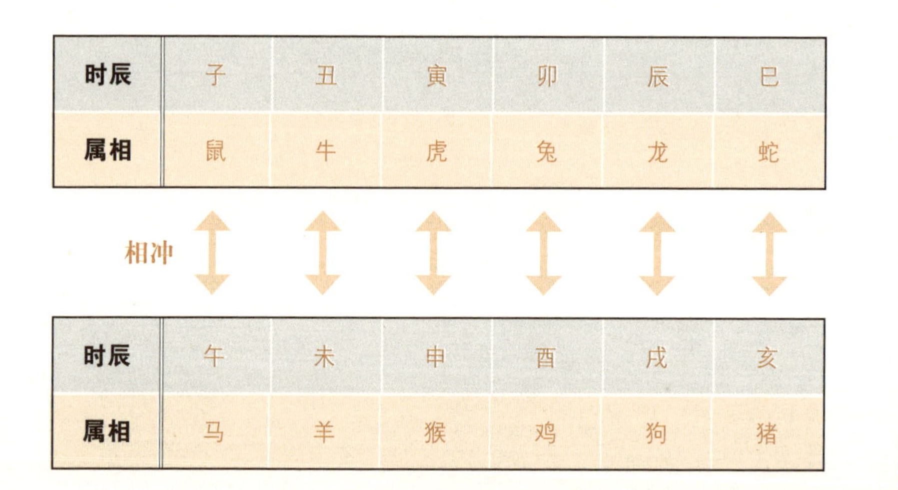

时辰	子	丑	寅	卯	辰	巳
属相	鼠	牛	虎	兔	龙	蛇

相冲

时辰	午	未	申	酉	戌	亥
属相	马	羊	猴	鸡	狗	猪

双方命理要和谐

幸福婚姻的八字是男要旺妻、女要旺夫，但是这种八字很难碰到一起。再有一个就是男女双方的八字五行互补。婚姻顺不顺与每个人的命理八字有很大的关系。古人早已从八字上总结出了婚姻不顺的几大特点。

（1）男命缺财，女命缺官

古语云“命里有时终是有，命里无时莫强求”。家庭是第一重要的，因此人的八字中有一样必不能缺。那就是男命不能缺财星，财星一是代表钱财，二是代表妻子。女命的八字中不能缺官星，官星就是丈夫星。这是构成好婚姻所必须具备的。

（2）男怕比劫，女怕伤官

即使八字中这两种五行不缺，有的人婚姻还是不好。这里面主要的原因是，男命的比劫星太旺了，命中已经有财星了，但是财星不旺，而比劫星过旺，因为比劫星是专门克制财星的，财星受克太过，同样是对婚姻不利的。女命也是如此，命中的伤官星过旺对命中的官星进行了克制，官星受克婚姻哪能好呢。

（3）婚姻宫逢刑冲

八字中是讲究宫位的，也就是每个人或事都有它的位置。如果说这个位置受伤害的话，那这个人肯定是要出事情的。婚姻宫是在日支的位置，也就是出生那天的干支的地支，这个位置就是你的婚姻宫。如果这个位置被月上或者时上的支相刑冲的话，那你的婚姻也要出问题的。

（4）六合六冲

生辰八字，讲究六合六冲，合则吉，冲则凶。六合是：寅亥、卯戌、辰未、戌木、巳申、子丑。六冲是：寅申、卯酉、子戊、丑未、辰戌、巳亥。生肖、命、生辰完全相合为大吉，二项相合为中吉。一项相合为小吉，全不相合则不成婚配。

如何提升自己的魅力

处于恋爱中的男女，或者渴望恋爱的男女，能够交上“桃花运”大概算是件浪漫的事情了。有此愿望的朋友，不妨试试风水中能够带来“桃花运”的窍门。

男女八字是否相合?

两个人在一起是不是犯冲，要看八字是否相合，看两个人是否适合在一起要看八个字，如果相合的力量大于相冲的力量，不仅结婚没有什么问题反而还会组成美满幸福的家庭。下面以一对男女的八字为例加以说明。

某男和某女的八字

	年干	年支	月干	月支	日干	日支	时干	时支
男	丙	午	丁	酉	丙	申	壬	辰
女	壬	子	甲	辰	辛	巳	丁	酉
关系	相克	相冲	相生	相合	相合	相合	相合	相合

上面二人的年干相克，年支（属相）相冲，但其余干支相生相合，两人相合的力量大于相冲的力量，可以组成幸福的家庭。

哪些布局会让“金桃花”溜走?

金桃花，是利贵之花，嫁入豪门或者娶富贵之妻。金桃花与普通桃花不同，它与命和运有关，并非人人都有此命。即使有此命的人，若不留意，也可能会让金桃花溜走。

卧房下面不能有水沟经过，好运会随着水沟全都流走。床头宜靠墙，不宜靠窗。女有靠，意即能找到可靠男人，无靠或靠窗则意相反。睡床上方若有灯，宜圆宜方不宜长，更不宜竖在床中上方，把床分为两边，女主人与桃花无缘。

女人的化妆盒关系爱情，因此不宜在洗手间化妆，污秽之气会让桃花运走掉。若戴银饰品出门，注意查看银饰是否氧化，氧化的银饰会破坏金桃花之运。

男女通吃法

（1）利用暖色系，增强人气。红、橙、黄等暖色，能够刺激和催化人的情感。可在家中多布置暖色系的摆设，出门多穿暖色系的衣服，自然可以聚集人气。

提升自己的魅力

我们说一个人有魅力，不一定代表这个人长得多么漂亮。一个人有魅力的关键在于他要有气质，这种气质是从内向外散发的。而这种气质的基础又在于健康的身体、良好的心态和美好的修养。

（2）上火有口臭的人，在床头放上一杯水。上火往往是失眠等原因造成，火气大时，口中容易产生异味。有口臭的人，当然魅力大打折扣。床头的一杯水，有助于清心和睡眠。

（3）心情烦闷时，静心赏花。在花瓶的上方装一盏聚光灯，集中精神去感受灯光下花朵的美感，让这种强烈美感来安抚你燥乱的情绪，回复好心情，才会有好面貌。

魅力男人

（1）展现你的“额头”

恋爱呈现在风水上的，便是异性间“气的沟通”。额头，在人体的位置相当于“气的入口”。如果头发盖住前额，则意味着拒绝彼此“气的沟通”。因此，欲散发出恋爱的气息，首先就是要展现你的额头。另外，头发还容易隐藏一个人对过去的依恋，也容易对过去依依不舍。所以，要想有个新的恋情，建议最好留短发，即便是长发也不要留得过长。

（2）在最佳约会时间“告白”

恋爱若要成功，关键在于时机的把握。从风水上来说，下午5点到7点之间，是最佳的告白时间。下午5点到7点间，在风水上的时间带为“兑”，象征的意义正是恋爱。此外，在字面上也有喜悦和期待的意思，因此最适宜进行爱的告白。而一旦错失良机且过了晚上11点，恋爱的运势就会有所改变，因为，晚上11点到凌晨1点之间，在风水上是所谓“坎”时，也是性机能最旺盛的时候，在此时，爱的告白往往容易成为以“性”为主的交往，所以须特别注意。

（3）根据命卦选择香水

香水对人的嗅觉有很强的刺激作用，可以长期保存在女性的心间，唤起对往昔的回忆。因此，对于男士来说，选择一种合适的香水，对于提升魅力来说必不可少。男士选择香水，以“性感、优雅、阳刚”为原则，不可选择有脂粉味的香水。命中土旺的人，性格比较沉稳，适宜选择较为时尚的香水类型。命中金、水旺的人，充满生活激情，宜选择深沉的传统风味的香水类型。命中木、火旺的人，个性热情大方，可选择优雅的香水类型。

做个有魅力的男人

一个有魅力的男人应该是事业有成、凡事充满自信、有责任感、待人接物恰到好处的。一个在生意场上谈笑风生、充满自信，在私底下宽厚待人的男人，哪个女孩见了不会被吸引！

性感女人

（1）散发女人气息的“桃色”

很多女人只要一碰上粉红色就容易心花怒放，而且能在无形中散发潜在的魅力。因为，颜色有许多不容忽视的力量，其中又以粉红——桃色（接近桃色的粉红）最能提升女性的魅力指数。在中国，“桃”象征着恋爱，桃花盛开的春天，更是发展恋情的最佳季节。所以，当你想结交异性而无机会时，不妨穿一件粉红色的衣服，抹粉红色的口红……总之，在追求时尚与化妆之际，尽量使用粉红系列就行了。

（2）防小人——会说话的水晶

在风水学中有“水晶会说话”的说法，具体使用方法是：将约 3 ~ 5 厘米的水晶放在床位枕头和脚跟两处，能够加强周边的“流气”，防止小人靠近。脚跟处的水晶若改摆紫水晶则效果更佳，但低血压的人不适合紫水晶，使用与枕边相同的透明水晶即可。另外，在外出时，还可将水晶装在口袋或书包里随身携带，以避免外面的邪气和达到保身的功效。

水晶

水晶在大自然中被誉为“石中精灵”，它有着特殊的分子结构，加上千万年来吸收天地日月之精华，所蕴藏的神奇能量非一般矿石所能替代。因其具有超强的气场及记忆功能，常被用来祈福、辟邪、修行、养身、供佛、许愿等。

如何避免桃花劫

桃花这类现象，有些是先天注定，有些是后天风水运程所致。有些人桃花绯闻不断，有些人以前没事，但在搬到新家或新的办公地就遇到桃花劫。那么，怎么避免桃花劫呢？

看相识“花”

（1）在大拇指下面的部位称为金星丘。此部饱满的人对桃花之事有动力；此处扁平的人对桃花之事无多大的期盼。

手掌上的感情线是观察桃花有无过多的重要指标。如果一个人的感情线为锁链状的话，代表情感上的际遇会很多；如果一个人的感情线杂乱或中间断了的话，代表在情感上易出现多次恋情；如果一个人的感情线上面还有根副线的话，就是双重感情线，代表情感复杂。如果此人的智慧线不够长、不够深的话，就更易有桃花。

手相与感情

人的手掌上有许多纹线，其中感情线是最为人们熟知的，感情线的形状和变化关系人的情感变化。根据五行，也可以将手掌分为不同的区，其中，金星丘和月丘是与人的感情密切相关的两个区。

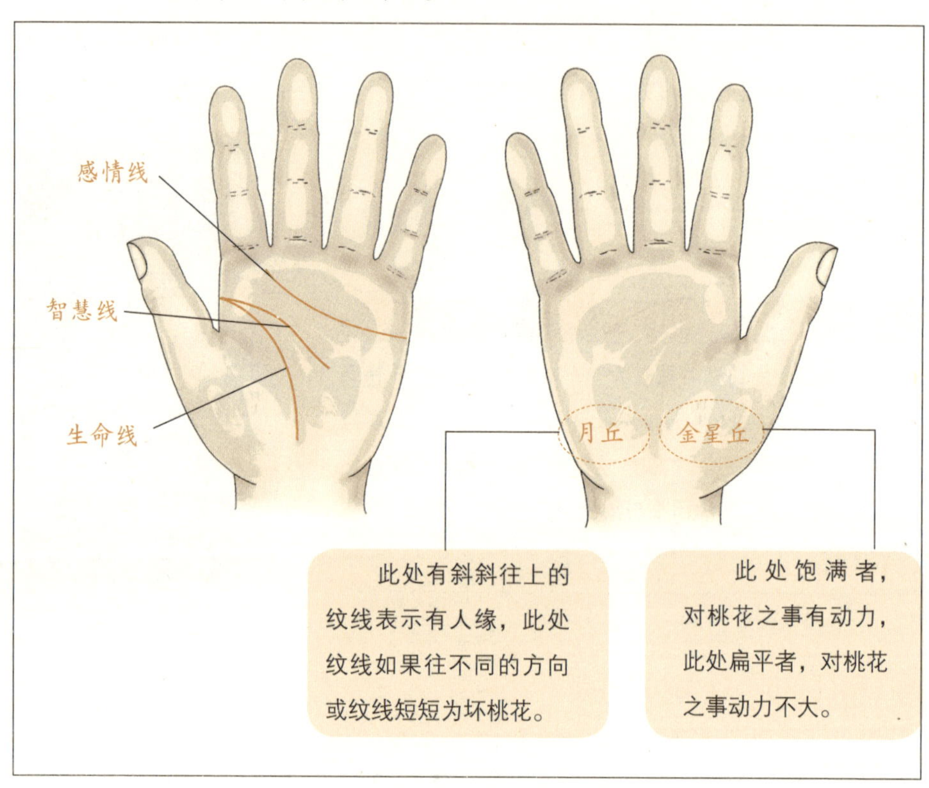

（2）漂亮不代表桃花一定多，不漂亮也不代表没桃花。面相看桃花是否旺，首重眼睛，水汪汪的眼睛是注定桃花不断的。正走桃花运的人，双眼有神，两颊粉红，加上面上常带笑容，因此会招来很多异性的羡慕。

妻妾宫部位丰满殷实、光泽四溢，就会增强其异性缘。尤其是女性，更是会桃花运连连。如果女性在眉尾有痣的话，那也是容易有很多桃花运的。

以上的手、面相只要有其中一条，桃花运就不错。如果多条都有的话，那桃花就相当旺了。不过，桃花不仅有正桃花，还会有烂桃花。如果一个运势处于不利状态中，烂桃花就会变成桃花劫。

什么样的面相最性感

人们说一个异性者有魅力时总是代之以“性感”二字。对于女孩来说，性感的女孩面相应该具有以下一些特征：

破解桃花劫

所谓桃花劫是指因为桃花之事而破财或惹祸上身，生活中此类事情屡见不鲜。那么，如何避免桃花劫呢？在风水上要注意下面几点：

（1）回避生肖不合或命理不合的对象。虽然在认识之初会觉得甜蜜，但是若是命理上有冲突的话，不仅相处得累也会造成矛盾积聚，从而转爱成仇。

（2）可在家居的正东或正西方位（男性桃花位在西方，女性在东方）放置仙人掌来化解桃花。也可悬一把桃木剑以斩断烂桃花。以煞化煞是解掉不利的桃花的最好方法。

（3）在桃花事件朝不利的方向发展时，尤要注意自己住宅是否洁净，桃花位是否有凶的物品。这些不利的风水在遇到不利运程时就会起到坏作用。

利用风水化解桃花劫，切忌不要太过盲从，一定要结合自身情况，找对症结所在，让桃花劫对你说“拜拜”！

十二生肖与桃花位

风水上的桃花位可以根据属相寻找，不同的属相有不同的桃花位。

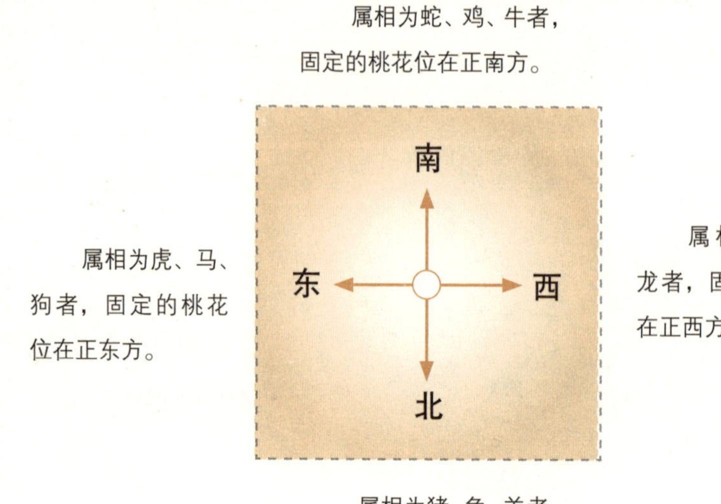

增旺爱情的秘诀

你是否在经历了浪漫激烈的彼此吸引和追逐的爱情游戏之后，陷入了风平浪静的无聊落寞之中呢？千万不要让这种情绪毁了你的生活。快来学习布置爱情风水，营造浪漫的环境，打造甜蜜温馨的爱情方程式！

查看和清理门窗

风水讲的是一种气场，一种生气。门和窗是生气的气口，对主人生活质量有十分重要的影响。门口如堆积杂物与垃圾，会导致你的气运不畅，给你带来诸多不利的影响。所以，一定要把门外的杂物和垃圾清理干净。窗能吸纳阳光和空气，若长期处于光照不足的环境中，就会容易生病或精神倦怠、心理压抑扭曲。住宅的门不要多，窗不要过大，否则也会导致内气外泄，身弱破财。窗大可挂百叶窗来弥补，门多可在玄关处加屏风护气。玄关是从室外进入客厅的必经之路，有美化居室和调理风水的作用，可招桃花入室，还可招财。因此，玄关宜保持整洁清爽，若在周围堆放太多杂物，不但会败财，也会使宅主的爱

窗外要洁净

门窗是一所住宅的气口，窗外的环境直接影响到室内主人的身体健康和心情好坏。窗外满是葱茏的绿色植物，室内的空气必定新鲜至极，屋主人必定每天都是神清气爽，桃花运自是不必说。

情运受到负面影响。

卧室一定要聚气

研究表明，人的体表存在着一层气场，它是人体本身产生的能量流动形成的。当人在休息睡眠时，床的位置摆放得当，人体的气场与地球的磁场就相吻合。因此，床位要根据自己的八字，选择有利于调节爱情运的朝向。

床位不可逼虎。所谓“逼虎”，意指躺在床位上的右手边。这个方位不可以靠墙或邻近柜子，否则容易同床异梦。床位不可冲门，床位要“隐”，不可任人看穿，毕竟家中私事还是保守点才好。直接与大门相冲的卧房，经常接收不好的气流与磁场，夫妻感情当然会出问题。

十二生肖的爱情保卫战

（1）属鼠的人

属鼠的人，生于子年，五行属水。水性温和、柔软、大方，拥有桃花和互动性的能量，因此属鼠的人大多人际关系活跃，与人接触的机会较多，容易吸引桃花或与异性交往。但是，由于感情不坚定，容易四处留情，在多个对象之间摇摆不定，难于专注于感情。因此，对方容易产生不安全感。

属鼠的人，可在卧室的窗户边摆放风信子或香水百合。风信子象征承诺、守信，香水百合的白色属金，金代表坚定。也可以摆放去叶见梗的开运竹，或是白水晶圆球。开运竹的枝节有节节高升之意，象征着顶天立地的魄力与骨气，而白水晶圆球在五行中属金，也有坚定的能量。这些植物或饰品，可以增强鼠年生人对爱情的坚定态度，从而赢得对方的信赖。

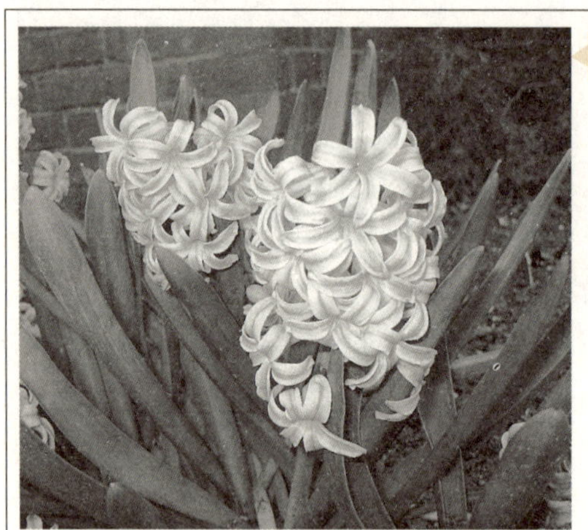

爱情的信使风信子

风信子又叫洋水仙或五彩水仙，花序端庄、花色丰富、花姿艳丽，在光洁鲜嫩的绿叶衬托下，恬静典雅，是早春著名球根花卉之一。风信子的不同色彩代表着不同的爱情含义。

◎白色：恬适、沉静的爱

◎红色：让人感动的爱

◎蓝色：深沉、永恒的爱

◎紫色：悲伤、妒忌，忧郁的爱

◎粉色：倾慕、浪漫的爱

（2）属牛的人

属牛的人，生于丑年，五行属土带金。土代表领导能量，金则代表坚定和规则，所以，牛年生人大多对爱情坚定有情义，但是他们的表达能力却较为刚硬和死板，同时，也有一定的领导欲和主宰性。在爱情生活中，他们比较缺乏温柔的态度，情感表达较为生硬和刻板，会让对方觉得缺乏浪漫情趣。

属牛的人，可在自己卧室的窗台上，摆放四季春、丰州凤凰等草本植物。最好有阳光照到，以便进行光合作用。这类植物具有感性的柔软能量。也可在窗户旁摆放粉红水晶圆球，它也具有温柔、浪漫的能量。或者在窗边摆放丘比特或是爱神之箭造型的流水盆，以视觉效果来带动浪漫的力量。这些植物或饰品，具有温柔的感性能量，以增强你的生活情趣和浪漫。

爱神丘比特

丘比特是希腊神话中的爱情小使者，传说他的箭一旦射入青年男女的心上，便会使他们深深相爱。属牛的人在窗边摆放爱神丘比特，可以增强您的生活情趣，为您带来浪漫的力量。

（3）属虎的人

属虎的人，生于寅年，五行属木带火。木代表思考和判断力，火象征冲动和活力，因此，虎年生人大多对爱情很理智，以智慧的手段去计划和安排，并且积极展开行动。虎年生人追求对方很少失败，但若遇挫败又会产生盲目的好胜心，从而强求爱情，这样就会因一时冲动而违背爱情的原意。

虎年生人，可在自己卧室的窗边，摆放紫色花朵的植物，如兰花等。或是摆放紫色水晶圆球。因为紫色能释放出让人理智、冷静、稳定的能量，从而可以改善虎年生人在面对爱情失利时产生冲动的倾向。

属相为虎的人

属相为虎的人属木带火，有着良好的思考和判断力，且充满活力，但在感情失利时往往陷入冲动。在卧室的窗台上摆放紫色的植物或水晶可以改善属虎人面对爱情失利时产生的冲动。

（4）属兔的人

属兔的人，生于卯年，五行属木。木代表思考、分析和判断力的能量，因此兔年生人在面临爱情之时大多进行大量的分析、判断和策划。但是，兔年生人有时会由于思虑过多，反而缺乏积极行动的勇气，从而错失爱情的良机。

兔年生人，在爱情上要增强行动力。因此，可在自己卧室的窗户边摆放红色的玫瑰或太阳花等植物。玫瑰要去刺，室内也不宜摆放尖锐之物，它的攻击性会影响桃花运。或者在窗边摆放水晶圆球。红色或水晶具有积极行动的执行力量，可以增强兔年生人对于爱情的行动力。

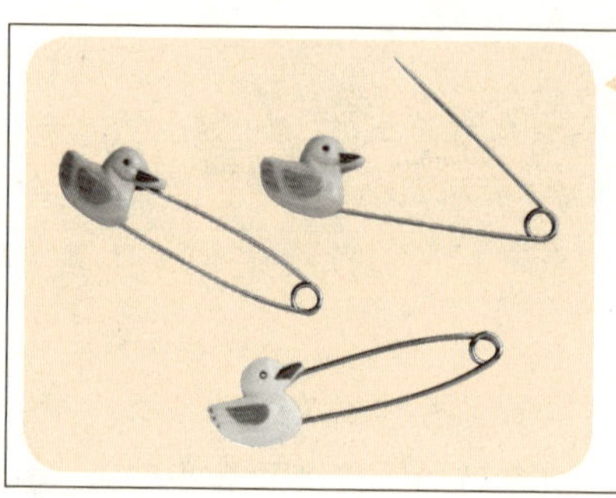

尖锐物品小心收藏

尖锐物品对人具有攻击性，会影响人的桃花运，室内摆放尖锐物品会导致爱情破裂，所以不用时一定要收藏起来，即使是可爱的小别针也最好不要乱放。

（5）属龙的人

属龙的人，生于辰年，五行属土带水。土是象征主导与承载，水代表温和、柔软和互动性。因此，龙年生的人在爱情上虽有些主导性的霸气，但也不缺乏柔情的一面，总体而言，他们能刚柔并济，在爱情上处于主导地位。但是，属龙的人若用情过深，或过于喜爱对方，往往会不顾一切地付出自己的柔情，不去考虑未来的结局，这会让自己陷入不理性之中。

摆放绿色植物

绿色植物属木，木象征理智、分析、思考与判断，对于陷入爱情时容易失去理智的属龙人，在卧室的窗台上摆放绿色植物可为其增强理智的能量。

针对于龙年生人容易陷入单方面付出感情这个缺点，可从加强理性入手。在自己卧室的窗台上，摆放绿柑橘等的小型绿色植物，或者蓝色、紫蓝色花卉，或是绿色水晶圆球。因为绿色的植物属木，木象征理智与分析、思考与判断，借助于这一特性，可以增强肖龙人所缺乏的理性能量，从而在爱情中保持理智。

（6）属蛇的人

属蛇的人，生于巳年，五行属火带金。火象征活力与冲动，金则代表刚强与规则，因此，蛇年生人在爱情的态度上，大多会有积极地争取，勇于付出和努力。不过，有时候蛇年生人也会有冲动，由于本身的强硬和死板属性，不容易表达出温柔和浪漫的一面，从而造成沟通上的误解。

蛇年生人，在爱情上要改善的部分主要在于温柔和浪漫，在于创造一种美好的爱情氛围。因此，可在自己卧室的窗台上，摆放粉红色花卉植物，若是玫瑰则须去掉刺；或者摆放粉水晶圆球。粉红色具有强烈的爱意和浪漫能量，能激发出人性格中温柔和爱意的一面。或者，在窗边挂上一幅表达浪漫爱情的图画，再用一盏小灯照在上面，用这种形象来催发自己的浪漫情调。

悬挂浪漫爱情画

属蛇的人一般有些死板，在卧室的墙壁上悬挂表达浪漫爱情的图画，可以催发美好浪漫的爱情。

（7）属马的人

属马的人，生于午年，五行属火。火代表冲动与活力，象征一路狂奔与勇往直前，因此，马年生人在面对爱情时，大多表现得风风火火，无所畏惧。这种勇敢精神虽然可取，但是经常会沦入盲目和冲动之中，缺少考虑和计划，欲速则不达，很可能会在感情路上遭到挫败。

紫色水晶手链

属马的人充满活力，但在感情方面常常陷入盲目之中。而紫色可以释放让人理智、冷静、稳定的能量，水晶又蕴含着神奇的能量，随身佩戴紫色的水晶手链有助于改善属马人面对爱情时产生的冲动。

想要改善爱情命运的马年生人，可在自己卧室的窗台上，摆放紫粉色的花卉植物，或者是摆放紫水晶、绿水晶圆球。紫色拥有开启智慧的能量，粉色则是浪漫的爱意，绿色具有木的理性与思考。利用这些物品的属性，可以减轻马年生人对于爱情的盲目和冲动，增强其思考和计划性。

（8）属羊的人

属羊的人，生于未年，五行属土带木。土代表主导和承载，木代表思考与气质，因此，羊年生人，大多有着优雅的气质和君子的风度，是略带傲气的绅士或淑女。在爱情生活中，他们有时候会因为过于注重自己的外在形象，从而缺乏自然的表现，让人觉得无法亲近和深入内心。

羊年生人要注意的爱情问题，主要是让自身变得自然和随性。可在卧室的窗台上，摆放一盆康乃馨。康乃馨象征着温和、亲切，让人容易接近，消除羊

可消除距离感的康乃馨

康乃馨又名石竹花，花色娇艳，有浓郁的香气。粉红色的康乃馨被作为母亲节的象征，而康乃馨也因母亲节而蒙上一层慈母之爱的色彩。属羊的人常略带傲气，让人无法亲近，如果在卧室的窗台或窗外种植康乃馨，可拉进与他人的距离。

年生人与人的距离感。羊年生人也可在窗外种植一片草地，让爱意在草原上无限延伸，同时可以加强羊年生人的自然表现能力。

（9）属猴的人

属猴的人，生于申年，五行属金带水。金象征刚强、规则、坚毅、死板，水代表温柔、和善、情感。因此，猴年生人大多属于外冷内热之人，刚见面时可能有些冷淡，甚至有距离感，其实若长时间相处之后，便会发觉他们内心的热情。因此，属猴的人在爱情上的问题在于外表过于刚硬和冷淡，会让别人产生避而远之的念头。

猴年生人，可在卧室的窗台上，摆放向日葵、太阳花等热情型植物。因为，这些植物有着太阳的能量，代表热烈的情感和直接的表达，这种让人坦诚内心的能量可以对属猴的刚硬态度有所改善，以免带给别人那种冷漠的假象。

有着太阳能量的向日葵

向日葵有着酷似太阳的外形，它金黄色的花朵明亮而大方。因其喜欢围绕太阳转，被认为具有太阳的能量，代表着热烈的情感。属猴的人在卧室的窗台上摆放向日葵可避免给人带来冷漠的假象。

（10）属鸡的人

肖鸡的人，生于酉年，五行属金。金代表刚强、规则、坚毅、死板、规矩，因此，在面临爱情时，鸡年生人大多会坚守自己的爱情，不会轻易改变。但是，这种过于认真的态度有时候会变成一种死板，比如在刚开始交往的时候，很可能会让人觉得顽固和不开窍。在失恋之时，也容易钻入死胡同，想不开。

鸡年生人，要明白爱情不是一成不变的，能享受爱情的美好，也要勇于承受爱情的痛苦。若爱情已经离去，就要早日放开怀抱，不要让思想停留在往昔

摆放花束增加爱情能量

属鸡的人五行属金，性格为刚毅而死板，这一性格在面临爱情失败时很容易钻入死胡同。可以在卧室的窗台上摆放由多种花组成的花束，以此增加生活的丰富性，也可以活跃自己的爱情能量。

之中。建议生肖为鸡的人在卧室的窗台上摆放不同的花朵或是盆栽，利用不同种类、颜色的花朵，来增加生活的多变性和丰富性，并借此活跃自己的爱情能量。

（11）属狗的人

属狗的人，生于戌年，五行属土带火。土象征主导和承载，火代表热烈、冲动和力量。因此，狗年生人在爱情上大多处于主导的地位，他们有较强的领导欲和占有欲，希望能主宰爱情。但是，也由于他们过强的好胜心和勇于竞争、挑战的态度，有时候会把对方吓得逃走，或者想尽量躲避他。

狗年生人，极为缺乏温柔心和谦虚的态度，因此要在这方面加强。可在卧室的窗台上，摆放一些紫百合或其他紫色花卉，或者摆放紫水晶球。因为紫色有思考和智慧的能量，能让狗年生人多一些理解和宽容之心，学会温和和内敛，避免好胜和强势的态度。

属相为狗的人

属相为狗的人一般领导欲和占有欲较强，往往由于缺乏温柔心而被对方躲避。而在卧室的窗台上摆放象征思考和智慧的紫色花或水晶，可使属狗人增加一些宽容和理解之心，学会温和内敛。

（12）属猪的人

属猪的人，生于亥年，五行属水带木。水代表温和、柔软、灵动，木代表思考、冷静、筹划，因此，猪年生人在感情上属于温情脉脉的，容易让人心动。但是，猪年生人有思考和筹划的特质，他们的情感表现方式过于完美，让人感觉似乎是在演戏，给人一种不真实感。

猪年生人，由于情感表现方式过于戏剧化，因此要加强真诚心和诚恳态度。在卧室的窗台上，摆放一些黄色花卉，若是黄玫瑰注意去刺；或是摆放黄色水晶球。这些黄色植物或水晶，有稳定精神的作用，并且可以舒缓人的情绪，从而可以让猪年生人在情感上更加稳定，让人信任。

摆放黄色的花

属猪的人温柔、灵动，喜欢追求完美，在感情上的表现往往会给人一种不真实的感觉。在卧室的窗台上摆放黄色花卉可以让属猪的人在感情上更加稳定。

婚恋运势与家居颜色

婚恋运势是受时间与空间两大因素控制的。人有一半时间是生活在家里的，家居环境对人的情绪影响极大，而情绪的好坏又直接关系到男女的感情。家居环境中最为明显的就是家居的颜色。家居颜色的五行流通与否，直接影响到男女的婚恋运势。所以，调整好家居的颜色，营造一个和谐顺畅的气场，会有助于提升和增加男女的婚恋运势。

家居的颜色尽管千变万化，但万变不离其宗。家居的颜色包括墙面、地面、天花板、家具、窗帘、织物和其他用品等。根据研究，家居的颜色也可以归纳为五大色系，即黄、白、蓝、绿、红。这五种色调对生于不同季节的人，有着不同的影响，那么四季生人，应该如何去调整自己家居的幸运颜色，来增强婚恋运势呢？

春天（农历正月、二月）生人，以木气为主，应该使木气流通起来，所以应该设计水生木、木生火的色调，即以蓝、绿、红为搭配，作为家居的主色调，其中以绿为主，蓝与红为辅。当然，在此基础上也可以增加一些与之和谐的混合颜色，或可以根据主人喜好配置适当的对比色。

夏天（农历四月、五月）生人，以火气为主，应该使火气流通起来，所以应该设计木生火、火生土的色调，即以绿、红、黄为搭配，作为家居的主色调，其中以红为主，绿与黄为辅。在此基础上再混以少许主人喜好的颜色。

秋天（农历七月、八月）生人，以金气为主，应该使金气流通起来，所以应该设计土生金、金生水的色调，即以黄、白、蓝为搭配，作为家居的主色调，其中以白为主，黄与蓝为辅，再混以少许体现个性的颜色。

冬天（农历十月、十一月）生人，以水气为主，应该使水气流通起来，所以应该设计金生水、水生木的色调，即以白、蓝、绿为搭配，作为家居的主色调，其中以蓝为主，白与绿为辅，再适当混以少许个性因素。

四季末（农历三月、六月、九月、腊月）生人，以土气为主，应该使土气流通起来，所以应该设计火生土、土生金的色调，即以红、黄、白为搭配，其中以黄为主，红与白为辅，再混以少许的个性设计。

根据季节生人的不同特点，去科学调整家居颜色，不仅能增强单身男女的恋爱运势，同时也可以提升已婚夫妻的婚姻质量，从而使你姻缘和美，爱情幸福。如果把这种理念延伸到办公环境，那也同样可以收到意想不到的惊喜，当然，如果能结合八字五行去调整，那更是行之有效了。

选择最佳的结婚时间

婚姻是人生的大事，是人生的另一个起点，关系到人一生的幸福，谁都希望图个吉利。所以，结婚吉日的选择至关重要。选择结婚日期时，一定要避开那些不吉利的日子。

选择结婚时间主要结合两个方面：一看配偶星。男命看财星，女命看官星或杀星；二看配偶宫。配偶宫在日支，两者要参合起来看。

结婚年份的选择

通过查看双方的生辰八字分别与其大运、流年的作用关系，选择或确认利于结婚的年份，一般从两方面进行考虑。

（1）配偶星地支合入配偶宫中为适合结婚的年份

分为两种情况：一是配偶星逢太岁地支合入配偶宫中；二是八字或大运原有配偶星地支本与配偶宫半合，又逢流年太岁与之构成三合。

（2）配偶星逢天干五合为适合结婚的年份

分为两种情况：一是配偶星逢太岁天干合入日支或天干；二是八字或大运原有配偶星天干，逢太岁天干与其配偶星相合。需要注意的是，配偶星逢天干五合，一定要观察配偶星是否有根得旺，若无根虚浮，逢合必化为他物，不能定为结婚的年份。

天干五合与化气

天干五合分几种情形，有合留、合绊、合动、合化、合去之分别，结婚取合留、合动之意。天干相合与化气的情况如下表所示：

天干合		化气
甲	己	土
乙	庚	金
丙	辛	水
丁	壬	木
戊	癸	火

结婚月份的选择

首先，从生肖选择行嫁月。选择结婚的好日子时，有一个选择，就是以女方为主。行嫁口诀是："正七迎鸡兔，二八虎与猴，三九蛇共猪，四十龙和狗，羊牛五十一，鼠马六十二。"即属鸡、兔的选正月和七月；属猴、虎的选二月、八月；属蛇、猪的选三月，九月；属龙、狗的选四月、十月；属牛、羊的选五月、十一月；属鼠、马的选六月和十二月。

生肖与行嫁月

行嫁月的选择以女方的生肖为主，选择的月份为阴历。不同生肖适合的行嫁月如下所示：

属相	适宜的行嫁月
鸡、兔	1月、7月
猴、虎	2月、8月
蛇、猪	3月，9月
龙、狗	4月、10月
牛、羊	5月、11月
鼠、马	6月、12月

结婚日期的选择

然后，选择结婚的日期，也是以女方为主。根据男女双方八字分别与其流月、流日的作用关系，选择或确认利于结婚的日子。首先要避开"阴将日"、"阳将日"和"阴阳俱将日"，只能选择"不将日"。"阴将日"伤妇，"阳将日"伤夫，"阴阳俱将日"夫妇俱伤。

在一个利月里，不将日只有那么几天，能不能合成婚嫁吉日还要看女方生辰八字能否符合属命、阴阳八卦和九宫方位，亦即黄历上所标的"建满平收、除危定执、成开避破"十二字而定。这 12 个字逐月逐日排定，其口诀是："建满平收黑，除危定执黄，成开皆可用，避破不相当。"也就是说这十二个字中，只有四个黄道吉日，两个一般的，其他六个皆不可用。除此之外，还要看男方父母的年命。如果男方父母的年命遇上禁婚年，即使再好的吉日也只能作罢。

不将日的选择

风水认为，凡嫁娶须择不将吉日，取干支比和为不将。如正月，月厌在戌，厌对在辰，逆行十二辰，自辛至巽为前为阳，自乾至乙为后为阴，丑时不冠带，亥日不嫁娶。

月份	月厌	厌对
正月	月厌在戌	厌对在辰
二月	月厌在酉	厌对在卯
三月	月厌在申	厌对在寅
四月	月厌在未	厌对在丑
五月	月厌在午	厌对在子
六月	月厌在巳	厌对在亥
七月	月厌在辰	厌对在戌
八月	月厌在卯	厌对在酉
九月	月厌在寅	厌对在申
十月	月厌在丑	厌对在未
十一月	月厌在子	厌对在午
十二月	月厌在亥	厌对在巳

如必须按此吉日行嫁则公婆必须回避，婚后三日不得见新娘始可破解。

结婚时辰的选择

结婚时辰指的是开始举办结婚仪式的时间或者新娘上轿、下轿的时间。这些时间的选择一方面要考虑到当地的风俗习惯，另一方面也要根据八字、流日、流时的作用关系，选择最佳的时辰。

婚姻是人一生中的一件大事，结婚的日期是自己人生的另一个起点，起点的好坏直接关系到两人将来的人生轨迹。出生时间，我们没有选择权，但结婚的时间我们可以好好使用自己的选择权了！珍惜这份权利，扼住自己命运的咽喉。

新婚房间的选择

“洞房花烛夜”是人生四大喜事之一。中国人向来重视大操大办婚礼，各地风俗习惯中有很多风水上的讲究。新婚房间是新婚夫妇开始新生活的重要场所。因此，在繁琐的结婚准备工作中，新婚房间的选择要尤其注意。

房间的位置

结婚新房要查双方的八字命局喜用神及房间的喜用神方位，再配合房型、楼层和坐向来布局间隔。最好在选楼的时候就配合八字命局，这是最完美的风水布局。装修的时候水、电布局以及细节布置都要结合命局，这样才能避开不好的运气。

一般来说，新婚夫妇的卧室，最好在阳光充足之方位为吉。如果光线太暗，容易使两人心情烦闷压心口。空气应该畅通，以免新家具及装潢材料（忌黑檀、黑色）、油漆味等熏塞人的呼吸系统，影响头脑。建议选择有窗户且可让阳光洒入的房间当主卧室，对恋情的好运与稳定度都有正面的帮助。一定要落在家

新婚卧房的选择

新婚卧房应该选择在阳光充足、空气畅通的方位，不仅可以防止室内的细菌滋长，还可以增旺夫妻二人的感情。

庭整个风水中的吉位，最好是生位，新婚夫妇需要风水的生发促进夫妻之间的感情，以及对夫妻之间的生育进行风水上的帮助。

卧房格局要方正

卧房格局的好坏是爱情的投影，选择方正的卧房格局，可以让你的恋情发展更为平稳坚固，且爱情也会呈现中庸的状态，不会太过也不会不及，双方会处在一种平等且和谐的关系；反之，若卧房格局是属于狭长型的，那么彼此都容易脾气暴躁，缺乏耐性，以致争吵不断。

选择方正且属于自己桃花方位的房间当作卧房，这样感情运会显得特别地幸福与顺利，但是若你的卧房并非方正格局，那么则建议借由物品与环境的布置，让房间“看起来”是一个方正的格局，例如：在缺角的地方装设镜子或布帘，等等。

卧房主色调的选择

房间色调如果太阴暗，如深蓝、深绿、深红、深灰色等，容易让人产生压抑感。房间天花板不可五光十色，奇形怪状的装潢，谨防成八卦、天罗地网，百病丛出。

暗色调的卧房

卧房的色调太暗，会给人造成压抑感，久而久之会影响人的心情，进而影响到夫妻感情和屋主人的身体健康。

房间地板颜色不要太黑暗，或大红、特红、粉红色，易使人脾气暴躁，口角多。房间墙壁及家具、窗帘尽可能不要用粉红色，易导致脑神经衰弱、惶恐、不安、易发脾气，多口舌是非，也容易犯桃花。地毯、床单、窗帘如果都是红色，则生女孩的机会较多。

新婚房间的布置

婚姻是人生的一件大事，是人类生命得以延续的桥梁。“有情人终成眷属”，已成为天地间最美好的祝福与追求。新婚房间的布置也会影响到二人婚后的和谐与否。

卧室的装修要“天圆地方”

中国风水中最古老的风水规则是“天圆地方”，卧室的风水设计完全可以按照这个风水规则进行装修上的设计。卧室的吊顶可以装修成圆形的或者是椭圆形的，卧室地面的地板或者是地毯可以装修成方形的。

床位的吉位和床头布置

对于新婚夫妇来说，床位的吉位是最好的感情调和剂。为什么我们发觉夫妇在一块时间久了，会变得有夫妻相，这就是长期的吉祥之气对夫妇的共同的作用。相反，如果床位在衰位，长期的煞气对夫妇二人会产生离心离德的效果，我们平时所说的“同床异梦”就是长期受煞气作用的结果。

床位的吉祥与否是卧室风水好坏的主要的标志。床位选择的基本要求是：

夫妻床位的青龙方紧靠墙壁或近墙为最佳（最好配命局五行），易生男（龙为贵）。

睡床不宜靠窗摆。首先，床边尽量不要靠窗，有个小走道较好；再者，床头若对着窗户也不好，这样在夜间睡觉时易受不好的磁场干扰，长久下来，恋情也会慢慢出现裂痕。床与窗成平行状态为佳，并加装窗帘，而夜晚入睡前记得拉上窗帘，可以阻挡掉不好的秽气。

房间的床头和枕头两侧，不可被橱角、书桌、化妆台冲射，易使人偏头痛。

房间内挂图布置力求朴素、高雅，艺术照片（挂图也尽可能减少配五行）。房间的床头上方，最好不要悬挂新婚大照片（适中的可以），压迫感过重，使夫妻时生噩梦（产生离异的想法）。

床的摆放

人有三分之一的时间是在床上度过的，而卧室是人休息和补充能量的重要场所，卧室设计的好坏，直接影响到人第二天的体能和精神状态。而床的摆放是卧室设计中最重要的部分，床必须摆放在室内最吉利的位置，必须与室内的气体物品协调一致，还必须避免被煞气冲到。

床头不能对准房门，包括卧室的厕所门。否则，易导致新婚者身体不安，心口时生绞痛、下腹怪气等难消之症。

坐在床头上不能直接看见自家的大门。

床位上不能有梁压着，如果天花板有装潢则无妨。

床头不能直接对准窗户。房间床位不可靠在落地窗边，阳光太烈，夫妻难安。

镜子不能对着床头，以免口舌多。在夫妻的房间内，不建议置放镜子。镜子往往代表增旺一粒夫星，或增旺一粒妻星，无论增旺夫星还是太太星，均对婚姻不利。如房内有梳妆台，必定需要放镜子，解决方法有二：可用一面座台镜去代替，照的时候从抽屉拿出来，照完后放回抽屉内；或者装镜后，在镜前面加一块帘，需要时拉开，不需要时拉上。

房间的床头柜上，尤其是白虎方，千万不可放音响，以免引起脑神经衰弱或口舌之灾。

从质地上来看，床有两种——木质床和金属床。不管是什么质地的床，床一定要扎实结实，不能出现床断的现象。因为，床断是大凶之兆头。床质地的选择可以按照新婚夫妇双方命理的格局进行选择。如果是命中双方的木和火都很旺的话，可以选择金属床。如果新婚夫妇命中的金和水都很旺的话，可以选择木质床。曾经有一位开金矿的老板，为了摆阔做了一个金床睡觉，最后死于非命。所以，晚上睡觉用的床最好要适合自己的命理，而且最好是和平时在一块的东西在五行上有所区别。

床的质地

睡床质地不是可以根据个人喜好随便选择的，必须考虑夫妻双方命理的格局，即夫妻的五行属性，然后再根据五行生克原理进行选择。

结婚照的摆放

新婚房里都会挂几张结婚照，对于现在追求时尚和另类的年轻人来说，虽然老套，但都还按部就班地进行着。那么，结婚照对婚姻运有关系吗？答案是肯定的。

结婚照一般都挂在客厅或卧室。在家中西北方代表丈夫，西南方代表妻子。结婚照挂在大厅的西北方代表丈夫深爱着妻子，而西南方则代表妻子视丈夫为终身伴侣的坚决性。

也有的人将结婚照放在床头，床头代表坐山，结婚照放在床头，代表夫妻间有良好的感情生活。但切记床头上方不要悬挂新婚大照片（适中的可以），压迫感过重，会使夫妻时生噩梦（产生离异的想法）。结婚照宜放在床的左方，即青龙位，可使夫妻双方幸福美满。但是，结婚照不能放在床的右方，即白虎位，放在此方会对婚姻造成不利。

结婚照摆放要恰到好处

婚前拍结婚照已经成为现代人必不可少的一个环节，卧室摆放结婚照更是新房中的一个亮点。结婚照摆放如果合理，不仅可以为新房增色不少，还可以起到融洽夫妻感情的效果。

其他家具的摆放

把床位确定好之后，还要进行其他家居的摆放，比如电视机、床头柜、衣柜、梳妆台、沙发、茶几和灯具等等。

衣柜可以摆放在卧室的衰位上。因为，衣柜比较笨重，笨重的东西压在衰位上，可以镇得住煞位的煞气。

电视机因为是动的，有响声的，所以要放在吉位，经常性的响动，可以催生财气。当然，切勿对正睡床，应尽量靠侧一点。另外，在电视机上铺一块漂亮的布，可避免电视机反射出大床的影子。

床头柜可以放在床的两边。因为床为吉位，所以床头柜所在的位置也肯定是吉位。

梳妆台的位置可以放在煞位向着吉位。这样一来，人坐的时候正好就坐在吉位上了，而且又借助了梳妆台的笨重镇住了煞气，一举两得，但是梳妆台的镜子一定不得对准卧室的床头。除了梳妆台的镜子外，卧室最好是不要再用有玻璃的东西，甚至连梳妆台上的镜子都可以安装一块布罩子。

卧室的沙发和茶几是平时休闲的时候坐一坐的，应该摆放在吉位上。

灯具安装的重要的一个风水问题就是灯具的数量。灯具的数量不是随便安置的，要根据卧室的方位而定。如果卧室在东南方位的巽位上，安一个灯就好了，在卧室装一个吸顶灯，或者是一个大吊灯就好了。如果新婚夫妇的卧室在南方离位上，在卧室的房顶安装 8 个灯。为了更好地安装灯具，最好是安装个吊顶。如果新婚夫妇的卧室在西北的乾位上，灯具的数量也最好是一个，用一个吸顶灯或者一个大吊灯就好了。如果新婚夫妇的卧室在北方的坎位上，灯具的数量可以是 4 个或者是 6 个都行。

除了卧室的顶灯外，还有其他的灯具，比如墙灯、落地灯、床头灯等等。这些灯具对于卧室来说是一个点缀，也就是说卧室的顶灯是最重要的，而这些灯具的重要性就不如顶灯了。这些灯具的数量，也可以参照该灯具所在的方位进行风水上的最优化。

电视机的摆放

电视机上丰富多彩的画面无时无刻不在变幻，应将其摆放在卧室内的财位，以其响动催生家中财气。

增进爱情的食物

电影《女人不坏》中的“费洛蒙”，是一种让你爱的人疯狂地爱上你的化学物质。很多研究也发现，爱情很多时候其实是一种化学作用。要使两情相悦，“吃”也是一门爱的必修课。

爱情秘密武器——“镁”元素

研究发现，“镁”元素是影响“爱情成败”的重要因素，是情场高手春风得意的秘密武器。它最大的力量是促成人体情绪稳定，个性随和，人缘变佳，这样的“个性特征”也就是到处受欢迎，成为万人迷的最大力量。

一般人若要有效果，一天大概要摄取至少 800 毫克镁元素才够。从含镁量丰富的花生、各类种仁、核果、深绿色蔬菜，以及苹果等食品中摄取与补充，效果相当的好！但如果要让吃下去的镁能够为人体有效吸收，一定要有充分的矿物质和完整的维生素充分代谢。否则经过胃酸离子化，再到小肠时，镁的吸收会大打折扣，吃再多也没有用。解决方法是摄取大量绿色蔬菜或海带，但如果绿色蔬菜吃太少或煮太烂，可能就要品质较好的天然综合维生素等补充。

让绿色蔬菜为你的爱情加油助威

绿色蔬菜中含有人体必需的微量元素镁，镁有促使人情绪稳定，使人个性变得随和的作用。所以要想让自己变得受欢迎，请多吃绿色蔬菜吧！

其他有助爱情和谐的食物

维生素 E 被认为是一种性维生素，食物来源有麦芽油、坚果、小麦、小米和芦笋等。

海产品：鱼、虾、贝壳类、海藻类食物。科学研究证明，海产品含有丰富的磷和锌等，对于男女性功能保健十分重要，有“夫妻性和谐素”之说。因此，即便不能经常吃海鲜，也要经常吃些海带、紫菜、裙带菜等海藻类食物。

蜂蜜：蜂蜜中含有生殖腺内分泌素，具有明显的活跃性腺的生物活性。

果仁：性学专家发现，在某些经常吃南瓜子的民族中，极少有前列腺疾病发生。这是因为南瓜子中含有一种能影响男性激素产生的神秘物质。此外，小麦、芝麻、葵花子、核桃仁、杏仁、花生、松子仁等也对增强性功能有帮助。

大葱：葱一直被人们看作是爱情和性欲的化身。葱的营养十分丰富，它能良性刺激性欲。研究表明，葱中的酶及各种维他命可以保证人体激素分泌的正常，从而壮阳补阴。

巧克力：巧克力不仅仅是一种使人快乐的食物。营养学家认为，巧克力所含的成分能稳定神经并有助开放感官，让人们更期待两性之乐。在西方诸国，自 15 世纪以来，巧克力就被视为激发性爱的营养食物，尤其是西班牙人，世代把它当作一种刺激性欲的药物。所以在做弥撒前，教堂内严禁食用巧克力，而它却是“情人节”能让情人们“性”福的最好礼物。

此外，凡富含维生素 B_1、B_2、B_6 的食物，如豆类、谷类和乳酪，以及富含锌、镁、锰等矿物质的食物如牡蛎、坚果、菠菜、番瓜等，都是能增强性功能的保健营养食品。辣椒、桑椹、蘑菇、黑麦饼、驴肉、狗肉等在这方面也不逊色。

爱情的化身葱

在植物中，大葱和洋葱等不仅含有丰富的营养，而且还具有刺激和增强人的性欲的作用，常被人作为爱情的化身。夫妻经常吃些葱可起到融洽夫妻感情的效果。

十二生肖的“旺桃花”食物

属鼠和属牛的人，需要五行中的“木”来催旺桃花。“木”的颜色是绿和青，因此属鼠和牛的人，可多吃一些绿色甜品来增强桃花运。绿豆沙无疑是个好选择，不但可以清热去火，更可以让自己彰显魅力，吸引目光。

生肖为虎、蛇、猴的人，如果爱情不如意，可以尝试多吃五行属“土”的甜品。土为黄色，因此所有黄色的甜品，都可让你的人气聚集，如千层糕、芒果布丁等。

属兔和属龙的人，如果爱情运受阻，可尝试吃一些五行属水的甜品来增运，水为黑、灰、蓝色。此类颜色的食物，最常见的有芝麻糊、芝麻雪糕等。

对于属马和羊的朋友，五行中的金可以带来桃花，可以收获爱情和好人缘。属金的甜品，颜色为金、银或白色。生活中以白色甜品居多，如椰汁、牛奶、莲子糖水等。

属鸡、狗、猪三个生肖的人，若想加强人缘和桃花运，可以尝试多食五行属火的甜品。火为红、橙、紫色，因此属火的食物有草莓、西红柿、西瓜等。而红色的咖喱或辣椒也可以让你的人缘火更旺。

五行食品

五行属性	食物	功效
木	白菜、圆白菜、菠菜、菠萝、油麦菜、茼蒿、绿豆	含有益肝脏健康的叶绿素和多种维生素
火	草莓、西瓜、西红柿、红辣椒、红心萝卜、红豆、火龙果、龙眼肉、荔枝	含丰富的降血压物质，使血管强壮，有助循环系统健康
土	橙子、南瓜、胡萝卜、木瓜、羊肉、狗肉、牛肉、栗子	富含维生素 C
金	椰汁、牛奶、莲子、洋葱、大蒜、梨、鸡肉	具有抗敏感及炎症的功能
水	黑豆、黑芝麻、蓝莓、海参、黑木耳、海带、黑豆、冬瓜、豆腐	有助于提高与肾、膀胱和骨骼关系密切的新陈代谢和生殖系统功能

第十章 健康风水

世间万物都有磁场，住宅如此，人体也是如此。当住宅与人体的能量场相冲突时，就会引起人体各种不舒服的症状。住宅风水与人体的健康有着莫大的联系。只有让阳宅的磁场与天地能量互动交感，呈良性的循环，才能让家人健康有活力。风水的作用，是用来创设一个与人体相适应的居住和饮食环境，尽量避免疾病的发生条件，预防病症的发生。

本章目录

九星对人健康的影响

九星根据源于《易经》，利用《河图洛书》先后天八卦、爻的法则等，来运算地理风水的各种吉凶，并用九星来概括宇宙万象。风水学中的九星，传说为一白、二黑、三碧、四绿、五黄、六白、七赤、八白、九紫。

随着天体的运行，时间的变化，九星飞临各处，或生旺，或衰退。由于它们对人的身体各部分有不同的影响，所以在它们生旺时，往往对人的身体有好处。但如果它们衰退时，就可能会导致某些疾病的发生。

一白星可分为天蓬星和贪狼星。天蓬星代表肾脏，掌管血液疾病，使人容易食物中毒、酒精中毒，或得卵巢疾病。贪狼星代表血液，掌管脉络疾病，使人容易得泌尿系统、循环系统的疾病，可能会遗精、白带、痛经、耳鸣、腰疼、喉咙干燥、口渴、眼目眩晕。

二黑星可分为天任星和巨门星。天任星代表脾脏，掌管脾胃疾病，使人容易得食道、十二指肠疾病，严重的会得癌症。巨门星代表肌肉，掌管消化疾病，使人容易牙疼、食欲不振、积食，进而得肠炎、胃炎、胃下垂、便秘、皮肤病等。

三碧星可分为天柱星和禄存星。天柱星代表胆、掌管火症疾病，使人容易遭受意外的伤害，表现在头、面、手、脚上。禄存星代表神经，掌管肥胖疾病。

四绿星可分为天心星和文曲星。天心星代表肝脏，容易使人遭天灾和蛇咬。文曲星代表运动，掌管寒症疾病，使人容易先天不足，进而气喘、秃头、风湿。

五黄星可分为天禽星和廉贞星。天禽星代表脑，掌管口的疾病，使人容易遭土煞、横死、精神分裂。廉贞星代表内脏，掌管精神疾病，使人容易头晕目眩、中毒、麻痹、失眠、神经痛、忧郁，甚至得肿瘤。

六白星可分为天辅星和武曲星。天辅星代表骨骼，掌管头的疾病，使人容易得老年痴呆症。武曲星代表思考，掌管鼻子的疾病，使人容易感冒、咳嗽、喉咙干燥、气喘、骨疼、关节炎。

七赤星可分为天卫星和破军星。天卫星代表肺部，掌管痨症，使人容易得流行病、性病、艾滋病，易难产、自杀、受刀伤。破军星代表呼吸，掌管肺部的疾病，使人容易气喘、牙疼、面部手脚受伤，易得肺炎、妇科病、性病、口腔癌。

八白星可分为天芮星和左辅星。天芮星代表胃部，掌管背脊的疾病，使人容易憔悴、坐骨神经痛、骨折、扭伤。左辅星代表手足，掌管日常疾病，使人容易腰背酸痛，易得结石、脚病、腹膜炎。

九紫星可分为天英星和右弼星。天英星代表心脏，掌管中风，使人容易不安、遭雷击、触电、火灾、煤气中毒，得乳腺癌、血崩、高血压。右弼星代表视觉、掌管日常疾病，使人容易噩梦惊恐、被灼伤，易得眼病、心脏病、赤带、红斑疹。

九星命卦的推算

九星命卦可用下面公式推算，此公式简单又好记。或者从后面的九星卦命速查表查询得知。

男命的计算：

出生的公元年份相加，再相加，直至剩下个位数。最后用11减去所得个位数，即所求命卦。

如：计算出生于1980年人的命卦

1+9+8+0=18，1+8=9，11-9=2，此人命卦即为2黑，即坤命。

女命的计算：

出生的公元年份相加，再相加，直至剩下个位数。最后用4相加所得个位数（如果为十位数，再相加，直至剩下个位数），即所求命卦。

如：计算出生于1980年人的命卦

1+9+8+0=18，1+8=9，4+9=13，1+3=4，此人命卦即为4绿，即巽命。

九星	命卦	俗称	五行
1白	坎命	水命	水
2黑	坤命	地命	土
3碧	震命	雷命	木
4绿	巽命	风命	木
5黄	男性按坤命计算，女性按艮命计算		土
6白	乾命	天命	金
7赤	兑命	泽命	金
8白	艮命	山命	土
9紫	离命	火命	火

九星命卦速查表

男震 女震	男坤 女巽	男坎 女艮	男离 女乾	男艮 女兑	男兑 女艮	男乾 女离	男坤 女坎	男巽 女坤
1898	1899	1900	1901	1902	1903	1904	1905	1906
1907	1908	1909	1910	1911	1912	1913	1914	1915
1916	1917	1918	1919	1920	1921	1922	1923	1924
1925	1926	1927	1928	1929	1930	1931	1932	1933
1934	1935	1936	1937	1938	1939	1940	1941	1942
1943	1944	1945	1946	1947	1948	1949	1950	1951
1952	1953	1954	1955	1956	1957	1958	1959	1960
1961	1962	1963	1964	1965	1966	1967	1968	1969
1970	1971	1972	1973	1974	1975	1976	1977	1978
1979	1980	1981	1982	1983	1984	1985	1986	1987
1988	1989	1990	1991	1992	1993	1994	1995	1996
1997	1998	1999	2000	2001	2002	2003	2004	2005
2006	2007	2008	2009	2010	2011	2012	2013	2014

九星、节气与八卦

九星运转的空间方位是由北极星来确定的。“北极星”居于正北方，永恒不动，古人就以此来确定大地的方位。北极星与北斗七星保持了一定距离。当北斗七星顺时针绕北极星一周，则为一年。当斗柄落到地面的最低点时，斗柄指在正北方，此为冬至之时节，其数为一。当斗柄升到最高点时，斗柄所指正南方，此为夏至之时节，其数为九。当斗柄左右平伸时，斗柄所指正东、正西，此时清明与秋分。由于北斗七星绕北极星所确定的方位，反映在洛书和八卦九宫上，就应示出八个不同的方位。洛书之一为八卦坎宫，在正北方；洛书之二为八卦坤宫，在西南方;洛书之三为八卦震宫，在正东方;洛书之四为八卦巽宫，在东南方；洛书之五为八卦中宫；洛书之六为八卦乾宫，在西北方；洛书之七为八卦兑宫，在正西方;洛书之八为八卦艮宫，在东北方;洛书之九为八卦离宫，居正南方。

八卦如何影响人的健康？

风水术的理论基础就是阴阳八卦五行学说，强调时空对人类社会的约束和影响。自然界的变幻能直接或间接地影响人体。《黄帝内经》中说："天地之间，六合之内，其气九州九窍，五脏十二节，皆通乎天气。"所以，对待人体疾病要因时、因地、因人制宜。我们前面几章中说的家居和办公风水，也是以八卦为基础的。家居中八卦方位的吉凶，能够影响人体相应部位的健康。

阴阳与中医学

早在春秋时期，阴阳已被用于中医学，指导诊断和治疗。它被广泛用于四个方面：人体的组织，生理功能，病理特征，药物性能。中医视人为一小天地，认为宇宙中大自然的变化，均可影响人的健康。六淫（风、火、寒、暑、湿、燥等六种病邪），七情（喜、怒、忧、思、悲、恐、惊）导致疾病，一切病变的发生都是由于体内阴阳五行之气失调造成的。

人体内五脏（肺、肝、肾、脾、心）为阴，六腑（胆、胃、大肠、小肠、三焦、膀胱）为阳，中医是将五脏六腑代入阴阳五行，并以"天人相应"的整体思维作为基本法则。人生病后，就要运用药物、针灸、气功、按摩等方法来平衡阴阳；阴阳平衡后，人的身体就健康了。命学者作《滴天髓》对疾病描述："五行和者，一世无疾，气血乱者，平生多疾。"五行和者是指命局中五行流通顺畅，该生则生，该克则克。气血乱是指五行之气反逆，上下不通，往来不顺，五行相战，阴阳失调之象，从而导致疾病。

脏腑的八卦属性

人体部位	八卦属性	五行属性
头	乾	金
胃	艮	土
脾	坤	土
肝	巽	木
肺	兑	水
肾	坎	水
心	震	木
胆	离	火

八卦与人体、季节

乾卦是三阳爻，纯阳刚强，如金、玉、冰。在五行中，乾代表金，坚硬物质。在季节中，代表秋冬之交。在人体中，乾象征头、骨，代表头脑与思维。

兑卦是一阴爻在上，二阳爻在下，表示一种向上的趋势，外柔内刚，外虚内实。天象上是梅雨、星空；人体上是口、肺。在季节上，代表从白露至寒露的一个月。

离卦，一阴爻居中，二阳爻在外，为外刚内柔，外硬内软，有中心向外的趋势，有离散之象。五行属火，居南方，色红。《易经》上说，离为火，为烈日，为闪电，为人之大腹，为人之眼目、心脏。

震卦，两阴爻在上，一阳爻在下，表示一种向外趋势。五行属木，居东方，色碧青。在人体上，震为腿脚，为肝。在天象上，震为雷，地震，火山。在季节上，震为惊蛰到清明的一个月，植物萌芽之际。

巽卦，阴爻在下，深入地下，向内发展，灵动能渗透。五行属木，居东南方，色白。在人体上，代表头发、神经、管道。在天象上，为风，为高空条云。季节上，从清明至芒种，阳气生成。

八卦都是由阴爻和阳爻两种符号组合而成，每一卦由三个爻，通过符号的上下变幻而形成八卦，分别用来代表天地万物。

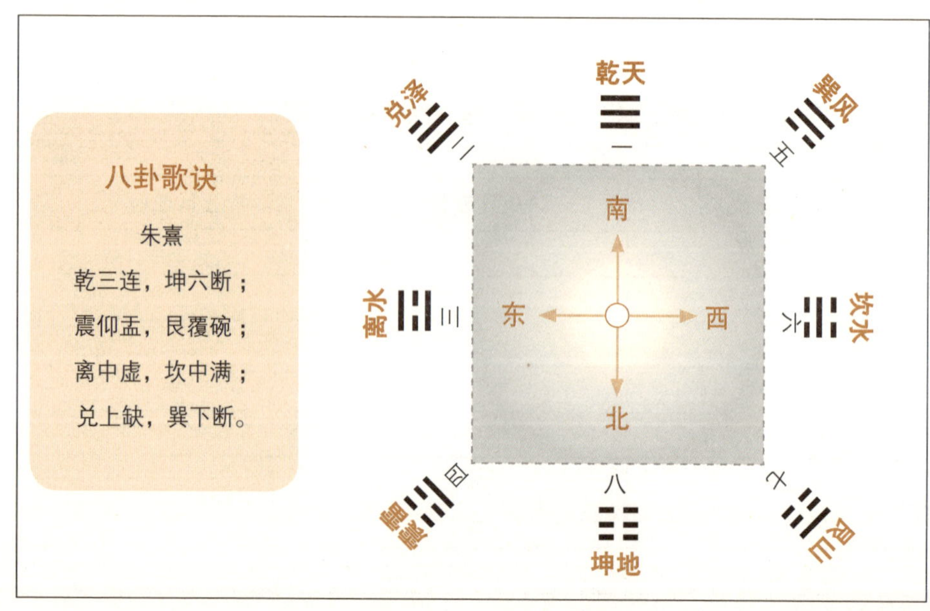

坎卦，上下为阴爻，阳爻居中，则外刚内柔，从四面向中心聚集的趋势。五行属水，居北方，色黑。《易经》说，坎为水，为忧虑，为心痛，为耳痛，为血卦。人体上，为耳，为泌尿系统和血液系统。天象上，雨、雪、霜、寒。在季节上，从大雪到小寒。

艮卦，一阳爻在上，二阴爻在下，代表表实内虚，上虚下实；或向下发展的趋势。五行属土，居东北方，色黄。在人体上，指鼻、背、关节。天象上，代表多云阴天，山风雾气。在季节上，代表冬春之交。

坤卦，五行属土，居西南方，色黄。坤卦纯阴，性柔顺。在人体上，代表胃、腹部、皮肤。在天象上，代表阴天、云、雾、露、潮湿。在季节上，坤代表从小暑至白露的两个月。

家具的摆放影响人的健康

家具本是为了提升居住者的生活质量而存在，但是如果摆放不当，不仅会破坏家居风水，还会增添生活上无尽的烦恼。现在的家具和家用电器品种繁多，我们要选择适合自己的材质，并注意摆放。

沙发的摆放

（1）吉利方位。沙发是全家人聚集的地方，摆放在吉利的方位才有利于吸收旺气，全家安康。对于东四宅而言，沙发应摆放在客厅的正东、东南、正南及正北这四个吉利方位。对于西四宅而言，沙发应该摆放在客厅的西南、正西、西北及东北这四个吉利方位。客厅的两面墙如果都可以摆放长沙发，就要将沙发放于旺位，不宜靠放在后面是厕所、厨房和外墙的墙。

东四宅和西四宅

根据周易的后天八卦原理，可根据住宅的坐向的不同分为东四宅和西四宅，其中震宅、巽宅、离宅、坎宅是东四宅；坤宅、兑宅、乾宅、艮宅是西四宅。同时，也根据人的生肖与性别的不同将人分成八种命卦，命卦属震、属巽、属离、属坎的人，最适合的居所是东四宅；而命卦属坤、属兑、属乾、属艮的，最适合的居所是西四宅。

（2）长沙发和主墙。沙发摆放的好坏，主要看长沙发和主墙的关系。长沙发代表着家里的主人，必须靠墙放，代表有较长远的靠山，否则会影响财运。如果沙发后面没有墙，也可放置柜子、厚重的窗帘等，只要主沙发有靠即可。沙发背后不能有水和镜子。鱼缸、风水轮等与水有关的物品不易摆放在主沙发背后。另外，如果是为了显得客厅更加宽敞，可以将镜子装在沙发的侧面。坐在长沙发上能看到外面的远景最佳，表示主人的事业运旺盛。如果无法远眺，可以自己种一些花草盆栽来弥补。

（3）沙发上方不宜有横梁和灯具。客厅代表的是一家之主的事业运，如果沙发上方有横梁压顶，那就意味着主人的事业运遭到压制，无法得到提拔，或者说无贵人相助，有志难酬。除了事业运，还会影响到身体健康。所以，可以用天花板的装饰阻断其冲煞的力量。还可以在沙发两旁摆放开运竹，以竹生长时的节节高升来承受横梁的压力。

（4）沙发上不适合装灯具。想一想，人坐在沙发上，正头顶一直有灯光直射着，能感觉舒服吗？不说风水意义，自己也会感到全身烦躁，坐立难安吧。筒灯或射灯只适合照在电视柜和餐桌附近，在什么时候也不适合对着人直射。如果沙发处光线不足，可以让灯光从墙壁上反射过来照明。

（5）沙发不可与大门对冲。沙发如果和大门在一条直线上，从大门进入的气流直接吹到人身上，是极坏的风水格局。这种对冲之势，会导致钱财流失，众叛亲离。这种格局也很好改变，如果不想移动沙发，可以在沙发和大门之间摆放屏风或低柜等。沙发与房门相对则无碍。

沙发的摆放

沙发是全家人聚集的地方，是一个家庭的焦点，所以一定要摆放在住宅的吉方位，使一家老少都可沾染此方位的旺气，有助于阖家安康。

空调的摆放

一般情况下，建楼时，已经给房间留好了空调的位置。如果想利用空调将家居风水营造得更好，就需要动一番心思了。

空调本身属金，家庭成员哪一个需要金，就将空调放在成员所属的方位，便是最有利的风水摆设。比如母亲需要金，就把空调放在西南方。除了这种方法，还可以配合流年的财位摆放。当然，每年的财位不同，但空调不可能每年变动，所以，如果空调位于大凶方的话，就要在空调旁放置风水物，化泄二黑五黄。

另外，让空调的风口向上吹也会对家居风水有利。因为风向上，能使气流由天花板旋涡而下，这样动而不散的气流形式最好。

空调风口的朝向

空调主要用来调节室内的空气温度、湿度、洁净度、气流速度等，给人类生活带来了极大的舒适。但是，空调在使用时也要注意一些细节：空调的风口不能正对人吹，否则会对人体健康造成危害，最好让空调的风口朝上，既保证室内的舒适温度，又不会对人体造成影响。

床的摆放

睡觉时最讲求安全、安静和稳定，房门是进出房间必经之所，因此房门不可对正睡床或床头。否则睡床上的人容易缺乏安全感，并且有损健康。如果房门开在中间，床则摆放在里面两角，与房门斜角相对。如果房门开在靠左下方，床宜摆放在房内右上角，与门口斜角相对。这样可以看到门口，从风水学来说，门前为明堂，床头向着明堂，就可收纳明堂之气，提升运气。

（1）床头不宜在窗下。床头在窗下，人睡眠时会有不安全感。如遇大风、雷雨天，这种感觉更是强烈。再者，窗子是通风的地方，人们在睡眠时稍有不慎就会感冒。如果家中有儿童，儿童天生好动，容易借窗爬窗，因此很危险。

（2）床头不宜设在卧室门或窗的通风处。客厅里的人一眼就能看见卧室的床，会使卧室缺乏宁静感，影响睡眠，也不雅观。

（3）床忌高低不平。现代人用弹簧床居多，如果床垫质量不好，弹簧发生变形，就会影响健康。所以床垫的选择也十分重要，忌选太硬或太软的床垫，否则脊柱长期弯曲，睡久了影响血液循环，使人疲劳，容易生病。

（4）床下不宜堆放杂物。床下往往是不太透气的阴暗处，放上杂物，容易因受潮发霉或滋生细菌，另外平时也难清理到，会成为卫生死角。

（5）床不宜东西向。这是因为地球本身具有地磁场存在，地磁场的方向是南北向（分南极和北极），磁场具有吸引铁、钴、镍的性质，人体内都含有这三种元素，尤其是血液中含有大量的铁（在红细胞的血红蛋白中），因此睡眠东西向会改变血液在体内的分布，尤其是大脑的血液分布，从而引起失眠或做梦，影响睡眠质量。

床的朝向影响睡眠

一方面地球是一个巨大的磁场，磁力线在南北极之间不断运行。另一方面，人的血液在人体的头脚之间运行。人在睡眠时南北朝向，人的血液循环与地球的磁场方向一致，会有益于健康和睡眠，保持第二天充沛的精力。

冰箱的摆放

冰箱属金，一般家庭，冰箱大多数放于厨房内，厨房是火旺之地，火克金，冰箱放在厨房可以平衡厨房的火性。

更科学的摆放位置，是看家庭的哪位成员更需要金，便将冰箱放在该成员所属的方位上。男主人要金，将冰箱放在厨房或大厅的西北角；女主人要金，将冰箱放在西南角；大儿子要金，将冰箱放在东方；二儿子要金，放在北方；小儿子要金，放在东北方；大女儿要金，放在东南方；二女儿要金，放南方；小女儿要金，放在西方。饿金的人，在大厅摆放冰箱，可马上行运；反之，忌金的人会因此招来厄运。

冰箱的颜色大多是白色和银色，是因为这两种颜色极金，但忌金的人最好选择暗红色、绿色冰箱等其他颜色的冰箱。

冰箱的摆放

冰箱在风水上属金，摆放时最好考虑家中成员的五行属性。如果有人缺金，则将冰箱放在其相应的位置，如果大家都忌金，则在选择空调的颜色上下工夫。

颜色影响人的健康

颜色对人们有着很强的心理暗示。我们常说的“冷暖”色系，就强调了色彩对人们心理的影响。风水中，把色彩与五行相联系，按照房主人的五行选择相应的色系，以生旺主人的生活。

客厅的颜色选择

东向客厅宜用黄色。东方属木，按照五行生克理论，木克土为财，土的代表色是黄色。因此，东向的客厅应选择黄色系为主色调。黄色的深浅灰亮，只要采用这种颜色，便可收旺财之效。

南向客厅宜用白色。南方属火，按照五行生克理论，火克金为财，金的代表色不是黄色，而是白色。因此，要想生旺财气，在选用油漆、墙纸及沙发时，都要选择白色。白色为冷色调，也能有效减缓南来的热气。

西向客厅宜用绿色。西方属金，按照五行生克理论，金克木为财，木的颜色为绿色，因此向西的客厅用绿色则可以收旺财之效。另外，向西的客厅下午阳光强烈，用轻淡的绿色，不但让人感觉清爽，还可护目养眼。

北向的客厅宜用红色。北方属水，乃水气当旺之地，而水克火为财，火的代表色为红色，因此，想要生旺北向客厅的财气，客厅的装修设置都应选用红色、

客厅的颜色

客厅的颜色要考虑房屋的坐向和客厅的朝向，然后根据朝向的五行属性和五行生克原理选择相应的颜色。

紫色及粉色。另外，北向的客厅到冬天会有北风吹进，非常寒冷，红色比冷色调会感觉温暖一些。

东南向客厅主色宜用黄色；西南向和东北向的客厅主色宜用蓝色；西北向客厅主色宜用绿色。

卧室的颜色选择

卧室是让人心情平静的地方，所以颜色须以浅淡、素雅、温暖为主。忌太过鲜艳，也不要布置得琳琅满目，过度豪华，更不能用闪闪发光的饰物。鲜艳的颜色对人体神经有刺激作用，除了天蓝色可以平静心神，其他的都不宜采用。如黑白色调的卧室，会让人产生忧郁和消极的心理，晚上容易产生噩梦，对身心不健康；鲜红色会激起人意识中的暴力倾向，让人脾气暴躁。因此，卧室最好用粉红色、浅黄色、浅橙色、浅绿色等，对心理没有刺激作用的颜色。

书房的颜色选择

装修时，按五行的相生原理，来选择书房的颜色，会调整室内气氛，使环境更加舒适宜人。五行中讲究木生火，火生土，土藏金，金生水，水养木。而五行也有相应的颜色:木青色，其中包括绿色;火红色，其中包括紫色和粉红色;土黄色，其中包括咖啡色和米黄色；金白色，其中包括灰色和金属色；水黑色，亦称玄色。

如果你喜欢其中的一种颜色，可以作为地面或墙壁的颜色，然后利用五行的相生原理，选择对应的颜色。比如地面是棕红色，属于火，而火生土，墙面就选择五行属土的颜色，如米黄、乳白。总之，不管是哪种原理，书房中的大色调都不能用鲜艳的颜色，较为柔和、淡雅的色调，既对视力好，也能使人平心静气地看书、思考。

五行与色彩

五行属性	颜色
火	红色、紫色
土	黄色、咖啡色、茶色、褐色
金	白色、金色、银色
水	黑色、蓝色、灰色
木	绿色、青色、翠色

环境影响人的健康

住宅风水与人体的健康有着莫大的联系。只有让阳宅的磁场与天地能量互动交感，呈良性的循环，才能让家人健康有活力。

风水学的三大健康理念

向阳而居。阳光是生命三要素之一，中国处于北半球，房屋坐北朝南是为了便于采光和避风。阳气兴旺之处，才能安居乐业。

相地美恶。从周边环境来说，风水吉利之处，必是山明水秀之地；而穷山恶水之处，必然于风水不利。从地质环境来说，风水讲究闻土辨气，地质对人体健康的影响很大。

藏风聚气。山环水抱：左青龙，右白虎，前朱雀，后玄武；玄武垂头，朱雀翔舞，青龙蜿蜒，白虎驯服，是最有利于人类生存的气场环境。

住宅的环境

风水在中国大地上延续几千年而不衰，是人们对生活环境选择的一种结果。实践证明，环境确实会对周围居住者产生影响，所以人们历来都喜欢自己的住宅周围山明水秀。

住宅的内部构造对健康的影响

住宅的大门相当于人体的口，门前要开阔，空气流通；客厅相当于人的脸面，宜宽敞明亮；客厅暗而卧室亮，则主人脾气躁，待人无礼。走廊相当于咽喉脖颈，宜明亮通畅；餐厅与厨房相当于人的左膀右臂，代表能力和责任，杂乱无章会让家人压力增大。

书房与卧房，代表人体的素质与内涵，格调要温馨素雅，沉稳敦厚。厕所，相当于人的排泄系统，象征消耗，若昏暗脏臭，可能多病、破财。杂物房，阳台等辅助部分，等于人的四肢，代表发展空间，若通风不良且光线不足，会致家人有自闭症。

住宅怎样布局可避免忧郁症

现代生活节奏快，人们压力大，情绪紧张，容易患上忧郁症。怎样的住宅风水能够缓解人的情绪和压力呢?

充足的光线和新鲜的空气，让人精神饱满，神清气爽；而室内阴暗和沉闷的空气，只会让人感到压抑，容易产生负面情绪。适当在屋内摆放盆栽花草，养鱼或宠物，给住宅带来一些生气，可以让情绪有所寄托。

卧室墙壁的颜色，以米色或米黄色为宜，让人感觉温馨、安全。冷色系颜色会让人更加忧虑。最好不要独居过久，能与他人合租为宜。

室内光线要充足

室内的光线会影响人的心情，进而对人的身体健康造成影响。光线太暗，会对人造成压抑感；明亮的光线才会让人心情舒畅，尽情纾解在外工作时的劳累。

客厅风水对健康的影响

在客厅摆放绿叶植物，不仅可以招来财运之气，更可以发挥改善环境的本能，对维持家人健康有着重要作用。客厅的花卉，以自然素材的花盆底盘为宜，花色以二三种为宜。

客厅家具的色彩，也要保持调和。如：电视、音响色彩为黑色系，沙发等家具便要选择柔和轻快的色彩。反之亦然。

厨房风水对健康的影响

厨房是水火相冲之地，只有做到平衡双方，水火共济，才能达到风水和谐的目的。

煤气炉不可放在水槽和冰箱之间，“双水夹火”会不断有祸事发生。煤气炉的摆放要避开厨房的西北方，否则将会压制主人的运势。煤气炉不可正对长廊，长廊压火，不聚财，家人易患高血压。

若厨房门正对卧室，油烟会侵入卧室，易导致头昏脑涨、脾气暴躁。若厨房门正对厕所，水火相冲，易导致家庭不和。

厨房的设计

厨房是产生油烟的地方，如果人长期受到油烟的侵扰，会对人的大脑和性格产生影响。所以，厨房一定要远离卧室，最起码不要与卧室直对，并且独立成房间。

书房风水对健康的影响

书柜不可太高，否则主身体虚弱；书柜不可压迫书桌，否则主心神不宁；书桌不可压在梁下，否则主心神涣散。

书房的灯光不可太强，容易疲劳；书房的电器不可太多，易引发头痛。书房的墙上不可乱贴偶像海报，主精神错乱、噩梦、疑心病。

书房里的动物工艺品，要结合命理，忌讳相冲，否则会有适得其反的效果。

卧室风水对健康的影响

睡眠质量的好坏，与人的健康息息相关。如果晚上经常性的睡眠不好的话，就需要改变卧室环境。

用土色系为主调装点卧室，土色让人有一种安全感，有利于入睡；在床头柜放置水瓶或玻璃水族箱，水有阴柔之性，让人心情沉静；墨绿色的窗帘，可以让人精神放松。

儿童房风水对健康的影响

儿童房的主要功能，是满足孩子学习、玩乐、睡眠的需要，因此在装饰孩子房间时，一定要考虑到这一点。

与其他卧室一样，不宜与厨、卫相邻。屋内不能有穿堂风，孩子的睡床不宜摆在横梁下，床头不宜靠窗。装修宜简洁，家具宜小巧，以适应儿童的生理

儿童房间的布置

儿童房是孩子学习、睡眠和游戏的空间，房间的布置要有利于孩子观察、思考、游戏，创造有利于孩子良好的睡眠的环境。在儿童房的装饰上，要注意选择一些富有创意和教育意义的多功能产品。

及心理特征。

儿童房的地板以天然木地板为宜。大理石地板太硬会对孩子造成伤害；地毯易藏污纳垢，不利健康。墙壁色彩以淡雅为主，忌过于鲜亮的颜色，如大红、纯黑、纯白。

儿童房里不宜摆放过多镜子和风铃等物品，以免孩子受到惊吓，精神受影响。

卫生间风水对健康的影响

卫生间是污气和秽气的聚集之所，对健康非常不利，特别是多人共用的卫生间，更要经常注意清洁问题。地板最好采用白色瓷砖或是白木地板，白色是卫生间的健康色。

在马桶附近放置合适的植物，可以吸收秽气、净化空间；马桶要保持干净，若使用马桶坐垫布，要每天更换。或者可以使用天然木质的马桶盖，对健康非常有利。

四灵之一的乌龟

乌龟的寿命一般都在 100 年以上，长的甚至超过千年，历来被作为长寿的象征。家中饲养乌龟和摆放乌龟饰品，就是人们对健康长寿的一种美好期望。

长寿龟与父母健康

龟是吉祥四灵“龙、凤、龟、麟”之一，是仁寿的象征，很多人在家中饲养乌龟或摆放铜龟，寄予健康长寿之念想。

在父母的卧室中摆放龟形饰品，可以象征健康长寿。这种吉祥物的摆放，龟的头部须向着窗外，以便吸取天地之灵气。

同时，龟具有隐忍、负重的特性，可以用来赐福避煞。此时，龟的头部要朝向屋内赐福；龟尾向外，以挡冲煞之气。

房间朝向影响人的健康

家居风水的基础是光线和通风，风水学认为，人体的健康来自于太阳和气场，因此保持房间光线充足、通风流畅是非常重要的。

风水的作用，是用来创设一个与人体相适应的环境，尽量避免疾病的发生条件，预防病症的发生。若是身体有了病痛，那就要及时去医院治疗。而不能本末倒置，求助于风水。要知道，风水是改善自然条件来适应人体，而不能直接作用于人体。

通风与采光，在风水学上是非常重要的因素。中国的住宅，从日照时间上

百姓里居图

风水历来注重对住宅择地、方位、布局、与周围自然环境等的设计，而房间的布局和朝向又关系到住宅的采光和通风，进而会对房屋主人的健康产生影响。

来说，朝向在南偏东 45 度至南偏西 45 度之间最为适宜，这样才能保证冬至日不小于 1 小时的满窗连续日照；窗户的大小不能小于地板面积的 1/7，这样的面积才可保证采光的充分。

为了便于通风，住宅通常是宽度大于深度，空气的流通有利于健康。

根据五行调节饮食

阴阳五行与季节、颜色和人体的各个器官相对应。各个器官的正常工作，是我们保持身体健康的基础。我们根据五行调节饮食，能使身体的各部位得到它们需要的能量。

食物的阴阳属性

阴阳是传统文化中一个重要概念，饮食也有阴阳之分，具体表现如下表所示。

食物的阴阳属性

属性	食物名称
阴性食品	黄米、黑麦、大米、白菜、甜菜、香芹菜、桂叶、洋姜、葡萄干、水果、植物油、奶油、人造奶油、蜂蜜、奶酪、酸奶油、融化干酪、鱼肉、鸡肉、牛犊肉、牛肉、猪肉、青蛙肉、饮料、水
阳性食品	小麦、燕麦、大麦、红辣椒、胡椒、莳萝、蒜、洋葱、萝卜、芥末、调料丁香、姜、桂皮、茴芹、香菜、罂粟、核桃、羊肉、鸭肉、野鸡、火鸡、鱼子、小虾、鲱鱼、鸡蛋、羊奶干酪
中性食品	荞麦、豌豆、四季豆、土豆、胡萝卜、西红柿、黄瓜、四季萝卜、西瓜

如何利用食物的五行进补

古人把食物分为五味：甜、酸、苦、辣、咸。五味与五脏的关系是：甜入脾，酸入肝，苦入心，辣入肺，咸入肾。五味与五行的关系是:辣属金，酸属木，咸属水，苦属火，甜属土。

菠菜、芹菜、小南瓜、黄瓜、银杏等五行属木，利于肝脏。生牛肉片、辣椒酱、胡萝卜五行属火，利于心脏。凉粉、蛋黄、核桃、松子等黄色食品五行属土，利于脾脏。萝卜、黄豆芽、栗子、蛋白是白色食品，五行属金，利于肺脏。桔梗、海带、香菇等五行属水，这些黑色食品利于肾脏。

不同颜色的食物有何功用

红色食物代表火（心、小肠及舌头），如：西红柿、红椒和胡萝卜等，含丰富的降血压物质，使血管强壮，有助循环系统；

绿色食物代表木（肝、胆囊和肌肉），如：白菜、包心菜和菠菜等，含有益肝脏健康的叶绿素和多种维他命；

黑色食物代表水（肾、膀胱、耳和骨骼），如：黑豆、黑芝麻和蓝莓等，含黑色素，有助提高与肾、膀胱和骨骼关系密切的新陈代谢和生殖系统功能；

黄色食物代表土（脾、胃和口腔），如:橙、南瓜和胡萝卜等，含有维他命 C;

白色食物代表金（肺、大肠和鼻），如：洋葱、大蒜和梨等，具有抗敏感及炎症功能。

五行、五味、五色、五脏

五行是中国一种特有的物质观，并将事物按照五行进行划分，被广泛应用于哲学、医学、生活等多方面。下图所示为五行与五味、五色、五脏的对应关系。

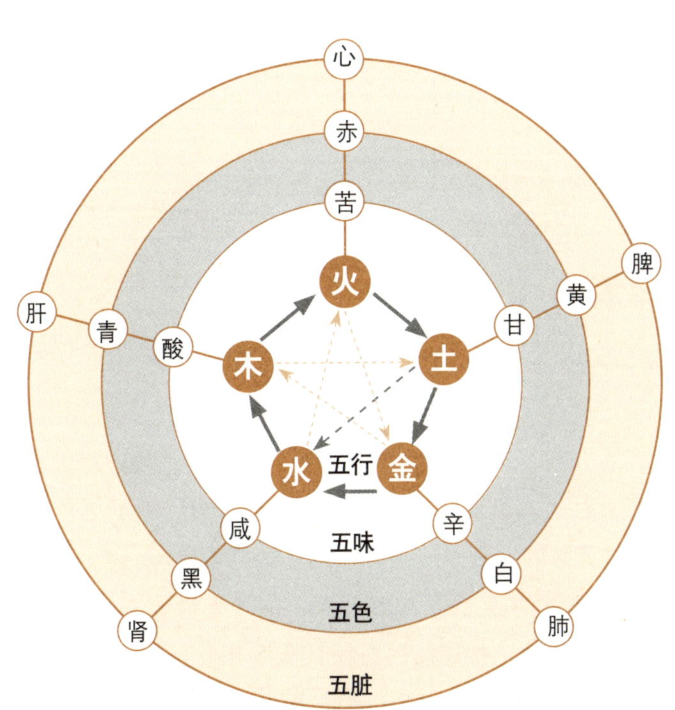

四季与食物

春天，不宜吃太多“酸”性食物。春天木旺，酸也属木，酸上加酸，过犹不及。对于身体来说，酸入肝，酸过多造成肝脏负担，容易出现肝病。

夏天，不宜吃太多“苦”性食物。夏天火旺，苦属火，过犹不及。苦入心，对心脏不好。

秋天，不宜吃过多辣性东西。秋天金旺，辣属金，吃辣等于火上浇油。辣入肺，过多就会伤肺。

冬天，不宜吃过多咸的东西。冬天属水，咸属水。咸入肾，咸的东西吃太多了，就会伤肾。

日常粮蔬的五行属性

五行属性	对应食物颜色	食物举例
五行属金的食物	所有白色食物	米饭、豆腐、香蕉、白萝卜、淮山、雪耳、薏仁、杏仁、椰菜花、白菜、茯苓等
五行属木的食物	所有绿色食物	如芹菜、韭菜、荠菜、菠菜、青豆、青瓜、青苹果、猕猴桃等
五行属水的食物	所有黑色食物	葡萄、黑豆、黑枣、海带、发菜、木耳、冬菇、紫菜、芝麻、黑荞麦、香菇、杜仲等
五行属火的食物	所有红色食物	胡萝卜、番茄、西瓜、红椒、红豆、苹果、草莓、杞子、红枣、柿、红米等。
五行属土的食物	所有黄色食物	大豆、花生、粟米、菠萝、木瓜、南瓜、莲子等

五行蔬菜汤

五行蔬菜汤，即白萝卜叶（青）、胡萝卜（红）、牛蒡（黄）、白萝卜（白）、香菇（黑）。

五种颜色对应五行，对应人体五脏：肝、心、脾、肺、肾。五行蔬菜汤，即是从五色、属五行、入五脏，白者入肺，青者入肝，红者入心，黄者入脾，黑者入肾，通过对五脏的调理来使身体达到平衡健康状态。

（胡）萝卜、香菇、牛蒡都是抗癌蔬菜，胡萝卜更有丰富的维他命，白萝卜能分解淀粉和一氧化碳，排掉体内废物。萝卜叶有多种维生素和钙；香菇含有“多醣”物质，降低胆固醇与血压；牛蒡含有大量食物纤维，活血化瘀。

改善就餐环境

要想身体健康，健康的饮食和好胃口至关重要。餐厅的色调和布置都会影响到人的食欲和胃口。那么，如何才能增进家人的食欲呢?

使用暖色系装饰

可以巧用暖色调来布置餐厅。冷色调的装饰，往往会降低人的食欲，而暖色系则可以增强食欲，如：在餐厅的墙壁上挂上暖色的画作。而且，使用朱漆色的盘子，还可以改善孩子的挑食毛病。

餐厅的灯光要以明亮的暖色调为主，最好由多个灯头组成。这样不但可以烘托出温馨的气氛，利于家人的情感交流，而且在风水上可以增加火行能量，蓄积阳气。

暖色调可促进人的食欲

实践证明，暖色调会刺激人的食欲，而冷色调则会降低人的食欲，许多聪明的饭店和酒店管理者喜欢将就餐环境布置成橙色和深黄色，就是为了刺激顾客的食欲。

餐厅落地窗

餐厅如果用落地窗装饰，窗外的广阔视野会影响到人进食时的食欲。另外，桌椅的移动会撞击到落地窗下层的玻璃。所以餐厅不适合用落地窗。

餐桌

传统的餐桌主要有圆形桌和四仙桌、八仙桌，圆形象征着团结和旺盛；四仙桌或八仙桌，方正平稳，全家老小，聚集一堂，很有气氛，也很吉利。现代的餐桌形状也是以圆形和方形为主，但也有一些新潮的形状，如三角形、菱形、花边形等。在追求新意的同时，最好不好选择有尖锐桌角的桌面，因为尖角越锐利，煞气越强。最需要注意的是，不要坐在桌角。桌角的煞气最重。

餐桌的选择

在餐厅中，最重要的家具当推餐桌了。在餐桌的选择上，要注意以下几点：形状要选择圆形或方形，喻团团圆圆和天圆地方之意；餐桌忌有尖角，尖角会对人造成伤害；餐桌大小要适当，过大不但影响人的出入，还会阻碍餐厅的风水。

餐桌的材质以容易清洁为标准，原木的桌面不易清洗，而大理石、玻璃、金属质地的桌面则会吸收用餐者的能量，而且围坐在冰冷坚硬的桌子旁，气氛也不会太温馨吧？因此，可采用混合材质的桌面，或者用桌布来缓和桌面的冰冷之气。

隔开餐厅与厨房

厨房内炉灶多，房内燥热，油烟多，还可能有食品垃圾和异味。而餐厅是家人一起吃饭的地方，要保持空气流畅，清洁干净，所以厨房和餐厅不可合二为一。

餐厅饰物

有的餐厅在装修时，设计了一些摆放物品的隔断。小格子里除了摆放一些餐厅的杂物外，可以放一些有利于风水的饰物。比如悬挂水果和食物的图画，可以增进食欲，带来好运；悬挂蝙蝠的图画代表多福；摆放寿桃代表多寿；摆放石榴代表多生贵子；福禄寿三星，代表财富、健康和长寿。

“民以食为天”，食物不仅要烹调适当，好的就餐环境也对人的食欲有很大影响。 正如餐饮行业的装修影响生意的好坏一样，我们对自家的餐厅也要多加注意。营造好的就餐环境，让家人都吃得顺心，才能更好地吸收来自食物的精华。